P9-CDN-988

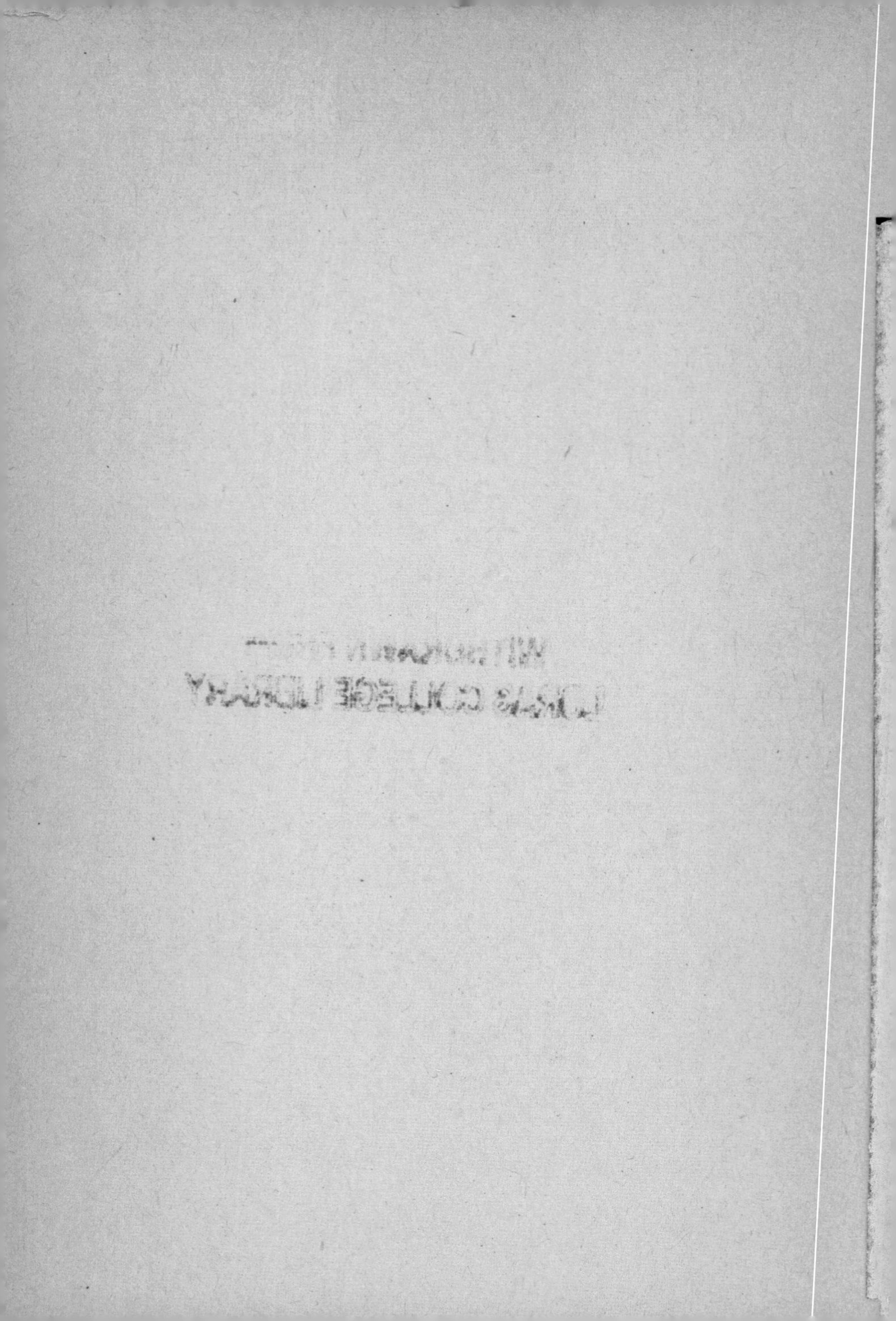

CARNETS

ŒUVRES DE H. DE MONTHERLANT

LA JEUNESSE D'ALBAN DE BRICOULE

LE SONGE, roman, 1922.
LES BESTIAIRES, roman, 1926.

LES VOYAGEURS TRAQUÉS.

AUX FONTAINES DU DÉSIR, 1927. — LA PETITE INFANTE DE CASTILLE, 1929.

LES JEUNES FILLES.

I. LES JEUNES FILLES, roman, 1936.
II. PITIÉ POUR LES FEMMES, roman, 1936.
III. LE DÉMON DU BIEN, roman, 1937.
IV. LES LÉPREUSES, roman, 1939.

LA RELÈVE DU MATIN, 1920.
LES OLYMPIQUES, 1924.
MORS ET VITA, 1932. — SERVICE INUTILE, 1935.
ENCORE UN INSTANT DE BONHEUR, poèmes, 1934.
LES CÉLIBATAIRES, roman, 1934.
L'ÉQUINOXE DE SEPTEMBRE, 1938.
LE SOLSTICE DE JUIN, 1941.
TEXTES SOUS UNE OCCUPATION (1940-1944), 1953.
L'HISTOIRE D'AMOUR DE *La Rose de Sable*, roman, 1954.
CARNETS, années 1930-1944, 1957.

THÉATRE

L'EXIL, 1929.
LA REINE MORTE, 1942.
FILS DE PERSONNE. — UN INCOMPRIS, 1943.
MALATESTA, 1946.
LE MAITRE DE SANTIAGO, 1947.
DEMAIN IL FERA JOUR. — PASIPHAÉ, 1949.
CELLES QU'ON PREND DANS SES BRAS, 1950.
LA VILLE DONT LE PRINCE EST UN ENFANT, 1951.
PORT-ROYAL, 1954.
BROCÉLIANDE, 1956.

*

THÉATRE CHOISI. *Classiques illustrés Vaubourdolle.* Hachette, 1953.
THÉATRE. *Bibliothèque de la Pléiade*, 1954.

HENRY DE MONTHERLANT

CARNETS

Années 1930 à 1944

nrf

GALLIMARD
5, rue Sébastien-Bottin, Paris-VIIe

23e *édition*

Il a été tiré de cet ouvrage cent soixante exemplaires sur vélin pur fil Lafuma-Navarre, savoir : cent cinquante numérotés de 1 *à* 150 *et dix, hors commerce, marqués de* A *à* J. *Les exemplaires* 1 *à* 50 *portent la mention* EXEMPLAIRE RÉSERVÉ AUX AMIS DE L'AUTEUR.

PRÉFACE

Je tiens au jour le jour des carnets depuis l'enfance.

Je publie ici les notes des années 1930 à 1944 : dix-huit carnets.

Pourquoi pas des notes plus anciennes ? Parce que, antérieures aux années 1923-1924, elles me paraissent bien enfantines et de peu d'intérêt. Quant aux notes des années 1925 à 1929, elles ont passé dans les trois volumes des Voyageurs traqués (Aux Fontaines du désir, la Petite Infante de Castille, Un Voyageur solitaire est un diable).

Pourquoi pas des notes plus récentes ? Parce qu'il serait vain d'avoir écrit tant de fois contre l'importance excessive accordée à l'actualité, pour recommencer l'erreur de publier sur des événements trop proches. Les notes de cette époque sont d'ailleurs de moins en moins nombreuses : quand un écrivain a dépassé un certain âge, il juge inutile de prendre des notes qu'il n'aura pas le temps d'utiliser.

Dans la période ici évoquée se trouve une lacune (sans parler de celle due à un carnet perdu) : les années 1939-1940-1941. Pourquoi ? Parce que les notes de ces années ont passé presque en entier dans l'Équinoxe de septembre, le Solstice de juin *et* Textes sous une occupation.

*

Les carnets ici publiés ne sont pas reproduits intégralement. On en a supprimé :

— nombre d'extraits de livres lus,

— des notes de toute nature, employées dans mes ouvrages parus depuis 1930,

— des notes sur des sujets particuliers, versées dans des dossiers consacrés aux préparations d'ouvrages en projet. C'est ainsi, par exemple, que la majorité des notes concernant la question sociale, *les* femmes, *l'*antiquité gréco-romaine *ne se trouvent pas dans la présente édition, parce qu'elles sont classées dans des dossiers à part.*

De même, les notes des années 1930-1931, ayant trait à mon enquête sur la condition des Nord-Africains, en vue du roman la Rose de sable, *sont restées dans le dossier de ce roman. Ce serait donc une grande erreur, que chercher ici les préoccupations principales de l'auteur, puisque les textes qui y correspondent sont ceux précisément qui ne figurent pas dans ce volume.*

Enfin on pourra s'étonner que, dans ce qui est resté ici des notes prises sous l'occupation, le sujet soit souvent si mince, en des temps si graves. C'est que — comme je l'expliquais déjà dans mon avant-propos à l'édition limitée de 1948, — mes notes sur « la situation » étaient presque toutes tracées à part, afin, s'il le fallait, de pouvoir être détruites à l'improviste. Ce que je fis en effet lorsque, le 14 mars 1943, des agents de la Gestapo se présentèrent pour perquisitionner chez moi.

*

La totalité de ces carnets a paru aux Éditions de la Table ronde, en éditions originales numérotées, sur « beaux papiers » : les carnets XXIX à XXXV, en 1947, à 3.100 exemplaires; les carnets XLII et XLIII, en 1948, à 3.100 exemplaires; les carnets XXII à XXVIII, en 1955, à 2.910 exemplaires; les carnets XIX à XXI, en 1956, à 2.910 exemplaires.

*

Durant la période 1930-1944, que recouvrent ces carnets, j'ai publié Mors et Vita, les Célibataires, Encore un instant de bonheur, Service inutile, *les quatre volumes des* Jeunes Filles, l'Équinoxe de septembre, le Solstice de juin, la Reine morte, Fils de personne. *Le roman* la Rose de sable *a été écrit et non publié.*

*

Je demande qu'on n'oublie pas qu'il s'agit ici de notes en marge d'une œuvre. J'ai fait paraître vingt-huit volumes en édition courante, et de multiples petits volumes en tirage limité. C'est en fonction de tout cela qu'il faut juger de l'intérêt des présentes notes, et non comme si elles étaient l'ouvrage unique d'un auteur qui n'aurait pas d'œuvre à proprement parler.

H. M.

Décembre 1956.

Nous lisons souvent des variations sur : « L'homme ne peut rien pour l'homme. On reste toujours seul. » C'est de la littérature, et fausse. L'homme peut tout pour l'homme. Dans mes poches d'incompréhensible désespoir, du temps des *Voyageurs traqués*, une demi-heure de plaisir physique, donnée par mon semblable, et le verre de mes lunettes était changé : le monde n'était plus ce monde de suicide où je m'enfonçais depuis des jours. Et qu'est-ce qu'une « solitude » remplie du souvenir et de l'attente de la créature? On est deux; ce n'est pas une solitude. Je serais prêt à créer une divinité pour pouvoir la remercier de n'avoir jamais été abandonné de ce secours humain de la chair, qui m'a maintenu jusqu'aujourd'hui la tête hors de l'eau.

Je ressasse le mot de Gobineau : « Il y a le travail, puis l'amour, puis rien » (en intervertissant les deux premiers termes). Amour, travail : des passions, ou plutôt, au point où j'en ai besoin, je les appellerais de la drogue. Si la maladie ou des circonstances sociales me privaient à la fois de l'un et de l'autre, que deviendrais-je? Nous retombons sur le suicide.

Au fond du désespoir, quelle fermeté de l'écriture [1]! Comme lorsqu'on est saoul.

L'inquiétant bon sens n'a qu'à se donner l'air du paradoxe. Il fera hausser les épaules, et s'exprimera à l'abri.

La poésie est un grain de beauté sur la joue de l'intelligence.

---

1. J'allais préciser dans cette note, en 1956 : par écriture j'entends ici la graphie. Mais je m'aperçois que ma remarque de 1930 vaut aussi bien, touchant l'« écriture » au sens où l'on emploie quelquefois ce mot pour désigner le « style ».

Tout ce qui est naturel est injuste.

L'usage de verser à terre une goutte de vin avant de vider la coupe, dans la Perse ancienne et encore dans celle d'aujourd'hui. Je le compare à mon pli de donner à l'être que j'aborde une chance de s'échapper.

Il ne faut pas défier les Méditerranéens : ils répondent au défi. On peut défier les Parisiens : ils n'y répondent pas.

Dans le sentiment que l'on a d'être plus honnête que la société qui vous entoure, il y a un élément de tristesse, qui vient de ce que cette honnêteté vous nuit, et en même temps qu'on ne lui trouve pas de fondement.

La seule recette : faire des œuvres belles. Ensuite, advienne que pourra.

La plupart éprouvent un soulagement, à pouvoir rendre un autre responsable de leur souffrance. J'éprouvais un soulagement à ne recevoir la mienne que de moi-même (au temps des *Voyageurs traqués*).

On me demande à brûle-pourpoint quelques énormités proférées par des hommes célèbres. Je cite, de premier jet, Gœthe, « qu'un corps nu est antinaturel », et « qu'il est bon de jouer aux cartes pour passer le temps »; Pascal : « C'est folie que de vouloir être sage tout seul »; Bossuet : « Il faut obéir aux princes comme à la justice même; ils sont des dieux. » Combien d'autres m'échappent!

Avec un sens qui marchait au-devant de moi, pour tâter jusqu'où je pouvais oser, comme le chien qui précède les carrioles sur les sables mouvants autour du Mont-Saint-Michel.

On demandait à Gladstone combien de discours un homme peut préparer en une semaine. Il répondit : « Si c'est un homme de haute capacité, un seul. Si c'est un moyen, deux ou trois. Si c'est un imbécile, une douzaine. »

Le critique sait-il qu'en nous jugeant il se juge aussi lui-même?

Curieux pays où un roi — George V — et un dictateur — Primo de Rivera — se promènent avec une fleur à la boutonnière ! Mais dans les démocraties il faut être « sérieux ». Imaginez-vous Poincaré une rose au jabot ?

Toujours les perles historiques.

Castelnau : « Verdun ne sera pas pris et je peux même vous dire pourquoi. Parce qu'il ne faut pas que Verdun soit pris. »

Après trois mois de guerre (1914), Wilson, inspiré par l'Allemagne, fait à Jusserand la proposition suivante : « Les Allemands se retireront et remettront chez vous tout en ordre. » Jusserand répond : « Et est-ce qu'ils nous rendront nos morts ? »

Et est-ce qu'ils nous les ont rendus, quatre ans plus tard, quand ces morts étaient X fois plus nombreux qu'en novembre 1914 ?

Tout le temps que les jeux sont célébrés en l'honneur de Patrocle mort, autour de ses ossements, Achille semble engagé en entier dans le spectacle : il encourage les uns et les autres, distribue les prix ; ne croirait-on pas qu'il a oublié ? Mais quand tout est fini, quand il est déserté de tout ce qui le tirait hors de soi, les pleurs reviennent, il se tourne de côté et d'autre sur sa couche sans sommeil. Le sublime début du dernier chant de *l'Iliade*...

Si l'homme faisait pour ce qui existe ce qu'il fait pour ce qui n'existe pas !

La connaissance scientifique part de cette donnée, que la nature est intelligible, et cette donnée est une hypothèse, comme la donnée d'où part la « connaissance » religieuse.

Le Français a le génie du jobardisme. Ce Français qui, en octobre 1930, s'assied à la table du restaurateur italien (à Alger), lui parle de ses propres affaires, qui ne vont pas, de la mévente du blé, etc., à dix lieues de se rendre compte que l'Italien jubile de tout cela.

Dans l'extrême chaleur (de température), se brûler avec une boisson encore plus chaude, comme, quand on s'est écorché une peau du doigt, on se pince à côté pour se faire plus mal. Le désagrément ne vient plus que de vous.

Les lettres d'hommes ont une page. Les lettres de Parisiennes en ont deux ou trois. Les lettres de provinciales en ont six ou sept. Et les lettres de coloniales en ont douze.

Dans les cahiers de jeunesse de Barrès, on trouve, tracée de sa main, une liste des membres de l'Académie, telle qu'elle était composée au moment où il rédigeait ce journal. Le nom de chaque académicien y est suivi de la date de sa naissance. Cela veut dire que le jeune Barrès voulait avoir toujours « sous la main » l'âge de chaque académicien, afin de ne s'user pas à faire des lèches à ceux qui avaient trop de chances d'être morts dans le temps qu'il se présenterait lui-même à l'Académie.

Le capitaine qui, au bar, dit au petit vendeur de journaux juif : « Tu ne peux pas enlever ta casquette, non ? Il y a des dames ici » (les dames sont des morues). Un instant après, il essuie ses souliers avec la portière en velours.

Au matin, le jour qui se lève « révèle » peu à peu le visage de la personne avec qui nous couchions, comme le révélateur révèle peu à peu la plaque photographique.

Depuis toujours, le monde ravagé pour faire triompher des conceptions aujourd'hui aussi mortes que les hommes qui moururent pour elles.

Je relis *la Rose de Sable* et j'y supprime beaucoup de plaisanteries, sachant qu'une démocratie s'offense des plaisanteries.

Cette nuit, je me réveille, et une pensée me vient. Je ne la note pas, me rendors, et au matin il ne m'en reste plus trace. Si j'avais fait un geste, elle devenait de l'imprimé, parcourait le monde, m'était imputée ma vie durant, me survivait peut-être. Mais je n'ai pas étendu le bras, et elle est rentrée dans le néant. — Puisqu'elle n'avait pas plus de force, n'ai-je pas eu raison de ne pas étendre le bras ?

CARNET XIX

ALGER : du 19 septembre 1930 au 21 mai 1931.

Ces textes, dont les plus anciens datent d'il y a vingt-sept ans, ont paru partiellement en revues, en éditions à tirage limité, etc. Cela a donné lieu à de nombreuses manipulations. L'auteur s'excuse si, par le fait de ces manipulations, il se trouve qu'une ou quelques-unes de ces notes soient insérées à deux reprises dans le présent volume, malgré le soin apporté par plusieurs personnes à la lecture des épreuves.

Un plaisir dont on ne peut parler n'est qu'un demi-plaisir, pense le commun. Un demi-plaisir, ou un plaisir double ?

Tous vont répétant que le monde est fou. La question est de savoir si on veut le guérir de sa folie, ou si on veut profiter d'elle, ou si on veut passer au travers.

Je préfère un coquin indépendant à un brave homme qui lèche.

Un homme intelligent, admiré par des millions d'imbéciles, pour ce qu'il a d'intelligent, c'est-à-dire pour ce qu'ils ne peuvent comprendre : ce miracle se renouvelle au profit de chaque grand écrivain. Ployons le genou, et adorons Dieu.

L'ingratitude ne libère pas seulement celui qui l'exerce, mais celui contre qui on l'exerce. Double profit.

On fait une chose d'abord par goût, ensuite par devoir, enfin par hébétude.

Un malpoli est impatienté par la politesse qu'on lui témoigne.

Avoir le triomphe discret est le plus fin, dans le plaisir de triompher.

Qui me rend visite me fait honneur. Qui ne me rend pas visite me fait plaisir.

La « soif du martyre » des premiers chrétiens venait sans doute de leur désir de confesser leur foi et de gagner le paradis, mais peut-être aussi de ce sentiment éternel comme le monde : l'honneur de se sentir persécuté par un gouvernement qu'on méprise.

Qu'il est fol de s'en tenir à une demi-vengeance, si on peut tuer sans risque !

On paierait pour avoir des griefs : ils nous autorisent.

On demande conseil sans avouer que sa décision est prise,

et on en veut au conseilleur qui ne pousse pas dans votre sens.

Enivré par ses crimes.

Il y a autant de plaisir à être droit qu'à être retors. Autant à être cruel, qu'à être clément. Autant à être âpre, qu'à se relâcher. Il faut donc alterner, ce qui non seulement varie le plaisir, mais décontenance l'adversaire.

Un fonctionnaire qui pourrait me donner de bons renseignements (pour *la Rose de sable*), mais on me dit qu'il fricote. Je préfère me passer de ces renseignements, et ne pas le connaître.

Il ne comprenait pas les événements, mais il comprenait les hommes.

La pie voleuse. — La pie vole de menus objets de ménage, qu'elle transporte dans son nid, avec tout un manège... sous les yeux de la famille assemblée. Nos fameux secrets sont secrets de cette sorte, mille fois percés du monde, qui ne dit rien, et se régale de nos précautions dérisoires.

Le tireur qui manque d'un rien le 100 de la cible n'est pas plus avancé que celui qui tire hors du carton.

Il est souvent plus facile d'obtenir d'un homme en place une audience où on le cramponnera durant un quart d'heure, que d'obtenir, pour le même objet, qu'il lise de vous jusqu'à la fin une lettre de six pages, ce qui le retiendrait trois minutes.

Dans certaines sociétés, où la lâcheté est générale — quelquefois un milieu, quelquefois une nation entière, — il ne faut jamais supposer que les êtres, menacés, ne vous « donneront » pas, mais supposer toujours qu'ils vous donneront. La peine qu'on prendrait pour les affermir, mieux vaut donc la consacrer toute à obtenir que les conditions d'une telle menace ne se réalisent pas. Ce n'est pas un caractère qu'il faut rendre meilleur, c'est une circonstance qu'il faut éviter.

Plus encore que le courage, l'énergie est une affaire de physiologie. Il y a lieu, certes, d'admirer et d'envier ceux qui

sont énergiques. Il n'y a pas plus lieu de les en estimer, que de les estimer d'avoir les yeux bleus ou bruns.

On dit que la vie est courte. Elle est courte pour ceux qui sont heureux, interminable pour ceux qui ne le sont pas.

Si l'invention du stylo datait d'il y a cinq cents ans, et si c'était la plume ordinaire qui était une innovation, on trouverait cela un progrès magnifique, de pouvoir tremper sa plume dans l'encre.

Rien n'est plus digne d'amour que tout ce que recouvre le mot : honnêteté.

Le temps use les œuvres littéraires; les chefs-d'œuvre même, quoi qu'on dise.

Parfois ma bonne Fortune m'effraye. De toutes les solutions que j'envisage, c'est toujours celle que je désire le plus qui se réalise. J'échafaude des choses : un événement survient et il semble que tout soit jeté à bas; déjà, après cinq minutes d'accablement, j'échafaude un nouveau plan. Mais, le lendemain, le premier échafaudage se reconstruit. Bien plus, il n'est pas rare que l'événement qui paraissait l'anéantir le rende plus solide encore. Cela se passe ainsi depuis des années et des années sans jamais quasiment une dérogation. C'est au point que je finis par ne plus pouvoir imaginer une contrariété. Aux heures où, comme par jeu, la Fortune semble m'abattre, je m'écrie : « Ah! ce sont de pareilles affirmations (celles que je note ici) qui ont provoqué le sort. Quelle folie d'avoir pu écrire cela! C'est justice que je reçoive un démenti. » Mais non, le lendemain, la Fortune, me relevant, me montre que j'ai eu raison de les écrire.

Qu'est tout cela? Un pur hasard? Une faveur réelle de la Fortune (mais nous entrerions alors dans le mysticisme). Ou bien, sans m'en rendre compte, ai-je certaines qualités bien établies : l'obstination, une incapacité physique d'être découragé, peut-être surtout le bon sens, en d'autres termes le discernement, qui me fait tantôt carguer et tantôt amener la voile, tantôt aller vite et tantôt laisser faire le temps, tantôt peser de la main et tantôt rendre la main, toute une stratégie naturelle dont l'on a ou l'on n'a pas le sens, et qui ne peut

être donnée par aucune règle, car, selon les circonstances, il faut agir contradictoirement.

C'est l'égoïsme le plus étroit qui se fraie sa voie dans tout cela, celui qui vient des entrailles. D'ordinaire l'instinct sexuel, et c'est pourquoi je le trouve si grand, de se mouvoir avec une telle sûreté. Dirigeant un journal, par exemple, je commettrais des bévues, comme j'en commets quand sont en cause des choses pour moi secondaires — disons : la gestion de mon bien ou la conduite de ma « carrière », — parce que le journal serait un objet encore beaucoup plus étranger à ma vie véritable que mon bien ou ma carrière.

Le char de Neptune était traîné par des chevaux. Ce petit bateau est un des chevaux de Neptune. Tanguant comme s'il galopait au ralenti. Ses hublots peints en rouge à l'intérieur comme des naseaux. La fumée de ses cheminées comme celles des naseaux. Les cordes comme des rênes. Les petites vergues comme des crinières.

Ces jours où l'on a envie de se tuer en songeant que pendant trente ans encore on aura de la cendre de cigarette qui tombera sur son gilet.

Al Mostrastaf, II, 357. — Le palais de Kawarnaq, que construisit An No'Mân. Lorsque cet édifice fut terminé, il en fut charmé, et, craignant qu'on pût en construire un semblable pour quelqu'un d'autre, il donna l'ordre de précipiter, du haut du monument, l'architecte qui l'avait construit.

J'ai mis tout mon effort dans ma vie (privée), et le moindre de mes efforts dans mon art.

Il ne s'agit pas de faire entrer la morale dans les idées, mais les idées dans la morale.

On dit que « ne respectent rien » ceux qui ne respectent que ce qui mérite d'être respecté.

Ma ration est d'une bouteille de vin d'Algérie (14 degrés) pour le midi, d'ailleurs épouvantant le personnel du restaurant par tout ce que je jette autour de moi de nourriture et de liquide; inondant, traversant la chemise, et la tombant si

j'osais; collant de sueur à la banquette. Revenant me changer aussitôt ensuite. Le soir, moins me suffit.

Autour de moi, personne ne boit ni ne mange, mais ces fantômes prétendent garder l'Algérie.

L'Amérique conquise par des hommes sous-nourris, ou qui du moins l'étaient en partant; ils ont dû manger là-bas. Mais qu'ils soient *partis sous-nourris*, c'est une des stupeurs de l'histoire.

Ferdinand (serviteur marseillais), comme je me refuse à lui avancer cinq francs : « Une madone de cinq francs! »

M. Malaterre me parle de ce gosse kabyle de quatorze ans, boy chez ses parents, se ficelant pour simuler un cambriolage, mais ne volant rien : on retrouve trente-cinq mille francs dans un portefeuille. Il explique que c'est « parce qu'on ne l'aimait pas assez ».

Ferdinand. — Je vous ai pris quelque chose. Devinez quoi?

— Bien sûr! Ce n'est pas difficile de me prendre quelque chose.

— Vous voyez, j'aurais pu ne pas vous le dire!

— Et les timbres? Que sont devenus les timbres qui étaient là?

— Je ne les ai pas pris, etc.

En effet, il me montre qu'il les a cachés sous un papier. Toutes ses façons de s'approcher du moment où il me volera.

Il est peu de choses de la vie littéraire (de celle qui *entoure* la création) qui ne me mettent dans l'âme le goût amer de la pantalonnade : fût-ce de répondre à une lettre pour accepter une collaboration, de remercier un correspondant aimable, etc.

Épictète. Essentiel. « Si quelqu'un livrait son corps au premier venu, tu en serais indigné. Mais, quand tu livres ton âme au premier venu pour qu'il la trouble et la bouleverse, tu n'as pas honte de cela? »

Aucune force n'est sujette à déchet plus énorme que l'idée qui doit descendre dans les faits. Il faut être héroïque dans ses pensées, pour être tout juste acceptable dans ses actes.

On souffre moins de sa souffrance même que de la manière dont on l'accueille. Les événements sont moins importants que les manières dont ils sont envisagés. Macbeth et Jeanne d'Arc entendent les mêmes voix.

C'est pourquoi les livres n'ont pas, dans la vie vécue, l'importance que leur accordent la plupart des hommes qui les écrivent et qui les lisent. Platon prête à Socrate des pensées qui soutiennent Socrate, mais qui ne me soutiennent pas, parce que je ne suis pas Socrate. Rien ne nous arrive qui ne soit nous.

L'essence d'un événement se trouve dans l'idée qu'on en tire. Pour les forts, dans l'idée qu'ils en tirent eux-mêmes. Pour les faibles, dans l'idée que les autres en tirent.

Le dégoût que m'inspire l'esprit humain, quand il trouve une raison supérieure aux torts innombrables de la nature.

Tout ce qui est déshonoré se porte bien.

L'étonnante débonnaireté — à l'occasion — des empereurs romains à l'égard de leurs pires insulteurs. Antistius et Vigento déchirent Néron dans leurs satires, impunément. Un cynique l'insulte en pleine rue; un comédien le joue sur le théâtre : on se contente de les bannir de l'Italie. Après le parricide d'Agrippine, un anonyme fait courir ce distique :

Quis negat Aeneae magna de stupre Neronem?
Sustulit hic matrem, sustulit ille patrem.

Le Sénat en fait retrouver l'auteur. Néron déclare qu'il lui pardonne.

Se rappeler toujours cela, quand on est insulté.

J'aime beaucoup ces personnages qui, dans les tableaux du quattrocento, se désintéressent de la scène. Ils me font souvenir de moi-même.

Je l'ai dans la peau. Elle m'a dupé plus ignoblement que personne, *et c'est elle ma sécurité.* (7 novembre 1930)

Le pansexualisme est une forme de l'amour des Anciens pour l'indéterminé. Indéterminé entre dieu et homme, —

entre bête et homme, — entre nature et homme, — entre nature et dieu, — entre bête et dieu, — indéterminé dans le sexe des dieux. Ce passage perpétuel et facile de l'un à l'autre.

Forniquer tout le temps. Les gens disent : « Comme les bêtes. » Mais le propre des bêtes est de ne forniquer que par époques, et le reste du temps de s'en fiche, c'est-à-dire d'être, sur ce point, bien plus « spirituelles » que l'homme.

Pendant huit ans, je n'ai vécu que pour le plaisir, la libération de tous les instincts. Ces saturnales de huit ans. A peine avais-je le temps de désirer. J'y ai sacrifié une partie de mon œuvre, mes intérêts, ma carrière, mes relations.

Je ne saurais trop rappeler combien je crois qu'il n'y a de véritable et de raisonnable — au milieu de toutes les choses « sérieuses » — que la jouissance dont nous avertissent directement les sens, sans l'intermédiaire de la raison. Il y a là une côte, une terre ferme qu'il ne faudrait jamais perdre de vue quand on s'embarque avec moi sur l'océan hasardeux de la sublimité.

J'incline volontiers à respecter Jésus-Christ, sans croire en lui, mais que le soleil se lève, que retentisse une musique entraînante, me voici païen, qui me reprends au monde. Et inversement, quand j'en serai à la satiété. Les autres font de même : tel croit parce qu'il a pleuré, ou parce qu'il a eu une déception sentimentale, ou parce qu'il vieillit. Tel autre ne croit plus parce qu'il a vu un mauvais prêtre. Un autre prédit la fin de l'Europe parce que sa nation a été vaincue à la guerre, etc. Voilà le sérieux de nos opinions. N'empêche que, en publiant les miennes, je cherche à me faire valoir. Mais je cherche à me faire valoir auprès de gens pour qui je n'ai pas d'estime. Telle est la cascade d'absurdités.

Et cependant, de connaître cette absurdité, et de la publier, pour m'en rendre ridicule, je suis encore bien au-dessus d'une multitude d'hommes, qui n'ont ni assez d'esprit pour la connaître, ni assez de détachement pour l'avouer.

Lamartine : « Celui qui sait attendrir sait tout. Il y a plus de génie dans une larme que dans tous les musées et toutes les bibliothèques de l'univers. » (*Les Confidences*, livre VIII.)

Pour qu'on respecte il faut qu'il n'y ait aucune faiblesse, aucune petitesse dans ce qu'on respecte. Il me semble qu'un homme de science, un guerrier, un prêtre, peuvent être ainsi. Mais un artiste? Mais un politique?

Les hommes ne peuvent s'entendre que sur des préjugés.

Je recopie dans un vieux journal (de février 1929) le texte suivant. La signataire venait d'obtenir le Prix Femina :

« La gloire. J'ai senti son aile effleurer mon front au soir de ce grand jour, lorsque, penchée au balcon de l'hôtel d'Orsay, très haut, presque sous les combles, je regardais Paris, tout phosphorescent dans la nuit brumeuse (...) Paris, ma récompense! La gloire, ce sont les noces silencieuses que nous avons célébrées tous les deux, Paris et moi, ce soir-là; la grande Ville Lumière, avec une condescendance toute masculine; moi, avec un cœur tremblant d'épouse qui craint de ne pas plaire. Puissions-nous ne jamais divorcer!

« La gloire, ajoute Mme X..., c'est encore « la permission « de venir s'asseoir quelquefois dans le salon de Mme Alphonse « Daudet », « de pouvoir frapper à la porte de Mme Mar-« celle Tinayre », « d'être autorisée à monter l'escalier de « Mme Andrée Corthis, de Mme Judith Cladel... » La gloire? « Des portes qui s'ouvrent. »

La personne chargée de toute cette gloire a pour nom Mme Dunois.

Toutes choses placées comme il faut dans la tête, et la mémoire de toutes ces choses; la présence d'esprit, la mémoire, le jugement, la promptitude aux moments où la gravité et l'urgence d'une décision à prendre, ou bien la menace d'un danger, ou bien l'ampleur de la responsabilité, ou bien tout cela ensemble, créent des raisons plausibles d'affolement, voilà pour moi la caractéristique virile.

Se battre dans la solitude avec une toile blanche, ou avec un feuillet de papier blanc, ou plutôt s'y battre avec soi-même, m'a toujours paru relativement facile, et sans proportion avec le combat de l'administrateur, du gouverneur, du général, du capitaine de vaisseau, de l'homme d'affaires. D'innombrables hommes, qui n'ont laissé aucune trace, me semblent avoir eu un type viril plus complet qu'un J.-J. Rousseau, enfantin dans sa vie privée, ou un Michel-Ange, froussard (la peste de Florence), et si andouille dans le concret que de sa vie il n'a pu inviter quelqu'un à dîner. (R. Rolland *dixit.*)

Chassant interminablement les mouches qui se posent sur mon corps, je me sens bœuf, et cela m'est doux.

L'eau est la récompense du guerrier.

Et la dernière joie en ce monde, en ce monde et en tous les mondes, de l'homme qui va mourir.

Néron, traqué avant sa mort, « torturé par la soif, il boit à une mare ». « Il se glissa par un trou dans le mur, dans une soupente. On lui présenta du pain et de l'eau tiède. Il refusa le pain, mais but un peu d'eau. » (Homo, *Nouvelle Histoire romaine*, p. 340.)

P. 341. Mort d'Othon. « Aux approches de la nuit, il eut soif, et but de l'eau fraîche. »

P. 501. Mort de Julien, blessé chez les Perses. « Il demanda de l'eau pure, qu'il but. »

Byron, d'avidité, brise le goulot des bouteilles d'eau gazeuse qu'il ne peut pas ouvrir.

B... [1] me sauve, retour du désert, avec trois litres de lait froid par jour, rien d'autre.

Tellement brûlant que, quand je me mets un morceau de glace dans la bouche, je trouve que ce n'est pas froid.

Les boissons de mon agonie, même dans le froid de l'agonie : lait glacé, cidre glacé, limonade glacée.

L'inscription du tombeau égyptien : « Tourne mon visage vers le vent du nord. »

Le souvenir de tout ce que j'ai bu tout le long de ma vie suffirait à justifier ma vie.

Malheureux quand on est rongé par les hommes. Malheureux quand on est à l'écart d'eux.

Chaque être beau qui passe, et qui n'est pas à nous, nous perce d'une nouvelle flèche. Un Saint Sébastien percé de flèches.

Des enfants à la bouche acidulée, aux mains gourdes, gon-

1. Le Dr Benhamou, d'Alger.

flées par le travail, des enfants gris comme des mitrailleuses, des enfants qui sentent l'enfant, qui perpétuellement s'endorment.

P. 22, *Jugements* de Massis. — P. 193. « L'essentiel, dit Barrès, est de se convaincre qu'il n'y a que des manières de voir, que chacune d'elles contredit l'autre, et que nous pouvons, avec un peu d'habileté, les avoir toutes sur le même sujet. »

P. 250. Barrès : « Mon rêve fut toujours d'assimiler mon âme aux orgues mécaniques, et qu'elle me chantât les airs les plus variés à chaque fois qu'il me plairait de presser sur tel bouton. »

Voilà qui me définit très exactement.

Je prends et je baise les petits morceaux de terre que ses souliers ont laissés sur la couverture quand elle s'est étendue sur le lit.

Quand il parle en homme, puis devient taureau, ne peut plus parler, commence de meugler. Son épouvante.

Quand il commence de se sentir devenir fleuve et de sentir bouger dans ses reins et dans ses cuisses le peuple innombrable des poissons.

Dans *la Vie de Jésus* de Renan, édition in-4° Calmann, l'invocation à Jésus qui vient d'expirer se continue d'une page à l'autre dans un caractère d'imprimerie différent. Toute l'émotion en est coupée.

8 janvier. Le premier feu. — C'est moi, moi tout seul qui ai allumé ce feu, cette fleur, cette bête, cette flamme folle d'elle-même, ce joli feu vivant. Je suis très fier de l'avoir allumé tout seul, — et sans arrosage d'eau de Cologne, encore! Je le regarde, vaguement anxieux, comme une prostituée que j'aurais introduite chez moi au milieu de la nuit, et je ne sais pas si elle ne va pas faire quelque chose contre moi; lui aussi, installé dans ma chambre, il est un peu inquiétant. Il faut tout le temps s'occuper de lui, comme d'une femme. « Qu'il est embêtant, cette créature ! », s'écrie Ferdinand. Double beauté de ce cri : humanisation du feu, comme chez les primitifs (en fait, « cette créature » n'est qu'une façon de dire marseillaise), et double sexe donné au feu, comme l'ancien

Romain désigne certaines divinités tour à tour au masculin et au féminin dans la même phrase. En cinq mots, le serviteur marseillais restitue deux démarches de la poésie primitive.

Mes œuvres, toujours outragées, c'est moi, comme un prince en habits de parade, que la populace traîne par des crocs, respirant encore, jusqu'aux égouts.

Le journal de Vigny en dit long sur son non-conformisme, que le « cimier du gentilhomme » dissimulait d'abord.

« Julien (l'Empereur) a été l'homme dont le rôle, la vie, le caractère m'eussent le mieux convenu dans l'histoire. »

« Julien prend la résolution de se faire tuer en Perse quand il voit qu'il a été plus loin que les masses stupides ne peuvent aller » (les masses qui veulent conserver le christianisme).

Les dahlias sont sans odeur, et l'odeur est l'intelligence des fleurs. Voilà qui fait une jolie pensée d'album, et va me rendre l'estime du sexe.

Il y a un certain point de beauté des créatures où l'on n'a plus envie de les posséder. On est découragé d'avance, convaincu que ce qu'on fera avec elles n'atteindra pas à leur hauteur, qu'on ne fera que gâcher cette beauté. On se rabat sur l'imparfait, qui ne vous humilie pas.

Maxime de fer : qu'il serait monstrueux qu'un talent vous causât des ennuis. Dès l'instant qu'un talent vous apporte un certain nombre de choses ennuyeuses à faire, pour son administration, il faut renoncer à faire ces choses, et préférer son bonheur à une plus vaste renommée.

Les *Pensées* de Pascal, les *Mémoires* de Saint-Simon et les *Mémoires d'outre-tombe* sont les trois ouvrages qui ont créé la prose française moderne.

Tous les trois sont des ouvrages posthumes.

Un torero, gravement blessé, soupirait : « Ah! si j'avais eu davantage peur! » Mot profond, qui nous rappelle de quoi est payé le courage.

J'ai trop de pente à l'indignation. Je pourrais y vivre, en

faire vivre mon œuvre, ne nous nourrir tous deux que d'elle, et je ne le veux pas. Elle me fait souffrir, et elle me tire si fort de moi, que pour ces deux raisons je la redoute. J'en écarte attentivement les occasions.

Les lettres qui vous font soupirer parce qu'on vous y appelle « Cher Monsieur » quand les précédentes, du même correspondant, vous donnaient du « Bien cher ami ». Mais que ce soit le « Cher Monsieur » qui se change en « Bien cher ami », on tremble : qu'est-ce que cela cache?

Il y a un conte de Dostoïevsky où il parle des Français qui « ont beaucoup d'objets ». Les hommes d'action, eux, ont beaucoup d'actes, beaucoup trop d'actes. Devant le ridicule de l'action, on se prend à se dire que les hommes d'action n'ont été créés que pour que les historiens tirent d'eux des romans (baptisés histoire), les dramaturges des pièces, et les sages des considérations. Il y a un côté par lequel Alexandre, César, Cortès, et aussi Auguste, Charles-Quint, Napoléon, etc., sont des imbéciles, celui par lequel ils ne perçoivent pas que presque tout ce qu'ils font est inutile et condamné d'avance : ils agissent pour agir, c'est une sorte de vice. Inutile, sauf du point de vue de la rêverie, qui est justement celui qu'ils méprisent le plus. Certains animaux, dans certains de leurs actes, font paraître une semblable imbécillité. Mais quand un grand artiste fait un chef-d'œuvre, il n'y a aucun côté par quoi il soit un imbécile.

Cette primauté de la littérature est exprimée (de façon un peu comique) par Hécube, dans *les Troyennes* d'Euripide : « Il est vrai que, si les dieux ne nous eussent abattus et ruinés de fond en comble, Troie n'eût pas été célébrée par les Muses; elle ne leur eût pas inspiré des chants immortels. »

On s'attriste que la vanité soit peut-être le sentiment dominant de l'homme. Mais attention! il faut voir ce qu'il y a quelquefois sous une apparente vanité.

Quelquefois, « de la gloire pour se faire aimer ». (Chateaubriand.)

Quelquefois, le goût de l'argent, et c'est ce qu'on acquiert avec l'argent, et non la célébrité, que l'on aime.

Quelquefois : « Je me fous pas mal de la célébrité, me disait quelqu'un. Mais, si je n'avais pas été célèbre, j'aurais passé la moitié de ma vie en prison. »

Ainsi l'apparente vanité — déraisonnable — recouvre parfois des sentiments très raisonnables. Quand la célébrité est un instrument, non une fin.

Dédaigner le monde comme je le fais; écrire toujours, cependant, comme si je le respectais : qu'y a-t-il qui montre mieux que ce n'est pas pour lui que j'écris? (Mars 1931.)

Robert Garric, il y a six ou sept ans, organisant une séance sur je ne sais plus quoi, et, pour m'allécher à venir, me disant : « Vous serez sur l'estrade. » Sur l'estrade, et j'avais moins de trente ans! Je crois que je lui répondis quelque chose comme : « Je ne vais pas sur les estrades », et, en effet, je n'y ai été de ma vie (sauf, évidemment, les trois ou quatre fois où j'ai fait une conférence). J'aime mieux le banc des pauvres que l'estrade. Non par humilité, mais tout ce qui sent l'*importance* me hérisse. L'ombre seule de la vanité me fait peur.

Quand Philippe II, pendant qu'on construit l'Escurial, va entendre la messe sur le banc des pauvres de la chapelle provisoire, je suis convaincu qu'il n'y met pas la moindre pose : un simple mouvement chrétien, chez lui tout naturel.

(Une question en passant : pourquoi le banc des pauvres est-il au dernier rang dans la nef, et non au premier?)

Plus un être est intelligent, moins il conçoit de drames. Il m'arrive quelquefois de penser que c'est la fonction première de l'intelligence, de dissiper les drames. Ainsi le soleil dissipe les nuées, et le héros solaire extermine les monstres, ces monstres que sont les faux drames.

Encore l'action. — Si l'on songe que la tristesse de l'avant-mort vient en partie, je suppose, du sentiment de la vanité de ce qu'on a fait, et ce sentiment d'autant plus fort qu'on s'est agité davantage, on conclut qu'à l'heure de la mort la plus sûre consolation serait peut-être d'en avoir fait le moins possible en sa vie.

L'homme est rarement paresseux. Mais l'enfant est accusé souvent de l'être. L'enfant paresseux préfigure l'être de sagesse : il se refuse aux connaissances inutiles, comme l'être de sagesse veut ne pas savoir beaucoup de choses, mais savoir les seules qui importent.

L'Église, avec sa roublardise habituelle (et facile), a fait *aussi* le panégyrique de l'inaction : le lis des champs.

Un homme qui vit avec sa maîtresse s'exaspère contre elle, la morigène, lui donne des ordres; puis ils prennent l'horizontale, et aussitôt il la rassure, la supplie, la cajole, lui fait des serments. Ce ridicule, dont lui-même il a honte, n'existerait pas s'il voyait cette femme de temps en temps, une nuit ou une heure, ne sortait pas avec elle, s'ils ne se rencontraient que pour coucher.

Celui qui n'a eu qu'une seule pensée nouvelle, en une année, a gagné son année.

Vous rendre service, et le faire mal, au point de vous gêner, en quel embarras cela vous met à l'égard de l'obligeant maladroit!

Les fins de cigares sont difficiles, si une fois on les a laissés s'éteindre. Ainsi des fins de femmes. Mais les cigares, il faut les rallumer sans cesse ; et les femmes, il faut les laisser s'éteindre.

Il suffit de voir les manuscrits (en dactylo) de la plupart des auteurs, ou leurs corrections d'épreuves, pour connaître que, dans les petites choses comme dans les grandes, l'homme vit dans l'à-peu-près.

X..., étonné des avances que lui fait Y..., brusquement aimable. Et c'est seulement parce que Y..., s'étant brouillé avec Z..., éprouve le besoin de compenser cette défection par une alliance nouvelle; avec n'importe qui, mettons avec X...

Il y a des hommes qui, la première fois en une année qu'ils ont une détente, qu'ils prennent un moment de repos et d'insouciance, ont l'impression dramatique qu'ils ont lâché les commandes, que tout est perdu. O hommes, qui raccourcissez votre mois de vacances de l'été!

Problème métaphysique. — Qu'est-ce que le néant? L'avez-vous vu? Pouvez-vous le décrire?

— Mais oui. Il est commandeur de la Légion d'honneur, et on publie ses Œuvres complètes.

Rose de sable. — Le pouvoir de ressentir la tragédie plus intensément que ceux qui vous entourent. Terrible faiblesse. Sombre pouvoir.

Quelles sont pour moi les trois vertus cardinales ?

Il me semble : l'intelligence, le sens de la volupté (le « tempérament »), et la magnanimité.

Dans l'intelligence je place aussi la culture.

La volupté ? J'en ai parlé assez.

Magnanimité ? Générosité ? De quel nom nommer ce dépassement de soi dans le désintéressement et, plus encore, dans le sacrifice ? Il me paraît indispensable que cette note soit donnée.

Pas une de ces vertus ne peut se passer des deux autres.

Je ne sais pourquoi il m'arrive de croire que c'est *Quo Vadis*, enfant, et Pascal, adolescent, qui me firent perdre la foi. Tu ne me perdrais pas, si tu ne m'avais perdue.

Derniers mots écrits par Marie-Antoinette : « Mon Dieu, ayez pitié de moi. Mes yeux n'ont plus de larmes. » Enlevez « Mon Dieu », cela fait, par le chant et la plainte, un vers de Racine.

Il y a aussi telle stèle du Musée national d'Athènes, une *Mise au Tombeau* par Hypnos et Temenos, qui est restée chez moi comme un vers de Racine, pour son inspiration tendre et son exquis modelé.

Préférant, par prudence et piété, rapporter à la Fortune des victoires qui n'étaient dues qu'à lui-même.

Mon travail est traversé de temps en temps par une pensée pour elle, comme un ombrage par une descente de lumière.

Ce qui manque aux Français, par-dessus toute chose, c'est le caractère. — Mon Dieu, délivrez-moi des gens qui ont du caractère !

Il ne faut jamais qu'un être qui s'est donné à vous du premier coup, sans histoires, ait à subir de cela un dommage. Même si, dans le même temps, toute votre vie, toute votre imagination se portent vers un objet (amoureux) qui résiste, il faut que, volontairement, un surcroît de tendresse, allant vers celui qui s'est donné tout de suite, rétablisse le plus juste des équilibres. Il suffit pour cela de bien voir que c'est celui qui s'est donné tout de suite qui vous aide à supporter celui qui résiste, à les supporter, lui et toute la littérature que vous mettez autour de ses chichis.

A peine avons-nous changé nos relations superficielles avec quelqu'un en des relations réellement plus amicales, qu'il se met à nous raconter à l'infini ses misères grandes et petites, nous faisant perdre ainsi l'agrément que nous attendions de ce commerce approfondi.

Aussitôt le déduit obtenu, dans la place laissée vide par l'extrême excitation apaisée, se glisse la peur du père : exactement, la peur du coup de sonnette du père, que nous n'avions pas jusque-là. Nous voudrions être tendre, pour montrer que nous ne sommes pas un butor qui n'attendait que son déduit. Mais rien à faire, la peur gagne, nous pressons le départ. Adieu, ma chatte; nous voici innocent encore une fois.

CARNET XX

Alger : du 21 mai 1931 à novembre 1931.

X..., ayant raté une affaire où il avait à gagner deux cent mille francs, parce que cela l'ennuyait de s'en occuper, fut blâmé et plus que blâmé de tous : « S'il ne savait que faire des deux cent mille francs, il n'avait qu'à soulager des misères avec. Mais les refuser! C'est un homme sans cœur, en outre un toqué, etc. » Eût-on pu le faire enfermer, on l'eût fait.

Si une femme extravagante (grande cocotte, grande actrice, grande aventurière) m'écrit d'une haute écriture prétentieuse, comme c'est la règle chez ces personnes-là, je me sens porté, quand je lui réponds, pour n'être pas en reste, à choisir de préférence mon papier à lettres de grand format, qui n'est pas mon papier usuel, et à lui écrire avec une écriture démesurée, bien différente de la mienne. Curieux phénomène d'endosmose, que je m'étonne de rencontrer en moi.

A table, je la fais asseoir à côté de moi (et non en face), car ainsi, ne la *voyant pas*, elle m'agace moins.

J'hésite toujours à donner un rendez-vous, sachant qu'il y a une chance sur deux pour que la personne arrive une demi-heure en retard, et que je doive m'irriter contre elle. J'hésite de même à faire un cadeau, sachant qu'il est probable que je n'en serai pas remercié. Etc. Ce n'est pas de gaîté de cœur qu'on crée le risque de voir tourner à l'aigre d'excellentes relations.

Qu'y a-t-il de plus absurde que ces feux et ces larmes, quand, dans trois mois, on changera de trottoir pour échapper à qui les provoquait? L'amour ne peut être pris au sérieux que par l'artiste qui en tire une œuvre d'art.

Ils font le beau au sortir de leur mère.

Byron : « Vous autres Français, avez-vous d'autre opinion que de trouver bien ce qui est à la mode? »

Stendhal : « En France, il n'y a pas d'opinion. Il n'y a que des engouements successifs. »

La politique, en France, pourrait se réduire à l'art de créer une mode. 1789, et ce qui en sortit, fut le résultat d'une mode.

(La mode politique est toujours suivie avidement par ceux contre qui elle est faite, et qui en seront les premières victimes. Cela fait partie de la niaiserie française.)

Petite fille de neuf ans, au restaurant, en face de sa mère. Tout de *la femme*. Non pas de la jeune fille, mais de *la femme*, celle qui a vu *crepitare lupus*. Le modelé de son visage, un peu creusé sous les pommettes, comme chez les jeunes femmes, — le regard, — les mouvements des mains.

Je la regarde pendant quelques instants, entièrement absorbé, *bu* par elle. Soudain, elle s'aperçoit de mon attention, et me regarde. Son regard est tel qu'il ne s'est pas passé dix secondes et sa mère se retourne et me regarde, pour voir qui sa fille a regardé ainsi.

Sa coiffure est de femme. D'abord la raie qui partage les cheveux; ensuite torsade autour de la tête. C'est un monstre. Mais j'aime les monstres. Je la regarde comme on regarde les monstres, c'est-à-dire avec religion.

La conversation avec mon invité est une conversation d'affaires. Impossible de la reprendre.

La mère est une femme de trente à trente-cinq ans. Trente ans si elle ne fait pas beaucoup l'amour. Trente-cinq, voire trente-huit, si elle le fait beaucoup.

Quels peuvent être ses sentiments, devant une telle petite fille?

Que la nature, en neuf années, arrive à faire cela! Et tous ces êtres de soixante ans, en qui elle n'est arrivée encore à rien.

Les hommes et les femmes adultes, en regard, ne sont que des singes grotesques.

Laissez-moi. Dans cinq minutes cela sera fini à jamais.

L'affaiblissement de ses facultés, par l'émotion et par l'âge, faisait qu'il ne cherchait plus à convaincre, et ne savait que supplier.

Les gens affichent leurs dents en or, pour montrer qu'ils sont malsains, comme ceux qui affichent leurs médailles de la Mutualité, pour montrer qu'ils sont de pauvres diables.

La différence de fond entre l'hypocrite et le cynique est que l'hypocrite accepte de se gêner et que le cynique ne l'accepte pas.

Combien de gens sont empressés, frétillants, lorsqu'il s'agit de nous faire connaître quelque chose qu'ils pensent qui nous sera désagréable (par exemple, un article de critique désagréable) ! On ne les reconnaît plus !

Je ne suis pas amoureux de X... Je suis amoureux de la façon dont je l'ai capturée.

Les Anglais aiment que l'on se moque d'eux, parce que cela leur donne l'occasion de se rappeler à eux-mêmes, et de rappeler aux autres, qu'ils sont très au-dessus de la moquerie.

Chateaubriand a écrit que la mémoire était une Muse. L'oubli lui aussi est une Muse, en ce qu'il nous permet d'écrire en toute bonne foi, comme venant de nous, d'excellentes phrases que nous avons lues chez nos confrères.

Je dirai encore que l'oubli est une vertu, ou un défaut, noble. Oubli, c'est désintéressement et largesse. Le contraire de la lourdeur. Oublier les injures. « Il faut se dire que les hommes sont ainsi, et passer. » Oublier les choses les plus importantes pour soi, à quoi s'accrocheraient tous les autres. Oublier ce qu'on a fait de bien.

(Oublier les services qu'on vous a rendus est emporté dans ce noble flot du Léthé.)

Avoir une vie pathétique sous les yeux de ses secrétaires et de ses domestiques, sous ceux de son épouse et de ses enfants ! Comment y parviennent-ils ? Je leur tire mon chapeau.

Que la prose soit le fin du fin, on le voit à ces auteurs (je songe à une femme) qui font d'assez beaux vers, mais quand ils se mettent à la prose, c'est le galimatias. Car leur prose révèle qu'ils n'ont rien à dire, état qui dans les vers disparaît un peu.

Je ne sais pourquoi on a cru devoir créer le nom de « moraliste » pour un auteur qui se contente d'observer les hommes, ce qui est à la portée de quiconque est doué de raison, et que chacun fait.

Racine *(Lettres d'Uzès)* désire savoir les couleurs de ses armoiries, pour les faire peindre sur sa vaisselle. « Je sais que celles de notre famille ont un *rat* et un *cygne*, dont j'aurais seulement gardé le cygne, parce que le rat me choquait. » Tout Racine est là, et toute la littérature de Versailles.

Et pourtant, le rat et le cygne ensemble, n'est-ce pas l'emblème de l'être humain?

Dans les mêmes lettres, Racine conte qu'ayant demandé un pot de chambre, la servante lui met sous son lit un réchaud. « Vous pouvez imaginer (...) ce qui peut arriver à un homme qui se sert d'un réchaud dans ses nécessités de nuit. » Le cygne compose des chants immortels, et le rat se brûle ce que vous savez.

Lacordaire se flagelle après un sermon où les fidèles l'ont applaudi. Comme cela est gros, bêta, et que ces chrétiens manquent de simplicité! L'être de bon sens n'eût eu besoin que de se rappeler ce qu'il était, sans cette emphase dégoûtante. A vingt ans, l'âge pourtant de la non-lucidité, j'écris dans *la Relève du matin :* « Alors, au cœur de sa gloire, il se sentit une toute petite chose. » Pas besoin de flagellation.

Technicité. — Qu'il faille refaire le nœud de lacets du soulier *toutes les fois* que c'est la vendeuse du chausseur qui l'a fait... Qu'il faille quelquefois refaire le petit pansement quand c'est le médecin qui l'a fait...

Le jeune homme inconnu nous demande un rendez-vous; ne marque son adresse que sur l'enveloppe, que nous avons jetée dans la rue après l'avoir ouverte, de sorte qu'il a dû écrire une seconde fois; se décommande au dernier moment; redemande un nouveau rendez-vous, auquel il arrive vingt-cinq minutes en retard, nous mettant en retard pour le visiteur suivant, et bouleversant toute notre matinée. Durant une heure, le jeune homme inconnu n'a rien à nous dire, et nous n'avons rien à lui dire; mais nous nous mettons la cervelle à l'alambic pour lui faire beaucoup d'honnêtetés. Il part, avec des dédicaces sur ses livres, où nous l'avons assuré de sentiments que nous ne ressentons absolument pas, mais que mettre dans une dédicace, si l'on n'y met pas des protestations d'altruisme? Pour nous, le jeune homme inconnu a été tout juste un fin raseur, mais du moins nous nous disions qu'après nos efforts il avait dû être content de nous, jusqu'au courrier du lendemain qui nous apporte une lettre d'insultes, où le jeune homme inconnu nous mande, entre autres douceurs, que personne ne l'a autant déçu que nous de sa vie.

Un mois se passe, et le jeune homme inconnu nous envoie un manuscrit de lui, en nous priant de le lire sans délai.

Pour s'endormir le soir, rien ne vaut les lettres des grandes amoureuses. Celles, par exemple, de Marie Dorval à Vigny, ces balbutiements et ces vagissements de blanchisseuse énamourée et jalouse.

Quand je vois une extrêmement jolie femme au bras d'un type, dans un lieu public, je me dis toujours : « Penser qu'il en a d'elle plein le dos! »

Une femme vient vendredi prochain, que nous désirons beaucoup. Celle qui vient la veille, nous la désirons assez peu. Mais nous lui donnons, par avance, tout le feu que nous donnerons le lendemain à l'autre. Elle ne se doute pas qu'elle est une substituée.

Maeterlinck, Verhaeren, Annunzio, Saint-Georges de Bouhélier, Claudel croient qu'il faut, au théâtre, qu'un personnage répète la même réplique. Cela fait « fort » et cela fait « mystérieux »... Mais c'est le mystère en carton-pâte.

Cette mauvaise littérature [1] finit ou finira où finit la mauvaise littérature, où finit le carton-pâte décoré de verroterie.

La principale difficulté, après avoir découvert et adopté une nouvelle règle de vie, est de découvrir quand il faut la transgresser.

Au lit.

Lui (ou elle). — Qu'est-ce que tu disais, que ça ne te fai-

---

1. Je ne songeais ici qu'à la littérature de théâtre de ces auteurs

sait pas plaisir ? Tu fermes les yeux. Tu vois bien que tu jouis.
Elle (ou lui). — Je ferme les yeux pour ne pas te voir.

Le pli de ma nature est de prévoir et de ne pas parer. Intelligence et non-action.

Je n'ai jamais vu le respect, que donné à contretemps.

— Comment pouvez-vous coucher avec une femme si moche, quand vous en avez une autre si belle ?
— C'est justement d'avoir une femme si belle qui me permet d'en avoir une autre si moche.

Battu par le duc d'Albe, qui est sur le point d'entrer dans Rome, et mettant bas les armes, le pape Paul IV Caraffa exige qu'Albe lui demande pardon pour avoir attaqué le Saint-Siège. Albe s'agenouille devant lui, et obtient l'insigne faveur de s'asseoir à sa table. La duchesse d'Albe reçoit la Rose d'or, ce qui suscite la jalousie des princesses.
En somme, la duchesse reçoit la Rose d'or parce que son mari a envahi les États du Pape.
Ces grands ennemis dînent ensemble. Mais les populations d'Anagni ont été canonnées et pillées.
Tout cela, et surtout le respect d'Albe pour le Pape, en qualité, a un goût très prononcé d'arlequinade.

Quelle délicatesse dans le trait suivant, d'un poète arabe ! « Aucun homme ne mêle ses larmes aux miennes. Pourtant, quand les ramiers roucoulent douloureusement, les branches qui les portent se balancent au rythme de leurs plaintes. »

L'homme semble attaché à une corde : soixante ans durant, il broute dans le même cercle. Mais ce n'est pas un objet étranger qui retient l'extrémité de la corde, c'est lui-même. Je veux dire que c'est notre esprit qui, par manque de force, ne pénètre ni ne cherche au-delà d'un certain cercle, soixante ans durant.

Les mères, les grands-mères, les amantes vieillies, toutes les dames qui sentent qu'elles ont perdu leur pouvoir emploient des termes excessifs pour essayer de se faire prendre au sérieux. « *Je t'en prie !* si tu te sens mal, fais venir un médecin... » « *Je vous en conjure!* faites attention à vous. » Cet excès dans l'expression, et le ton qu'on y met, suffisent à exaspérer l'homme et — automatiquement — à lui faire faire le contraire de ce que lui demande la femme. La femme continue de plus belle.

Les moines bouddhistes, si des fidèles leur donnaient une robe neuve, la déchiraient puis en recousaient les lambeaux. — Toujours cette pose, dans les religions. Ni lambeaux ni brocarts, c'est pourtant simple, mais c'est la simplicité qui est le plus difficile aux natures religieuses.

Toute l'histoire du monde est une histoire de nuages qui se construisent, se détruisent, se dissipent, se reconstruisent en des combinaisons différentes, — sans plus de signification ni d'importance dans le monde que dans le ciel.

On peut éprouver une telle joie à faire plaisir à quelqu'un, qu'on ait envie de l'en remercier.

La foi? Démission de l'intelligence. L'espérance? Démission du caractère. Charité : la seule des vertus théologales qui soit inattaquable.

Le christianisme, ce sont, quand Gilles de Retz s'achemine vers le bûcher, les mères des enfants qu'il a tués, dans la foule, priant pour lui. — Du moins c'est là une pointe du christianisme, dans le sens où il est digne d'être respecté.

Je ne sais ce qui est le moins agréable : un homme à principes ou un opportuniste. L'opportuniste vous lâche quand le vent tourne. Mais l'homme à principes vous gêne extrêmement, quand c'est vous qui tournez.

Les réalistes préfèrent la proie à l'ombre. Les grands aventuriers préfèrent l'ombre à la proie (17 juin).

Toutes les femmes qui veulent avoir un enfant « pour donner un sens à leur vie » nous montrent qu'elles sont incapables de donner seules un sens à leur vie. Ce vide, elles le prouvent également quand elles cherchent à « se donner une personnalité », recherche fréquente chez elles.

Les puissants font payer leur protection en la trompettant.

On ne me reproche rien tant, que de n'être sur le chemin de personne. L'homme veut qu'on fasse le beau : ce spectacle l'allègre. Celui qui ne brigue pas est l'ennemi.

Mes livres ont quelque chose de dérisoire, en regard de mon expérience de vie.

Le roquet est physiquement dégénéré. Bas sur pattes, ventru, laid de visage, d'ordinaire sale et crotté. Et de caractère, le voici : envieux, hargneux, mal élevé, chapardeur, lâche (aboyant mais se gardant bien de mordre, ou ne mordant que lorsque l'autre est désarmé, ou criant quand on lève seulement la main, sans le frapper); d'ailleurs, s'il le faut, faisant le beau avant de mordre, faisant le beau toutes les fois qu'il le faut. Sans cesse occupé de trois choses : sa petite obscénité de roquet, son sale petit ventre de roquet, et son faire-le-beau de sale petit roquet.

Le roquet est modelé, empiré par son propriétaire, comme la femme par son mari.

Les hommes-roquets, les peuples-roquets, etc.

X... vous dit : « Y... est un vendu. » Vous dites au premier rencontré : « Y... est un vendu. » X... vous dit : « Z... est un très chic type. » Vous dites au premier rencontré : « *On dit* que Z... est un très chic type. »

Mémoires secrets de Bachaumont, p. 34. « M. Robbé, ce poète érotique, également licencieux et impie (...), est enfin rendu à son état naturel : il donne à corps perdu dans le jansénisme. »

L'Arabe que j'ai connu, qui s'appelait Atouni. Or, il y a un miroir étrusque du Cabinet des Médailles à Paris, où Adonis est désigné par l'inscription Atunis.

L'écrivain célèbre est sollicité d'exprimer son opinion sur n'importe quel sujet; cette opinion doit en outre être aimable et optimiste. S'il répond qu'il n'a pas d'opinion, il passe pour un personnage malgracieux, bientôt un pestiféré. Voici ce que cela donne, un exemple entre mille :

« Messages » en tête du livre de Georges Bonneau, *la Sen-*

sibilité japonaise : « En récompense de leurs chansons, dites à ces petits (Japonais) que je leur envoie mon cœur. » (Anna de Noailles.) « Pour nous connaître de race à race, ne faudrait-il pas tout d'abord que nous prissions une idée de nos plus profonds sentiments de vénération ? » (Barrès.) « Il est grand temps que les races et les peuples se connaissent et s'attirent par leurs esprits les plus libres et les plus désintéressés. » (Valéry.)

Heureux peintres, heureux musiciens, à qui est reconnu le droit de ne pas penser à propos de tout ! Heureux charcutiers ! Heureux marmitons !

Je méprise qui désire quelque chose. Je ne méprise pas qui désire quelqu'un.

Il faut lutter avec force contre la tentation déraisonnable de nous retourner contre nos idées les plus chères, le jour que nous les voyons vulgarisées et dégradées par le succès enfin venu. On trahit les causes vaincues par lâcheté, et les causes victorieuses par délicatesse.

Dans l'escalier, je salue la gouvernante et morgue la maîtresse ; cela est plus fort que moi.

X... sait se décider, mais ne sait pas se tenir à sa décision. C'est un énergique irrésolu.

Le malheur est presque toujours le signe d'une fausse interprétation de la vie.

Les hommes n'ont pas besoin de vérité, mais de « certitudes » et d'explications.

« Les génies sont outrés. Cela tient à la quantité d'infini qui est en eux. Ils contiennent de l'ignoré (...) X..., Y..., Z... n'ont ni exagération, ni obscurité, ni monstruosité. Que leur manque-t-il ? Cela. » (Hugo, *William Shakespeare.*) Cette définition, nous précisant si grossièrement ce que serait et ce que ne serait pas le génie, avec nombreux exemples à l'appui, rend la contrefaçon facile, chez un peuple trop avisé : elle ouvre la porte aux charlatans, dont quelques-uns opèrent aujourd'hui sous nos yeux. Disons qu'elle n'est pas fausse entièrement. Mais je préfère l'auteur qui nous tend une œuvre sans voiles, comme un visage qui s'avance sans fards, et y gagne en honnêteté ce qu'il y perd en beauté.

« L'art d'écrire est avant tout de se faire comprendre. » (Delacroix, *Journal*.)

J'aime la Méditerranée quand elle bat les plages. Une lame s'avance et, tandis qu'elle glisse, au-dessous d'elle, en sens inverse, se dérobe un plat voile d'eau : c'est la lame précédente qui fait retraite. Ainsi nos entreprises s'élancent à la conquête de toutes les plages de la vie. A les voir de si loin roulantes, on croirait qu'elles vont couvrir la terre; elles arrivent : un mouvement contraire les annule; la plus audacieuse n'a pas gagné un mètre de plus que les autres, quand déjà elle se retire et cesse d'être dans le sein sans gloire de la mer. L'oiseau des espaces regarde ce mouvement éternel, et il voit l'immobilité.

On ne réfléchit pas assez au fait que, pendant dix-huit siècles, le christianisme empêchant les Européens de se suicider, il leur a fallu beaucoup plus de courage pour supporter l'adversité qu'il n'en a fallu aux Anciens. Le Moyen Age, la Renaissance, tant d'atrocités et pas un suicide! Tout supporté jusqu'au bout, sans fuir! C'est à peser quand on juge les civilisations.

Le jour où, en France, on commence de se suicider — après la Révolution, — on renoue avec le monde qui s'éteignait vers le IIIe siècle.

Napoléon : « En France, l'esprit court les rues, mais ce n'est que de l'esprit. Il n'y a derrière lui rien qui ressemble à du caractère, et bien moins encore à des principes. Tout le monde court après une faveur. »

Chateaubriand, *Mémoires*, IV, 191. — « Le Français aura beau faire, il ne sera jamais qu'un courtisan, n'importe de qui, pourvu que ce soit un puissant du jour. »

En tous pays, la loi s'hypnotise sur des délits infimes, ou qui même n'en sont pas, et déshonore un homme pour des actes que tout individu intelligent juge moralement et socialement sans importance. Mais la bassesse de l'âme, la médiocrité, la lâcheté, l'absence de patriotisme, ou plutôt l'antipatriotisme « passent au travers », et désagrègent peu à peu une nation à laquelle des millions de faux délits ne portaient pas le moindre préjudice.

« Vingt et un ans, remarque Saint-Simon, ce n'est plus la première jeunesse » (pour une femme). Il y a deux cents ans, en France, nous voyons la duchesse de Mortemart se marier à treize ans, Mlle d'Aubigné à quatorze, Mlle de Nantes, Mlle de Montyon et la princesse de Savoie à douze. Lauzun se marie à soixante-trois ans avec Mlle de Lorges qui en a quinze, le marquis d'Oyse signe un contrat de mariage pour épouser Mlle André quand il aura quarante-deux ans et qu'elle en aura douze.

Nos arrière-grands-pères étaient donc, à l'estime d'aujourd'hui, de « dégoûtants personnages ». C'est le grand péché, d'appeler morale des usages, et de persécuter au nom d'usages qui sont des bulles de savon.

Le procès intenté devant Salomon par les oiseaux au rossignol, accusé de *différence* et de *folie*, dans le *Livre du rossignol*, poème du Persan Ferid eddin Attar.

Un des avantages de l'art est de permettre à l'artiste — son œuvre parlant pour lui — de ne pas faire de frais dans les sociétés. C'est autant d'énergie qu'il épargne, au profit des fins sérieuses.

Le cardinal Newman (cité par Verest, *Manuel de littérature*, Bruxelles), écrit : « Rien n'est mélancolique comme la lecture d'Horace. (...) Elle nous présente le tableau vif et émouvant de ce que nous sommes sans la Grâce. (...) Il est navrant d'observer comment des écrivains païens soupirent après un bien inconnu et une vérité plus élevée, sans pouvoir l'atteindre. »

Horace est triste de n'être pas chrétien... Si les cardinaux en écrivent de ce calibre, qu'écriront les sous-diacres ?

L'artiste surfait a bel et bien tenu le bon bout, puisqu'il a joui sa vie durant des avantages immenses que donne le talent réel. Tel ce personnage de Balzac s'écriant : « Comme j'ai eu raison d'avoir beaucoup d'argent ! », il peut s'écrier sur son lit de mort : « Comme j'ai eu raison d'être surfait ! »

La fatigue et le peu de plaisir que vous éprouvez à étreindre une femme très désirée, après une continence de trois semaines, est compensée par la joie folle et la vigueur excellente que vous éprouvez auprès d'une femme que vous désirez peu, alors que vous étiez à demi mort de fatigue, de l'avoir trop fait avec une autre. Tel est le désir.

« A quoi faut-il tendre en fin de compte? A connaître le monde et à ne pas le mépriser. » (Gœthe.)

« Ce serait une grande chose que de découvrir une position dans laquelle on ne souffre pas de la bêtise des hommes. » (Tolstoï.)

La parole d'Épictète, que je cite souvent [1], pourrait aider à trouver cette position. Il deviendrait aussi insensé que l'imbécile pût nous troubler, que de pouvoir être troublé par l'insulteur.

Néron était aimé! Son ancienne maîtresse Acté recueille sa dépouille, entretient le culte auprès de son tombeau. Le petit giton Sporos est un des quatre qui l'accompagnent dans sa fuite finale; il ne l'abandonne pas, alors qu'il lui était facile de le faire; on le trouve assis et pleurant dans la maison où Néron s'est fait tuer.

« L'esclave de Néron, Éros, se tua devant lui pour l'encourager à mourir. — Ce serait un poème à faire sur le dévouement. Quel était-il donc, ce sombre et mystérieux attachement? » (Alfred de Vigny, *Journal d'un poète.*)

X..., dans sa chambre, à la glace, une quinzaine de photos de lui. Non pas de petites photos d'amateur, qui pourraient passer pour des « souvenirs » : de belles photos comme savent les faire aujourd'hui les professionnels. A de très jeunes adolescents on pardonnerait tant de fatuité; mais à un adulte! Cela me paraît inconcevable, un signe sûr de mauvaise qualité. Dans les salons ou les cabinets de travail de certains littérateurs, j'ai vu ainsi des portraits d'eux-mêmes.

La belle chose ce serait, de montrer dans un roman elle et lui se désaffectionnant *heureusement* l'un de l'autre, se parlant avec bonhomie de cette désaffection, étant contents qu'il

---

1. Cf. ici p. 21.

en soit ainsi, parce que c'est cela qui est le mieux (pour chacun la voie redevient libre). Il me semble que cela n'a jamais été fait.

Heureux ceux de qui les parents meurent jeunes!

La survivance de l'idée de Dieu doit quelque chose à la mauvaise littérature. *Dieu* est un monosyllabe commode, toujours bienvenu dans un alexandrin, comme d'y interpeller : « *Seigneur!* » amorce le mouvement lyrique. Le sublime petit luxe s'accommode également de la religion et du vers classique.

Un chien qui aboie vaut mieux qu'un homme qui ment. Je ne pense pas, disant cela, à l'homme qui ment dans sa vie privée, ce qui est nécessaire et souvent salutaire. Mais à celui qui ment au peuple : l'homme politique, l'écrivain à « messages », le général, etc.

La vie : un océan dont les moralistes, les philosophes, enfin les doctrinaires de toute sorte prétendent faire le petit quadrilatère d'eau calme et classifiée qu'est un marais salant ou un parc à huîtres.

Ce flirt continuel que j'entretiens avec les animaux.

Les gens du monde disent : « Ça ne se fait pas. » Les gens du peuple : « Oh! ben, alors! » Ici et là, le pouvoir des « convenances » est le même. Les mêmes airs pincés. Et pour rien. Faust : « Les hommes se transmettent les lois comme une maladie contagieuse. » Les lois et les convenances.

La planisphère de ses grains de beauté. Les yeux fermés, je peux les situer tous (11 juillet 1931).

La vue d'un tandem me fait l'effet de l'eau bénite sur le diable. Deux êtres condamnés à ne jamais pouvoir faire un tour de roue l'un sans l'autre!

Ses pieds froids, sur mon front, sauraient me guérir de toute peine.

« Ce qui est conforme à la vie, c'est la résistance au bien. » Mais penser que personne ne dira que, ce qui est conforme à la vie, c'est le bien et c'est la résistance au bien.

« Mieux connaître, c'est moins aimer. » (Guyau.) On peut dire tout aussi bien : « Mieux connaître, c'est aimer davantage. » Guyau dit encore (et ce n'est pas nouveau) que le mal est une mutilation intérieure, que le besoin interne et primordial de bien faire n'est que l'élan vital lui-même. On peut soutenir exactement le contraire, que le besoin du mal est l'élan vital, et cela aussi a été soutenu. Tout peut être soutenu, non seulement pendant trois cents pages, ce qui n'est qu'une prouesse d'avocat étendue, mais pendant une vie entière, et on s'accroche la postérité ainsi : c'est la grande malice des philosophes; on est philosophe à peu de frais. Notre conclusion : que la nature est assez riche et assez confuse pour qu'on en puisse dire et tirer n'importe quoi, sans que cela tire à conséquence pour la vérité. Mais du moins faudrait-il le poser dès l'abord, au front de tous nos dogmatismes.

Deux mois après leur mariage, cette femme que son mari n'a pas encore embrassée. Il paraît que c'est « très français ».

« Le simple exemple de non-conformité, le simple refus de s'agenouiller devant la coutume est en soi-même un service. Précisément parce que la tyrannie de l'opinion est telle qu'elle fait un crime de l'excentricité, il est désirable, afin de briser cette tyrannie, que les hommes soient excentriques. L'excentricité et la force du caractère marchent toujours de pair, et la somme d'excentricité contenue dans une société est généralement proportionnelle à la somme de génie, de vigueur intellectuelle et de courage moral qu'elle renferme. » (Stuart Mill, cité par Dugas, *L'Éducation du caractère*, 1912.)

Les critiques littéraires, à mon propos, me font penser à ce gag de cinéma où les uns et les autres se battent prétendûment autour d'un type, pour et contre lui, tandis que lui il s'est dégagé en douce de la bagarre et, arrêté loin de là, les regarde s'empoigner.

Dans aucune salle de cinéma populaire je n'ai entendu chahuter le curé qui paraissait sur l'écran. Mais, plusieurs fois, on ricana et protesta, simultanément de divers points de la salle, contre ce que disait le pasteur (sur l'écran). C'est que ce public populaire ne croit pas que le curé prenne la religion au sérieux : le curé est gourmand, serre les mains, rigole, fume, pardonne. Tandis qu'on croit que le pasteur prend la religion au sérieux. Donc on le juge différent. Donc on ne l'aime pas.

D'une façon générale, en France, c'est dans la mesure où le prêtre donne l'apparence d'être mauvais prêtre qu'il est accepté. Par le peuple comme par les salons. Le prêtre ne le sait que trop.

Il y a des personnes qui, au lit, la nuit étant dans son plein, allument l'électricité et vous regardent fixement, comme si elles vous découvraient, ou comme si elles voulaient, une bonne fois, prendre conscience de cet être à qui elles se donnent sans cesse. Et leurs yeux écarquillés font alors à ces personnes des visages de chats.

Une société de lumières, mais qui, en ce qui concerne la femme, vit sur les idées du XIIe siècle.

Refuser de l'argent, Retz l'a dit déjà, est souvent fort dangereux. Mais pire encore est refuser une amitié. Aussi dangereux de refuser l'amitié d'un homme qui vous l'offre sincèrement, que de refuser l'amour d'une femme. Et surtout quand il s'agit d'un homme-femme; je n'entends pas par là : d'un inverti; j'entends : de tout homme qui a un tempérament et des nerfs de femme, et Dieu sait s'ils sont nombreux.

Que faire quand un homme vous offre son amitié, et qu'on n'en veut pas, pour mille raisons? Atermoyer, finasser, feindre, si pénible que cela soit, mais à aucun prix ne la refuser nettement. Un tiers des haines que nous suscitons sont des ferveurs rebutées. Malheur à celui qui ne tient pas à être aimé!

Grossièreté de la société européenne.

— être convié à venir à une réception officielle « avec tous ses ordres »;

— les cartes d'invitation qui annoncent « thé, porto » pour vous allécher!

— écouter son éloge prononcé en public (discours à l'Académie française) ou l'éloge de ses ancêtres (discours des messes de mariage) ;

— vous envoyer la fumée de sa cigarette ou de sa pipe dans le nez;

— les femmes qui fument;

— avoir chez soi, exposé, son propre portrait;

— s'efforcer à ce que votre réception soit une cohue, alors qu'on devrait s'efforcer à ce qu'elle n'en soit pas une;

— la châtelaine qui vous fait tout visiter de son château (sur les chrysanthèmes : « N'est-ce pas qu'ils sont magnifiques? »), alors que le raffinement est de paraître ignorer ce qu'on possède, et de n'en parler que si on vous le demande en termes exprès;

— les ambassades qui vous écrivent dans leur propre langue, qu'on ignore;

— les lettres qui ont un tour personnel et attentionné, voire affectueux... et qui sont au ronéo;

— l'habitude systématique d'être en retard, qui signifie exactement : « Je ne veux pas me gêner pour vous »;

— les applaudissements au théâtre;

— les chiens dans les restaurants;

— les chiens chez les gens qui vous reçoivent, chiens qui aboient contre vous interminablement, dès votre coup de sonnette, puis se frottent contre vous, et de toutes façons monopolisent l'attention de la maîtresse de maison, avec qui on ne peut plus parler;

— les cartes de vœux avec des vœux imprimés; bien mieux, vous demander un autographe par une carte postale formule imprimée, affranchie comme imprimé (ceci est de provenance étrangère) ;

— vous inviter à dîner, voire vous inviter au spectacle dans une avant-scène, sans vous dire qui sera invité avec vous, ce qui est vous exposer à vous trouver en contact, pendant toute une soirée, avec votre plus mortel ennemi;

— la tyrannie de la musique. Un seul possesseur de radio qui gêne cinquante personnes. Les musiciens dans les restaurants, qui vous empêchent de causer.

Etc.

Tout cela accepté par tous, entré dans les mœurs.

Non seulement des éditeurs, ce qui serait assez naturel, mais des auteurs viennent nous demander d'écrire un livre sur tel sujet précis, témoignant par là de la piètre idée qu'ils se font de l'état d'écrivain. Comme si un écrivain digne de ce nom acceptait de faire un ouvrage sur commande, un ouvrage qui ne sorte pas de sa nécessité intérieure, qui ne soit pas pour lui un objet de souffrance tant qu'il ne l'aura pas créé! « Je dirige une collection. Ne m'écririez-vous pas sur ceci ou sur cela? » Celui qu'on sollicite ainsi devrait se tenir pour offensé, et le témoigner, car qu'a voulu lui dire son confrère, sinon : « Nous savons bien que vous n'avez rien à dire. Que vous importe donc de passer six semaines à nous bâcler ce que nous vous demandons? Et puis nous payons bien! et d'avance! Et cela, n'est-ce pas, est sans réplique! » Non seulement l'écrivain ainsi interpellé ne se tient pas pour offensé, mais il est flatté et content. Car il n'a, en effet, rien à dire, et, lui donner un sujet, c'est lui faire la moitié de sa besogne. Il accepte aujourd'hui, il acceptera demain, il acceptera chaque fois qu'il sera sollicité, et des mois et des années passeront de la sorte avant qu'il écrive l'œuvre qu'il sentait *le besoin* d'écrire, supposé qu'il ait jamais senti ce besoin.

C'est ainsi que, lorsque vous lisez la liste des ouvrages d'un auteur contemporain en tête d'un de ses livres, vous trouvez vingt livres, par exemple, mais sur ces vingt livres il n'y en a que dix qui soient *son œuvre :* les dix autres sont des besognes de librairie.

Le second Pline, sa correspondance. — Ce *dominus scholasticus* — propriétaire homme de lettres — est disert, informé, superficiel, sociable, bienveillant, optimiste, rancunier (il se pourlèche de tuer son homme avec un discours), inlassablement moral et prudhommesque, toujours surmené et de loisir (mais quels loisirs distingués!), toujours en scène mais sur une petite scène, vaniteux comme un pet, farfelu au-delà de ce qui est possible. Il nous entretient de chacune de ses largesses, dans une correspondance censément privée, mais écrite pour le public : le testament d'Auguste a fait des petits. Il décrit ses libéralités, puis il décrit ses propriétés, puis il décrit ses plaidoiries, et toujours de telle façon qu'on a envie de lui dire : « T'as fini? » Il est le père de la correspondance truquée, le père du faux, le père de la pommade, le père du cossu fleuri. C'est un brillant causeur, un brillant épistolier, un brillant conférencier, un brillant avocat.

Un pet. Un académicien. Je ne sais pas s'il est répugnant, mais il me répugne. Il est chargé de grâces, et cependant je ne voudrais pas lui serrer la main.

Avec tout cela, il faut le lire. Intéressant pour la vie privée romaine, et notamment pour son métier (avocat et juge). Deux saisissantes descriptions de l'éruption du Vésuve, où périt son oncle.

Pas de zèle! — A Hippone, un dauphin s'apprivoise de lui-même, joue avec un enfant qui se baigne, l'emporte sur son dos, le ramène, joue avec les baigneurs, se laisse caresser sur le rivage, et tous les jours revient ainsi. On crie au prodige. « Tous les magistrats accouraient pour voir le dauphin; leur arrivée et leur séjour écrasaient de frais imprévus les modestes ressources de la ville. Enfin le pays même perdait sa vie paisible et retirée. On décida de tuer en cachette la cause de cette affluence. » Je ne connais pas d'histoire plus mélancolique. Il faut la lire dans Pline, qui la rapporte au long, et de façon touchante. On peut dire que tout y est : l'amitié du dauphin pour tel enfant en particulier, les sentiments réciproques de celui-ci (« il croit être reconnu, aimé, et aime à son tour »), et jusqu'à la stupidité de certain fonctionnaire qui, par superstition, tandis que l'animal est sur le rivage, le fait arroser d'un parfum, « dont l'odeur le mit en fuite pour la haute mer; on ne le revit que plusieurs jours après, tout languissant et triste; puis, ses forces revenues, il reprit sa gaîté antérieure et ses services accoutumés ». De quelque côté qu'on la prenne, cette histoire fait rêver. Elle vaut, à elle seule, la lecture de Pline.

Ma famille, ce sont les personnes avec qui je couche.

Ceux que nous estimons ont un pouvoir redoutable, celui de nous blesser en nous décevant, que n'ont pas les autres.

L'affaire qui réussit me fait honneur. L'affaire qui ne réussit pas me fait plaisir.

Toute trahison apparente de la Fortune, qui vous rejette à vos « chères études », vous est en réalité un bien, puisqu'elle vous renvoie à votre part nécessaire, c'est-à-dire à la création artistique. Il en a toujours été ainsi, pour tous les écrivains. Ce sont les exils qui sont féconds.

Les toreros passent leur vie à s'entendre traiter de couards. Il faudrait quand même dire que, s'ils étaient couards, ils seraient autre chose que toreros.

Dans les circonstances graves et inquiétantes, rien ne vaut, pour vous sauver, une bonne obsession.

« N'entrez jamais en lutte avec la religion ni avec les choses qui semblent dépendre de Dieu. Elles ont trop de force sur l'esprit des sots. » (Guichardin.)

— Si tu prends ce ton, on dira que tu fanfaronnes, et on te piétinera. Si tu as le ton modeste, on dira que tu supportes tout, et on te piétinera.

— Et pourquoi ne piétine-t-on pas les autres ?

— Parce qu'ils ont le ton de ce qu'ils sont, et qu'ils sont ce que tu n'es pas.

J'ai lu cette phrase quelque part : « Comme les vieillards deviennent laids quand ils ne font plus que ce dont ils ont envie ! » Toujours la vieille haine contre le bonheur. Les vieillards sont laids parce que l'âge les défigure. C'est tout.

On parle toujours de la consolation que c'est pour certains, de croire au paradis. On oublie la consolation que c'est pour les autres, de ne pas croire à l'enfer.

9 octobre 1931. — Les vieillesses interminables et heureuses sont celles des méchants, des cupides et des érotomanes.

Si loin que nous disions, nous ne disons que la moitié.

Je développe.

Tous les hommes publics, à peu près, sont des hommes-mensonge. De là le désir infini qu'on a, de ne pas les fréquenter.

On peut n'être pas un homme-mensonge, mais être un homme qui ne veut dire que la moitié de la vérité, ce qui est déjà beaucoup. Pour que le monde vous laisse jouir en paix de ce qu'il est capable de donner.

Il est non seulement des plus dangereux, pour soi, de dire aux hommes la vérité sur ce qu'ils sont, sur ce que sont les problèmes et les causes pour lesquels ils s'agitent, sur ce que valent leurs actions, sur ce qu'est la destinée, sur ce qu'est « l'ordre » de ce monde (on voit quelquefois un mouvement de haine envelopper un écrivain, et c'est seulement parce qu'il s'est avancé jusqu'à dire la moitié de la vérité), mais cela est aussi des plus inutile pour eux. Laissons-leur le mensonge où ils veulent vivre. Contentons-nous, par respect pour nous-même, de n'y rien ajouter.

« Presque tous les hommes sont esclaves par la raison que les Spartiates donnaient de la servitude des Perses : faute de savoir prononcer la syllabe *non*. Savoir prononcer ce mot et savoir vivre seul sont les deux seuls moyens de conserver sa liberté et son caractère. »

Mais non sa vie. Chamfort, l'auteur de cette pensée, dit non à Hérault de Séchelles qui veut le faire écrire contre la liberté de la presse. Il est arrêté et se tue.

Je n'ai pas défait le bouquet que m'envoyait la dame, et l'ai donné tel quel à une autre dame. Je n'ai pas lu la lettre qui l'accompagnait, je n'en ai pas même ouvert l'enveloppe. Mais j'ai fait l'amour avec la petite fleuriste qui me l'apportait. Voilà, Madame, qui vous apprendra à envoyer des fleurs aux messieurs.

Culture désintéressée. — Je vois les limites de la qualité de quelqu'un quand, lui disant : « J'étudie l'ancien théâtre japonais », il me dit : « Vous allez donc écrire sur l'ancien théâtre japonais ? »

Peut-être pourrait-on diviser le monde en deux familles : ceux qui acceptent aisément de s'ennuyer, et ceux qui ne l'acceptent pas, ou ne l'acceptent que très peu.

Dans les derniers temps de sa vie, X... vit se détacher de lui nombre de ses relations, on n'ose dire de ses amis, parce qu'il avait cessé d' « entretenir » ses amitiés, répondait avec du retard à sa correspondance, refusait toutes les invitations, ou, s'il en acceptait une, restait en société silencieux et morne. On disait : « Quel sauvage ! Comme il est devenu désagréable ! Qu'est-ce qu'il a ? » Ce qu'il avait, c'est qu'il était condamné, et le savait.

J'ai eu quelques paroles affectueuses — non ressenties — pour un ami, un jour où, ayant un peu de dépression, j'avais senti que me ferait du bien quelqu'un qui en aurait de telles pour moi.

La puérilité que l'on trouve chez les gens qui par leur état devraient être les plus sérieux. L'homme d'affaires qui a pour ses visiteurs des fauteuils très bas et très enfoncés, afin de pouvoir les dominer dans la conversation, et qui reconnaît que ces meubles ont bien été choisis tels dans ce but.

Il faudrait parler plus rarement d'imbéciles, et plus souvent d'imbécillités, puisque la passion, l'ignorance et la légèreté poussent beaucoup de gens qui ne sont pas du tout des imbéciles à dire et à faire des imbécillités.

La gloire posthume (de même que la contemporaine) est quelque chose de plus sot encore que la rétribution paradisiaque des chrétiens puisque, cette rétribution, nous n'avons nul moyen de savoir si elle est ou n'est pas, tandis que nous savons très bien de quoi est faite la gloire : de l'opinion, qui ne mérite nulle estime, puisqu'elle est créée par l'incompréhension, la déformation et la légèreté, et qu'elle est vraiment, en quelque sens qu'elle s'exerce, la vanité même.

Mes chers Anciens et Renaissants, si entichés de la gloire posthume, ne sont pas défendables sur ce point-là. Le vice initial, tant chez le païen que chez le chrétien, est la faiblesse de vouloir durer.

Si mes souvenirs sont bons, j'écrivais il y a deux ans (dans *Explicit Mysterium*) que, ce qui me frappait le plus chez le médecin, c'était le manque de conscience. Il me semble que j'écrirais aujourd'hui que c'est l'inintelligence. Il est vrai que cette inintelligence, dans un tel emploi, constitue un manque de conscience, du moins involontaire.

La légèreté avec laquelle un médecin vous conseille une opération. On s'y refuse, et guérit.

Le médecin est un malade. Je veux dire qu'il participe à cette maladie du genre humain, de ne savoir pas se mettre à la place des autres. Par exemple, il vous ordonne un régime sévère. Mais il le fait sans se rendre compte que, permettre à un homme une cigarette ou une tasse de café par jour (en principe interdits), c'est le sauver de la neurasthénie. Et la neurasthénie est aussi grave que la maladie d'estomac.

Un médecin vous ordonne jusqu'à *sept* spécialités par jour. Après quinze jours, il s'effare de votre langue chargée. Comment non ? On ferait un volume avec des faits de cette nature.

Le grand médecin qui, à huit jours d'intervalle, vous donne des conseils diamétralement opposés sur un point de la dernière importance. Comme le grand avocat. Sous-entendu : « Vous croyez donc que je n'ai que vous en tête ! » Et on ne peut pas le lui faire remarquer, parce qu'il vous tuerait encore davantage.

La manière dont le malade doit *guider* le médecin a de quoi faire rêver.

Toute ordonnance du médecin doit être *révisée* par le malade : révisée dans le sens du *bon sens*. Cela aussi fait rêver.

Pline fait allusion à un personnage qui s'est suicidé « pour échapper aux médecins ».

Un faux diagnostic pour deux cents francs seulement, c'est donné. (Novembre 1931.)

Pourquoi achète-t-on des chiens ? Pour qu'ils fassent du bruit en aboyant, et pour qu'on fasse du bruit en leur commandant de ne plus aboyer. « Cela met de la vie. »

Aucun grand écrivain français, un maître en sa langue, n'est très apprécié à l'étranger. Ni Pascal, ni Racine, ni Saint-Simon, ni Bossuet, ni Chateaubriand, ni Stendhal n'a une grande audience à l'étranger. Je n'ose citer les noms de ceux qui ont cette audience.

Un homme d'esprit qui devient littérateur perd son esprit. La vanité rend bête un homme, comme la haine le rend bête.

L'expérience de Lubbock. Une bouteille, le goulot ouvert, où sont enfermées des abeilles. Le cul de la bouteille est tourné vers la lumière, le goulot vers l'obscurité. Toutes les abeilles se poussent vers le cul et y meurent d'inanition, quand le goulot est ouvert de l'autre côté.

C'est l'aveuglement et l'obstination stupide des femmes.

Et les abeilles passent pour intelligentes, comme les femmes passent pour fines.

C'est aussi *la mode*. Ne voir que ce qui est à la mode, et y périr, quand la vérité est ailleurs, — à côté.

De combien de choses il en est comme des droits des rois et des peuples, qui, au dire de Retz, « ne s'accordent jamais si bien que dans le silence ».

L'homme qui ne veut pas déplaire au public — à sa « clientèle » — est, quoi qu'il fasse, un marchand. Même et surtout quand il est un littérateur.

Sur la mort de X... — C'est la première fois qu'il fait quelque chose de sérieux dans sa vie.

X... dissimulait que c'était du foie qu'il mourait, crainte que ses ennemis ne pensassent qu'il mourait de peine.

Je ne puis me soutenir qu'avec un plaisir vif par journée; faute de cela, je languis et m'étiole. Et il m'est arrivé de préférer mourir, à cette langueur.

L'injustice me poignarde davantage quand elle est exercée contre les autres, que contre moi.

Je garde les secrets, même de ceux de mes amis qui sont devenus mes ennemis.

Déméter se désole du rapt de sa fille. Des passants la croisent avec des interpellations obscènes. Elle se met à rire. Voilà le génie grec.

On envoie à un journal des « pensées » d'une portée générale, profonde et éternelle. Il les passe en quatrième page. On lui envoie un petit caca d'actualité, de polémique. Il le passe en première, et en redemande.

CARNET XXI

ALGER : novembre 1931 à mars 1932.
PARIS : mars 1932 au 26 avril 1932.

Le mouvement électrique de recul du Français quand il a touché par hasard le lyrisme, comme s'il avait touché une vipère.

Afin de ne pas risquer de devenir vraiment amoureux, faire intervenir une autre qui vous détourne, comme dans un ballet le danseur prend la nouvelle venue qui s'interpose, ou comme un torero détourne vers lui, en lui présentant la cape, le taureau qui pressait dangereusement un de ses camarades.

Un sang qui demande l'action, et une intelligence qui la refuse. Si on a la plume emphatique, on peut écrire que c'est une tragédie.

Faut-il répondre aux critiques? « Le poète Werner déclara qu'il se tairait tant qu'un critique ne l'accuserait pas d'avoir dérobé des cuillers d'argent. — Et, même dans ce cas-là, vous devriez vous taire, dit Gœthe. » (Paul Amann, *Gœthe vu par ses contemporains*, p. 102.)

Nietzsche, *Le Livre de Lou Salomé*, p. 126. — Il dit que « l'œuvre d'art ne jaillit pas tant du miracle d'une imagination créatrice, que de la *puissance du jugement*, qui choisit, ordonne et trie les éléments dont cette œuvre est formée ».

C'est ainsi que les carnets de Beethoven nous permettent de voir « qu'il a façonné lentement ses mélodies les plus admirables en les filtrant à travers d'innombrables ébauches ». C'est pourquoi le génie *s'apprend*, dans une proportion bien plus grande que ne le pensent la plupart.

Combien tout cela est vrai. Rôle du *discernement*.

De là qu'il n'y a pas non plus à parler de « génie en puissance ».

Cette nuit, le matin, entre 5 et 8 heures, rêve très cohérent en tant que rêve, à tournure de cauchemar : des serpents se glissent vers moi, des persécuteurs approchent, etc. Et je me dis : « Quand le cauchemar deviendra trop fort, je me réveillerai. Mais le pourrai-je par la seule volonté ? Quand le serpent s'approchera trop, je me lèverai sur mon séant pour m'éveiller. » Ce qui arrive en effet. Je n'ai jamais connu un exemple aussi fort de la conscience surveillant l'inconscience, tout en la laissant faire entièrement à sa guise, et sans se manifester que pour dire : « Ne crains rien. Je suis là. »

Deux fois par an, lire ou relire un livre de guerre *sérieux*, ou voir un film de guerre. Tout de suite votre vision de la vie s'approfondit d'une portée.

Comment nettoyer la conscience ? En la frottant avec du réel.

L'Anglais ne se presse pas. Le Français du XVIIe siècle, le Japonais de la grande époque expriment un peu au-dessous de ce qu'ils ont à exprimer. L'orateur romain (Quintilien, je crois, *dixit*) ne lève pas la main plus haut que sa tête. L'être de sagesse a beaucoup de loisir, bien qu'il feigne, pour désarmer l'envie, d'être toujours accablé d'affaires.

Djâmi, *Beharistân*, p. 85. — Un personnage se réfugie, pressé par la nécessité, chez un homme dont il a tué le père ; celui-ci ignore le fait et le protège. Notre personnage lui dit enfin qui il est. L'autre, « son teint s'enflamma, ses yeux s'injectèrent, il resta quelque temps la tête baissée, puis il dit : « Tu ne tarderas pas à rejoindre mon père, et c'est lui qui tirera vengeance de toi. Mais moi je t'ai accordé protection, et ne te tromperai pas. Lève-toi et sors, car je ne suis pas sûr de moi, et Dieu me garde de te causer quelque dommage. » Puis il lui fait présent de mille pièces d'or.

Cela est extravagant, et, en ce qui touche le don d'argent à l'assassin de son père, impensable selon la raison, mais cette extravagance fait, elle aussi, partie de la nature de l'homme, ou du moins de certains hommes : le besoin d'agir de temps en temps avec folie, et de préférence contre soi-même.

Mme V... me fait la guerre, me tracasse, me calomnie, essaie de détacher de moi ce que j'aime. Des années passent et, réduite à la misère, elle vient me demander l'aumône. Je lui donne davantage que ce que raisonnablement je devais lui donner, et pourquoi? *parce que jadis elle m'a causé du tort.* Voilà encore des abîmes.

(Mais sans doute ai-je agi ainsi pour la surprendre et lui donner de moi une image extraordinaire. Aurais-je donné autant si ce don avait dû être anonyme?)

La Bêtise ne consiste pas à n'avoir pas d'idées; cela, c'est la Bêtise douce et bienheureuse des animaux, des coquillages et des dieux. La Bêtise humaine consiste à avoir beaucoup d'idées, mais des idées bêtes. Les idées bêtes — avec bannières, hymnes, haut-parleurs, voire tanks et lance-flammes pour la persuasion — sont la forme raffinée, et la seule véritablement effrayante, de la Bêtise. Car elles sont par essence dynamiques; par essence elles suscitent l'enthousiasme; elles sont faites de toute éternité pour être la Bêtise dirigée. Qui décrira dans un grand mythe l'imbécile ou le charlatan moderne ouvrant la nouvelle boîte de Pandore, d'où s'échappe et se répand sur le monde la plaie volante des idées bêtes, dont les hommes meurent en les adorant?

Si j'avais vingt-cinq ans, et si je voulais, comme on dit, donner un sens à ma vie, en d'autres termes m'occuper, je m'intéresserais à l'unification des religions. Car elles correspondent toutes aux mêmes besoins de l'homme; elles ont toutes un dénominateur commun. Je n'ose le nommer.

Le regard de certaines statues grecques est cet agrandissement de l'orbite que nous sentons lorsque, se détachant de l'objet extérieur, nos yeux semblent reculer en nous-même. L'indifférence de ce regard aux choses de la terre et à leur jeu.

Peu importe que notre talent, notre capacité et notre caractère aient des limites, si nous connaissons ces limites.

« Tout passe en un jour, le panégyrique et l'objet célébré. » (Marc-Aurèle.) Tout passe en un jour, le calomniateur et l'objet calomnié.

Pendant que nous sommes malheureux, notre malheur se

changeant en pitié, nous croyons, dans une éclaircie, que tout peut s'expliquer par la pitié...

César offre des avantages à Bibulus pour que l'argent que celui-ci dépense soit donné partiellement en son nom. Et si Bibulus avait refusé? Dépendre de Bibulus : pauvre César! On comprend qu'ensuite, ayant le pouvoir, ils en abusent pour se dédommager.

L'effort de l'homme, l'objet où il met son point d'honneur, c'est d'agir à l'encontre de la nature ou de la raison. Le mâle est fait pour les amours courtes et multiples : on lui impose, dans le mariage, un amour unique et constant. L'enfant, naturellement, méprise ses parents et se désintéresse d'eux : on lui impose de les respecter, de les aimer, de les nourrir, de se sacrifier pour eux s'il le faut, un demi-siècle durant. L'adolescent, dès l'âge de douze ans, ressent l'appel du plaisir : on ne lui permet aucun moyen d'y répondre avant, mettons, dix-huit ans. La jeune fille doit être devenue femme à un certain âge : si elle y pourvoit sans la mairie, on la montre du doigt. L'homosexualité est la nature même : on la fait passer pour vice ou maladie; elle mène à la prison, au bûcher. Ce ne sont là que quelques exemples. Ajoutez les religions, toutes fondées sur la contre-nature et la contre-raison. Ajoutez les idéologies politiques et sociales, deux fois sur trois insanes, toujours grosses de catastrophes, le bon sens se vengeant d'avoir été outragé trop longtemps. Quoi d'étonnant si, dans ces conditions, l'humanité ne cesse de souffrir? On naît sous cette cloche de superstitions et d'idées fausses, on y grandit, on y continue, on se dit qu'on y mourra, que, *pas un seul jour de sa vie*, on n'aura vécu autrement que gouverné par des idées d'imbéciles et des mœurs de sauvages, enfreintes ou seulement dénoncées non sans risques. On y jette ses enfants, sans défenses, ou avec des défenses aussi dangereuses pour eux que le mal même. On se dit que cela a toujours été ainsi, que cela sera toujours ainsi, sur toute la surface de la terre. On essaie d'en sourire; on fait le philosophe. On en reste accablé.

Un de mes parents *a le courage* d'accueillir et de cacher un an dans son château — sachant ce qu'il risque — un émigré et pour cela est traduit au Tribunal révolutionnaire et guillotiné. Le *Dictionnaire historique* de l'abbé F.-X. de Feller, tome XI, supplément dit : « Il n'eut pas le courage de refuser chez lui à un malheureux émigré. » Que faire, grand Dieu, pour n'être pas accusé de manque de courage ?

« Faites-vous miel, les mouches vous mangeront » (vieux proverbe espagnol). Oui, mais : « Faites-vous chardon, les ânes vous mangeront. »

Quelqu'un qui vous est profondément dévoué, et de qui on le sait, qu'il ne s'angoisse pas à l'énoncé d'un de vos ennuis, cela vous remonte. S'il ne s'émeut pas, pense-t-on, c'est que ce n'est pas grave, ou qu'il sait que vous exagérez.

D'année en année, les aimoirs que l'on quitte. Chacun d'eux vous a fait vivre une année, comme les voitures, quand on courait la poste, chacune vous faisait faire un bout du chemin.

Comme les Chinois, les Hindous, les anciens Grecs, le bonheur ne m'ennuie jamais.

F... adore les Bretons, il parle d'eux mieux qu'amicalement : affectueusement. Mais il va chez eux chaque année pour, abusant de leur ignorance, leur acheter quarante francs des armoires anciennes qu'il revend à Paris entre cinq cents et mille francs.

Les hommes veulent tellement, et *avant tout*, qu'on ne se distingue pas d'eux, qu'un homme invitera à son « porto » un homme qui attend quelque chose de lui, de préférence à un homme qui n'en attend rien.

Celui que cabre l'ombre seule de la *lèche* est arrêté par la perspective d'un simple geste de politesse, qu'il se devrait de faire.

Je n'aime pas l'art qui invente parce qu'il est un succédané, une matière de remplacement de la vie, une excuse pour ne pas vivre. C'est celui-là qui est l'art-défaite.

De singuliers dévôts du Satyricon. — « Telle était l'admiration du vainqueur de Rocroi (Condé) pour Pétrone qu'il pensionnait un lecteur, uniquement chargé de lui réciter le *Satyricon.* » (Laurent Tailhade, préface du *Satyricon*, p. 29.)

« Nul peut-être n'était plus capable de faire parler Pétrone en français que Bussi-Rabutin. On assure qu'il l'avait entrepris de concert avec le maréchal de Vivone et le célèbre abbé de la Trappe; mais les scrupules tardifs du dernier firent échouer le projet. » (*Idem*, p. 46.)

Toutes les fois que je lis la lettre ou l'article d'un « admirateur » inconnu, ma première pensée est : « Encore un qui devra se détourner de moi. »

Ces trois ou quatre derniers soirs, avant de m'endormir, pendant plusieurs instants il me semble que mon cœur s'arrête, et je me pose la question : « Est-ce que le mouvement va reprendre ? » C'est comme un cheval qu'on soulève sur l'obstacle, et on ne sait pas s'il va se recevoir avec équilibre, ou se casser les reins. L'idée que quelques secondes me séparent de l'inexistence éternelle ne provoque pas seulement chez moi un consentement, mais un élan d'adhésion. C'est avec ravissement que j'envisage ma mort subite. (11 décembre 1931.)

Je pleure sur les choses détournées de leur destination pour être employées à une destination contraire. Si j'avais quelque pouvoir dans un pays où l'on a mis des statues chrétiennes sur des colonnes antiques, je ferais enlever ces statues. Inversement, une abbaye comme Pontigny, devenue, je crois, un centre de pensée anticatholique, m'attriste (mise à part mon opinion sur MM. de Pontigny, à l'endroit desquels j'ai plutôt des préventions que des jugements).

Se vaincre.

Je me vaincs, à neuf ans, pour faire du tape-cul, par ordre paternel, sur des destriers diaboliques de grosseur et hauteur. Le résultat est qu'à trente-cinq ans les chevaux m'inquiètent encore.

Je me vaincs pour monter sur les murailles de Fès, crainte du vertige. Le résultat est que j'y ai un étourdissement, et y serais encore, si je n'avais pu continuer, les yeux fermés, les mains sur les épaules de mon serviteur.

Je me vaincs à Albacete pour attaquer un taureau dans

des conditions insensées. Le résultat est une blessure qui, à quelques centimètres près, me perforait le poumon.

Je me vaincs pour m'embarquer en 1926 par mauvaise mer. Le résultat est que désormais l'appréhension du mal de mer jouera dans mes pérégrinations un rôle ridiculement excessif.

Gœthe, *Pensées*. — « Tout ce qui est sage a déjà été pensé. Il faut seulement essayer de le penser encore une fois. »

La dernière des dernières qui dort, un bras sur ma poitrine, à cause de sa confiance je ne pourrais pas la rejeter.

Le côté de moi qui ne croit à rien aime Chateaubriand. L'autre homme en moi est refroidi par son manque de sérieux. Quiconque est excité par Chateaubriand, le connaissant à fond, est pour moi suspect : ce n'est pas quelqu'un de tout à fait bien. Il manque à Chateaubriand ce que Renan dit qui manque à l'Italie : l'honnêteté.

Mais il redonnerait confiance dans l'art d'écrire, si on l'avait perdue.

« Quand un homme de lettres n'a pas de parti ni d'armée à lui, et qu'il marche seul avec indépendance, c'est bien le moins qu'on se donne le plaisir de l'insulter un peu au passage. » (Sainte-Beuve, *Chateaubriand et son groupe littéraire*, p. 8.)

Le mépris concerté en vue de l'histoire. Clemenceau félicite Pétain pour son ordre du jour après l'armistice — pièce historique, — mais le fait sur une feuille de papier à lettres tournée à l'envers : l'en-tête (de la Présidence du Conseil) est tête en bas. Insolence inouïe.

Pour *la Ville dont le Prince est un enfant*.

« Moudeik ibn Ali, élevé à Bagdad, professeur dans cette ville, devient amoureux du jeune Amr, fils de Jouhanna le chrétien, auquel on fait quitter le cours. Il en tombe si malade que ses amis prient la famille de laisser le petit lui faire une visite. Il meurt en lui tenant la main. » (Anthologie de l'amour arabe. *Mercure de France*.)

« Dès qu'un garçon a dépassé l'âge de dix ans, tiens-le hors du contact des étrangers. Garde-toi bien d'approcher le coton de la flamme; en un clin d'œil la maison serait incendiée. » (Saadi, *Boustân.*)

On peut être triste sans être abattu. On peut être plein de tristesse, et en même temps de volonté et de courage.

« Napoléon, en 1820, s'amuse à tirer sur les poules et autres animaux qui entrent dans son jardin, et avant-hier il a tué la chèvre favorite de Mme Bertrand, croyant tirer celle de l'officier d'ordonnance. » Rapports officiels du commissaire du gouvernement russe (M. de Balmain?) à Sainte-Hélène. (*Revue bleue*, 12 juin 1897.)

18 février 1820. — « Bonaparte vient d'acheter un troupeau de chèvres, et il en fait un horrible carnage. Il s'amuse à les tirer à balle l'une après l'autre. C'est aujourd'hui son plaisir favori. »

« Bonaparte, se promenant avec M. de Montholon, vit deux bœufs qui se dirigeaient vers une des portes de la clôture. Il alla aussitôt chercher son fusil, le chargea à balle, puis revint s'embusquer et tira sur le premier bœuf, qu'il tua raide; il ne fit que blesser le second. »

Si tout cela est vrai, cela va loin dans le personnage. Mais cela est-il vrai? Écrit par un ennemi.

Toute ma vie, j'ai eu les passions à la surface, mais, dans le même temps, le fond calme comme le fond de la mer pendant la tempête. Il faut connaître les deux, et ensemble : ces attaches et ce détachement.

Il me donna maintes preuves de son désœuvrement, en m'invitant à dîner.

Je parle là des désœuvrés — des désœuvrées surtout — qui veulent à toute force, par une funeste sympathie pour vous, vous faire entrer dans le rythme de leur désœuvrement.

Supposé que l'avant-garde soit vraiment en avant, ce qui est en avant n'est pas ce qui plonge le plus dans la vie. L'étrave des navires est presque sans cesse hors de l'eau.

Il vaut mieux ne pas lire le journal que le lire, plein de malheurs et de choses atroces, dans les mêmes sentiments de curiosité et de plaisir avec lesquels on lit un roman.

Retrouvé cette note (hors carnet) du 5 mars 1925.

« Je m'attends d'un moment à l'autre à ma mort, sans en être très impressionné. Vraiment, cela m'est égal. Je ne puis plus que répéter des choses, et, si sans doute ces choses sont bonnes, cependant elles ne me donnent plus le désir ardent de vivre que j'avais quand elles étaient des nouveautés. Cette apathie est la récompense ou la punition d'avoir obtenu tout ce qu'on désirait. »

Avant : Vingt dieux! il y a là une bouteille qui me regarde d'un air provocant.

Pendant : Il y a dans une bouteille qui tire à sa fin quelque chose de la mélancolie sinistre du jour qui tombe.

Après : — Allez à l'air frais, ça vous dessaoulera, lui dis-je.

— Mais je ne veux pas être dessaoulé!... jeta-t-il avec fureur. Alors, ce serait bien la peine!...

Conquistadores. — Cette énergie surhumaine, pour laquelle on voudrait les adorer, 1° mise au service d'une vilaine cause, 2° y employant des moyens hideux, 3° n'aboutissant qu'à leur donner une fin misérable : pauvreté, prison, exécution capitale ou assassinat. Il n'y a pas un sujet au monde, plus que les conquistadores, sur quoi on puisse faire des rêves infinis.

Ce qui est effrayant chez nos amis, c'est qu'ils veulent tout le temps nous voir.

Comment faire des choses grandes, quand tant d'heures sont perdues à ménager la susceptibilité des gens? Il faut vivre à genoux.

La plupart des services qu'on nous rend nous coûtent si cher, qu'il valait mieux se passer de ces services.

Passé un certain âge, il n'y a plus qu'un problème : celui du temps (23 janvier).

Une folie comme une autre : je cherche à livrer au néant, par ma mort, un ensemble du plus haut prix.

Qu'on rende les gens heureux, une partie considérable de leurs maladies disparaîtra. Un petit bonheur par jour vaut mieux que tous les cachets.

Ne cherchez pas à m'intéresser à ce qui ne m'intéresse pas naturellement. Il y a assez de choses en ce monde qui m'intéressent naturellement, et dont je ne sais et ne saurai jamais rien, sans que je m'intéresse encore à la préhistoire des Incas.

Lequel est le plus à craindre, l'imbécile ou l'intelligent?

Sage au réveil, vaillant après déjeuner, héroïque après dîner.

La vulgarité ne nous frappe que contemporaine. Nous avons peine à nous représenter ce qui pouvait paraître vulgaire à un homme du temps de Périclès ou du temps de saint Louis. Le leitmotiv des *anges*, par exemple, qui nous enchante dans l'imagerie du moyen âge, ne fit-il pas l'effet à tel contemporain délicat d'un lieu commun insupportable? Et nous adorons des terres cuites antiques dont Verrès n'eût pas voulu pour la loge de son concierge.

Même en politique, on accepterait des passionnés vrais. Mimes de la passion, singes de la passion, vous nous laissez de glace. Et si la singerie est payée!

Quand vous avez une difficulté avec une serveuse de restaurant, une ouvreuse de cinéma, etc., avisez, dans le lot, la plus jolie, et adressez-vous à elle : toute difficulté s'aplanira, parce qu'elle est heureuse.

Si le héros de son roman est un sire magnifique, on dit au romancier : « Voilà ce que vous croyez être » ou bien : « Voilà ce que vous rêvez d'être. » Si c'est un pauvre type : « Voilà ce que vous êtes. Vous vous êtes trahi sans y prendre garde. »

Une personnalité hors ligne a pour moitié de son histoire les jugements qu'elle a suscités.

L'obsession et la phobie du temps perdu peuvent vous mener à ajourner indéfiniment, et jusqu'à ce qu'il soit trop tard, ce qui serait à faire pour sauver votre tête. Plutôt perdre sa vie tout entière, que la perdre à petits coups.

Si, une fois pour toutes, nous prenions la résolution de ne pas nous indigner, chez les autres, de ce qui ne nous indigne pas chez nous...

Si les riches pouvaient se mettre une bonne fois dans la tête qu'ils n'ont pas le droit de faire la morale aux pauvres...

Si les riches pouvaient se mettre dans la tête qu'il est très bien que les pauvres ne volent pas, mais qu'il est sage de ne pas les tenter trop...

Si les adultes pouvaient se mettre dans la tête qu'il est très bien que les enfants ne mentent pas, mais qu'il est sage de ne pas les questionner trop...

Peut-être faut-il qu'un auteur se surfasse lui-même, et consciemment; faut-il qu'il traite Racine et Shakespeare de riens du tout; peut-être une personnalité très forte ne peut-elle et ne doit-elle pas supporter autre chose qu'elle, et doit-elle déchirer tous les autres, seulement parce que leur monde n'est pas le sien.

J'en viens à mépriser le philosophe qui se tortille pour être indifférent à sa mort. Car le sage doit être heureux et, s'il est heureux, il est logique et raisonnable, c'est-à-dire sain et divin, qu'il déteste la fin éternelle de son bonheur.

La plupart des gens acceptent très volontiers que le premier venu ait des droits sur eux. Un inconnu les force à venir au téléphone, les force à répondre à sa lettre, les force à se mettre en colère parce qu'il les insulte, ou à démentir parce qu'il les a calomniés. J'imagine le volé qui ne porterait pas plainte : eh quoi! suffirait-il donc qu'on me volât pour prendre pied dans ma vie?

Rien ne compromet moins que l'ironie. Un paradoxe bien insolent est le chef-d'œuvre de la prudence. On avoue, et on avoue impunément. Ce n'est plus le roi nu du conte, que tous voyaient nu, sans que personne en voulût convenir. C'est le roi nu que personne ne voit nu.

Y a-t-il un artiste qui puisse affirmer de bonne foi qu'il lui est égal de toucher les Blancs, n'œuvrant qu'à l'intention des Rouges, ou à l'inverse? L'artiste qui accepte d'être classé dans un parti renie sa condition d'artiste. « J'écris pour tous. Je peins pour tous. L'humanité, voilà mon clan. »

Moins un individu est évolué, plus il juge une œuvre littéraire du point de vue moral. Le jugement de la masse sur une œuvre littéraire sera donc toujours, d'abord, un jugement de moralité. A part quelques exceptions, tout écrivain qui arrive à obtenir une adhésion de masse, n'y arrive que du jour où il a donné à ses ouvrages une teinte morale (peu importe si dans le fond ils sont immoraux). Le truc est bien connu des auteurs. Mais le public, même cultivé, lorsqu'il apprécie le succès littéraire, en oublie souvent cette condition.

C'est le propre des passions, de se contredire quelquefois avec une espèce d'enthousiasme. Mais gare. Plus une passion sort avec violence de son caractère, plus elle est prête à y rentrer.

L'ivresse de soi-même est encore pire que celle des choses extérieures, parce qu'elle paraît une vertu, qu'elle n'est pas.

Les hommes veulent faire des choses immorales, mais qu'on leur dise des choses morales.

Un tel disait des choses sages, et s'en vantait. Un sage lui dit : « Si tu étais vraiment sage, ce que tu viens de penser et de dire, tu l'aurais pensé et ne l'aurais pas dit. »

On a reproché aux anciens Grecs de n'avoir approfondi ni la mort ni l'amour. C'est sans doute qu'ils pensaient que ni la mort ni l'amour ne méritent d'être approfondis. La désinvolture n'est pas toujours la légèreté. Elle peut être le comble du poids.

Pour rendre quelqu'un antipathique, il suffit de ne pas lui donner ce qui lui est dû. Il réclame. On s'obstine. Il en appelle à tous, lasse tout le monde. C'en est fait : il est classé comme emmerdeur, cesse d'être pris au sérieux. C'est ce qu'on voulait.

Aux jeunes gens et aux vieillards le goût de la gloire. Aux hommes mûrs le goût de la vie.

Je ne sais vraiment pas comment on peut faire une œuvre, sans opposer à tout ce qui n'est pas elle indifférence, mollesse, incompétence et ignorance.

A peine nous sommes-nous prêtés, un tant soit peu, à l'« action », ou seulement l'avons-nous flairée d'un peu près, que nous nous écrions : « Heureux celui qui a trouvé quelque motif à n'agir pas, un motif, n'importe lequel, et voire même un prétexte ! »

Le corps aux trois quarts dans la tombe, je rirai encore de qui ne mérite que risée.

« Il ne lit rien ! » — Je réponds : besoin de lire, signe de fatigue.

Loué soit celui qui rit de lui-même, sans que ce soit pour prévenir le rire des autres.

La vengeance n'est pas philosophique. Attendez un peu : le temps vous vengera.

Celui qui ne tient pas à ses biens matériels, ni à sa « réussite », ni à sa réputation, ni peut-être beaucoup à ceux qu'il aime (« Dieu me l'a donné. Dieu me l'a repris »), ni peut-être beaucoup à sa vie terrestre, ni sûrement pas du tout à sa vie d'outre-tombe, — comment celui-là tiendrait-il à ses idées ?

J'ai lu je ne sais où que le roman serait une forme littéraire inférieure. Or, dans une époque comme la nôtre, toute la pensée dans ce qu'elle touche à l'actualité est infirmée, ridiculisée du jour au lendemain par les événements. Et, d'autre part, la pensée du moraliste, avec ses lois générales, donne l'impression de l'éternel; mais toutes ces généralisations sont fausses, aussi fausses que les inductions de la pensée attachée à l'actualité. Et c'est la fiction (roman et théâtre) qui, en un temps de grand bouleversement, est la forme littéraire la moins atteinte.

Le vieil automatisme du devoir. — Un lieu menacé, si vous y restez sans devoir, vous vous dites : « Je le fais par apathie, — ou par flemme de me déplacer, — ou par goût du risque », mais ces raisons ne vous satisfont guère. Si vous y avez un devoir, vous vous dites : « Je reste à mon poste », et vous vous sentez justifié. La petite recette est de transmuer une humeur en devoir, ou plutôt d'épingler à celle-là celui-ci.

Une femme m'écrit : « On a besoin, pour comprendre n'importe quelle vérité, de chatoiements contraires. Certains revirements de la pensée et de la volonté marquent la stabilité, l'équilibre, comme dans une chaloupe il faut virer de bord pour garder la même ligne. »

Celui qui veut nous faire peur peut nous faire peur, mais aussi nous communiquer un goût plus vif de risquer.

« Il est juste qu'ils ignorent mes crimes, puisqu'ils ignorent mes bienfaits. »

Dans les situations délicates, toute la difficulté vient de ne savoir pas quelle attitude adopter (dure, aimable, plate, ironique, un peu désinvolte et le prenant de haut, respectueuse, etc.), toutes nous étant aussi faciles l'une que l'autre. C'est l'inconvénient du sang-froid.

Quelle délivrance de s'occuper d'un beau meuble, après s'être occupé d'une belle personne!

Tout grand homme n'agit et n'écrit que pour développer deux ou trois idées.

Retz dit qu'on doit se bien garder de plaisanter dans les grandes affaires. Voire. La plaisanterie peut y servir à brouiller les cartes.

Humilité? Modestie? Simplicité est déjà beaucoup.

Pacification instantanée par l'altruisme.

Reconnaître ses torts, et s'en excuser, même avec naturel, peut être le contraire de l'humilité, peut être la conscience enflée de sa puissance, et qu'il n'y a pas de gêne à en étaler les faiblesses.

Le double mouvement, de se croire plus que les autres, et d'être confus quand on vous dit : « L'influence que vous avez sur moi, etc. »; de penser alors : ce ne peut être vrai. Ces deux mouvements simultanés; passant, en sens inverse, l'un au-dessus de l'autre, comme une courroie qui tourne autour de deux poulies.

Certains (de tout âge, de tout sexe) ont l'apparence d'être des solitaires, passent pour tels, d'ailleurs se donnent pour tels; cela des années durant, une longue période de leur vie. Mais qu'ils tombent d'aventure dans une communauté avec laquelle ils s'accordent, les voici des plus sociables, et plus heureux encore qu'auparavant. Ils étaient des sociables qui s'ignoraient, faute de l'occasion.

Éducateur? — « Quant à moi, je fabrique des livres, je ne fabrique pas des êtres. » A la fin, je me heurte toujours à cette formule.

Du fond du puits de l'Humilité, un jour, en prêtant bien l'oreille, j'entendis monter une voix si menue, si douce, si faible, oui, la voix même de l'Humilité. Elle murmurait : « Loué soyez-vous, ô mon Dieu! qui m'avez faite créature si admirable. »

M. Un Tel, qui dans la communauté était préposé aux drames de l'âme, et non seulement à les guérir, mais encore à les susciter, en vue de les guérir, comme le fameux pompier qui allumait des incendies, pour la gloire de les éteindre...

L'être humain est la proie de trois maladies chroniques et inguérissables : le besoin de nourriture, le besoin de sommeil, et le besoin d'égards.

Quand nous faisons dire au téléphone que nous « ne sommes pas là », il peut nous être bon de nous rappeler que M. de Saint-Cyran, lorsqu'il en avait assez d'une pénitente, se faisait appeler comme du dehors.

Il y a du donjuanisme dans la direction des âmes. Le docteur ès âmes croit toujours, lui aussi, qu'il séduira. Et lui aussi, une âme conquise, il a le goût de passer à une autre. La précédente rentre un peu dans le troupeau.

Tandis que les Barbares avançaient sur Byzance, les docteurs byzantins discutaient du sexe des anges, pour la risée de la postérité. Mais, étant docteurs et n'étant que cela, que vouliez-vous qu'ils fissent d'autre ? Et s'ils avaient discuté des « problèmes de l'heure », cela eût-il arrêté les Barbares ? Plutôt que les voir ficher le camp jusqu'à quelque triste abri, j'aime qu'ils attendent la mort avec tranquillité, et dédaignant de changer si peu que ce soit à ce qu'ils sont.

Absolue nécessité d'une atmosphère de calomnie autour de soi, pour que derrière ce nuage on puisse mieux être ignoré dans son essence.

De même qu'un parent doit habituer ses enfants à tenir de moins en moins à lui, de même un directeur (de conscience) ne doit jamais hésiter à réunir deux personnes qui ne se connaissent pas, quand il le croit de leur bien, même s'il a présent à l'esprit le précepte, que ceux que l'on réunit s'allieront un jour contre vous.

Ne rien promettre, et donner en disant que l'on refuse.

Rien n'est peut-être plus immoral, dans tout l'effrayant *ce qui est*, qu'une constatation comme celle-ci : socialement, reconnaître ses torts est toujours une faute. (Février 1932.)

Il est vain de penser que nos subordonnés ne nous trahissent pas. Ils nous trahissent toujours. Les uns consciemment, les autres inconsciemment, les autres consciemment et inconsciemment tour à tour. Commander, c'est être bafoué.

X..., traqué par la police, connaissait une fameuse planque : une veuve dans un petit bled de campagne, qui de loin lui était dévouée. « Mais, se dit-il, si elle me cache, elle tombera sûrement amoureuse de moi. » Il préféra d'être arrêté, et le fut.

X..., traqué par ses ennemis, connaissait une fameuse planque : un ami sûr lui offrait de le cacher chez lui. Mais l'appartement de l'ami était meublé avec un tel mauvais goût... brrr... X... ne put s'y résoudre. Il préféra d'être tué, et le fut.

Toujours la danse à contretemps. — Qu'il est difficile que les gens nous donnent cela même dont nous avons envie ou besoin ! Au malade qui recevrait avec profit du champagne, on envoie des fleurs. On donne du bonheur à celui qui voulait de la gloire, de l'argent à celui qui veut des honneurs, des pucelles à celui qui n'aime que le faisandé. Il y a des hommes auxquels, durant leur vie entière, on a donné *tout*, — tout sauf cela dont ils avaient envie.

« Ne fais rien, et tout sera fait. » (Lao-Tsé.)

« Nous ne ferions rien dans ce monde, si nous n'étions guidés par des idées fausses. » (Fontenelle.)

Je n'ai rien fait dans ce monde, que des livres, et l'amour ; et ce n'était pas pour faire, mais pour me délivrer.

Un nom pour ceux qui font ? Eh bien, il est tout trouvé : les faiseurs.

Certaines personnes, si elles se noyaient, et si un inconnu se jetait à l'eau et les sauvait, seraient réticentes dans la gratitude, et expliqueraient : « Je me demande si son geste était tout à fait désintéressé. »

Qu'est-ce qu'un petit garçon qui n'est pas encore amoureux à dix ans ! Fi !

Les communistes ont grand tort d'en vouloir aux œuvres de bienfaisance, sous prétexte qu'elles tendent à diminuer la haine sociale. Au contraire, en presque tout individu qu'elle secourt, l'œuvre de bienfaisance dépose le germe de cette haine. Et tel qui s'occupe d'elles, et dont on croit que c'est par charité, ne le fait que pour faire lever cette haine.

Quel honneur que de voir les êtres tels qu'ils sont, et de n'en souffrir pas !

X..., malade, lut une coupure de presse où, pour sa dernière pièce, on le comparait ensemble à Eschyle, Shakespeare et Racine. Il pâlit. « Ah ! je meurs du parti pris qu'on a contre moi », exhala-t-il. Et, d'une main défaillante, laissa tomber la coupure.

Le même X..., convalescent, va chez un médecin, qui ne lui souffle mot de ses œuvres, mais lui parle de l'œuvre d'un confrère, et lui en dit du bien. X..., rentré, fait une rechute, s'alite, et envisage, avec juste raison, des poursuites contre le médecin.

Marcelline donnerait sa vie pour moi. Mais, sous la menace même d'une rupture, ne renoncera pas à fumer dans mon appartement.

Philippe, adolescent remarquable, aussi respectable pour ses capacités que pour ses vertus. Mais on ne peut pas arriver à ce qu'il se lave le cou.

Le fait de vivre, et de vivre en bonne santé, et de vivre en bonne santé et heureux, demande un tel concours de circonstances, est un tel équilibre, et, si l'on veut prononcer ce mot, un tel miracle, que nous devrions, quand nous nous trouvons en cet état, nager dans un émerveillement continuel, et dès l'instant qu'il cesse, non pas nous plaindre ou accuser, mais nous dire que les miracles, eux aussi, ont besoin de quelque relâche, et qu'enfin nous avons réintégré la nature. Et, si dans l'agonie même, j'avais une minute de répit, je m'émerveillerais pour cette minute, me disant que toute ma vie aurait pu être une longue agonie.

C'est pourquoi je n'aime de plainte que la grande plainte tragique (la Bible, les Grecs), en tant que matière littéraire, et la plainte délibérée, qui est une politique en vue d'obtenir. Mais les petites lamentations bourgeoises !

Quand l'imbécillité, en tant qu'homme, du médecin qui nous soigne, éclate avec l'évidence et la majesté du soleil levant, nous réservons le spécialiste, et nous nous disons que le mécanicien de notre train, après tout, n'a pas lu Spinoza.

S..., qui a soixante-cinq ans, me dit : « Loin de m'attrister à voir mes facultés s'éteindre, et d'autre part le monde devenir invivable, je remercie le ciel qui me donne tant de raisons de souhaiter ma fin, quand cette fin justement est proche, et qui me fait d'une nécessité un plaisir. »

On imagine mal un historien en train de faire l'amour. Dévoué par vocation à raconter les événements des autres, comment en aurait-il lui-même ?

V... ne voulait pas avoir de secrétaire, parce qu'elle saurait qu'il recevait moins de courrier et de coups de téléphone que le monde ne l'imaginait.

Qu'y a-t-il de plus irritant, pour un employeur, que de réaliser tout d'un coup que son employé a une vie personnelle ?

Le gros public s'étonne toujours qu'un homme, sur un point, puisse être extravagant, et sur tous les autres des plus normal. Que le sadique soit d'une honnêteté scrupuleuse, que le sordide soit un exquis amateur d'art, le filou un père très tendre, et le bon prêtre un non moins bon fornicateur. C'est que l'être ne va pas d'une pièce, et l'âme est aussi incohérente que le corps, dont les poumons crachent le sang, par exemple, dans le même temps que les fonctions intestinales restent admirables de régularité (triste et touchante, cette fidélité d'un organe parmi la trahison des autres).

Il faut avoir toujours sous la main quelqu'un que le monde croit qu'on aime, et qu'on n'aime pas. Pour servir d'otage.

Dans *Pour une Vierge noire*, j'ai écrit que la tentative de la sainteté reste toujours possible, pour celui qui a raté sa vie. J'ai lu depuis que le noble Japonais d'autrefois, à tout échec un peu important qui lui arrivait, militaire ou autre, réagissait ainsi : « Il ne me reste plus qu'à me raser la tête (me faire prêtre). »

Combien d'hommes, au seuil de la vieillesse, camouflent en détachement, philosophique ou religieux, le ramollissement de leurs facultés et de leur volonté !

Sagesse. — Arrivé à la pointe sublime de l'insensibilité et du détachement, le Parfait se mit à trembler, prit sa tête dans ses mains : « Mon Dieu ! Je n'avais pas voulu cela ! »

La sympathie que j'éprouve pour des gens qui me veulent du mal, et un mal impitoyable, est sans doute un des sentiments les plus étranges qu'un homme puisse trouver en soi.

Ravissante et profonde histoire d'Hideyoshi (homme d'État japonais du XVIe siècle), d'après *A new life of Toyotomi Hideyoshi*, par Walter Dening. — Hideyoshi, âgé de treize ans, entre dans une bande de brigands. Le chef, Koroku, qui a *a fancy* (un sentiment) pour lui, lui promet : « Je te donnerai tout ce que tu voudras. » — « Donne-moi ton sabre. » Koroku refuse : le sabre est un souvenir de ses ancêtres. Hideyoshi insiste. Koroku lui dit : « Je ne peux te donner ce sabre. Mais je vais te dire ce que tu peux faire : vole-le, si tu en es capable. En ce cas, je n'aurai commis aucun péché contre mes ancêtres. » Koroku veille toute la nuit, pensant qu'Hideyoshi viendra voler le sabre durant son sommeil. Mais non. Le lendemain, Hideyoshi lui dit : « J'ai réfléchi. Je suis indigne de ce sabre. Et puis, je ne veux pas te prendre un souvenir de famille. » Koroku s'endort donc tranquille, et Hideyoshi lui vole son sabre. Le matin, aux remontrances de Koroku, l'enfant répond : « Vous n'aviez qu'à percevoir que je mentais, et à ne pas dormir. Je garderai le sabre. »

« Ce garçon, dit alors Koroku, est merveilleusement intelligent. Il sera un jour un grand homme. » Et il s'attacha à lui plus que jamais.

Deux moralités :

1. Le jeu, le *fair play*, la gracieuse légèreté. « Vole mon sabre si tu peux, et il sera à toi. »

2. Quiconque prétend avoir, ou, par l'emploi qu'il occupe, devrait avoir la pénétration, le flair psychologique, l'art de la conduite humaine, n'a pas le droit de se plaindre d'être dupé. Dupé, c'est lui qui est dans son tort, plus que son dupeur.

A... voit tous les jours, à son bureau, une jeune fille. Il la trouve jolie, mais rien de plus. Son ami B... passe au bureau et s'emballe : « C'est une fille ravissante, exceptionnelle ! Comment ne m'avais-tu pas dit plus tôt que tu vivais à côté d'une merveille ! » Sur-le-champ, A... devient amoureux de la jeune fille, et en sèche.

Nul n'a appris de moi le tir, qui n'ait fini par faire de moi sa cible.

Faire confiance à un être après avoir connu sa méchanceté, aller au-delà de sa méchanceté, vous donne la même puissance qu'aller au-delà de la crainte de votre propre mort.

Le : « Je ne suis pas arrêté par la méchanceté de cet être », égal au : « Je ne suis pas arrêté par la pensée de ma mort. »

Deux sortes de gens abusent du *je :* les vaniteux et les scrupuleux. Ceux-ci en reviennent toujours à parler d'eux, parce qu'ils sont le seul objet qu'ils soient sûrs de bien connaître. Qu'affirmer, sinon ce qui se passe en eux ? Tout le reste leur est matière à incertitude ; l'objet leur fait peur. Et chacun de leurs *je* est l'aveu modeste de leur honnêteté et de leur impuissance.

C'est assez de mourir, sans avoir encore peur. Souffrez que je n'aie peur qu'à la dernière extrémité.

Ce qui me frappe le plus en France, après trois ans quasi passés hors d'elle, c'est l'absence de patriotisme.

Quitter un drame [1] pour en retrouver un autre. [Écrit à Paris, en mars 1932.]

J'aime Michel-Ange qui souffre du malheur de sa patrie, sculptant en même temps sa *Nuit endormie*. Qui se soucie aujourd'hui du malheur de l'Italie au XVe siècle, et quelle était son importance ? Nulle. Et cependant il fallait en souffrir.

Ma destinée est-elle de souffrir de la chose publique, alors que ma vie privée, depuis trois ans et plus, est stabilisée et si heureuse, et d'en souffrir quand personne n'en souffre ? Car il n'y a que moi, ou à peu près, en France, à souffrir de la France, comme il n'y avait personne que moi, en Afrique, à souffrir de la question indigène.

Être patriote, et être Français, en 1932, c'est vivre crucifié.

La France est en pleine décomposition.

Personne ne me parle de cet état. Quand j'en parle le premier, ou bien mon interlocuteur a l'air de tomber des nues, ou bien il acquiesce, mais toujours avec un petit rire, le rire de la veule acceptation, puis rapidement passe à autre chose : il s'agit de ne pas s'attarder sur un sujet pénible. Ainsi la France va à l'abîme, entre l'inconscience et la lâcheté.

1. Le drame de la question indigène en Afrique du Nord, sur lequel je venais d'écrire *la Rose de Sable*.

Je puis servir en faisant des œuvres d'art désintéressées, chargées d'humanité, servir ma patrie sans songer à elle et sans parler d'elle.

N'avais-je pas trahi? Mettre ma joue sur les champs de France, comme sur le sein de la femme que nous avions trahie sans le lui dire.

On me reproche d'être égoïste. Mais comment vivrais-je si je ne mettais pas des œillères? Tout ce qui est mal me blesse, et, d'être trop blessé, on meurt.

Cette boîte vraiment infernale, ce coffret de Pandore qu'est un appareil de radio, quand de tous les points de l'univers des voix se mettent à mentir ensemble. Oui, vraiment, c'est l'enfer.

Ce sont les petites affaires sordides — nourriture, habillement, finances, déplacements, etc. — qui causent une affreuse gêne de soucis et de temps perdu. Et ce sont les deux grandes affaires essentielles — l'amour et la création artistique — qui en causent le moins. Des vétilles vous donnent une peine écœurante. La grande aisance aérienne et divine accompagne ce qui justifie pour vous la vie.

Redevenir fort parce que, à Paris, les gens si ridicules et agaçants. Alors la colère, la chère colère revient; notre hostilité nous fait nous sentir de nouveau un homme. Nous nous sentions faibles, dans les pays de la Méditerranée, parce que, contre les indigènes, nous n'avions pas d'hostilité.

Les biophages. — Ceux qui rongent, qui dévorent notre vie sont d'abord les indifférents à qui les « affaires » nous obligent de donner des brindilles de notre temps, — le peuple innombrable des désœuvrés qui oublient qu'une affaire sur deux peut être réglée par lettre ou par téléphone, non, il faut à toute force qu'ils nous rencontrent; il faut à toute force qu'ils nous prennent quarante minutes où le téléphone nous en eût pris cinq. Contre ceux-là cependant il est assez facile de se défendre; cela peut même se faire un peu roidement. Il est beaucoup moins facile de le faire contre les gens de qui le seul tort est d'être trop aimables. Nous avons parlé un jour des « tragédies de la politesse ». Il s'agissait de l'usure nerveuse que nous éprouvons à être poli, c'est-à-dire à nous contraindre. Mais il y a une autre tragédie de la politesse, qui est dans le temps qu'elle nous fait perdre.

Comment faire comprendre à quelqu'un de « gentil » que les quatre heures que nous occuperions à dîner et à passer la soirée chez lui, nous en avons un meilleur emploi ? Comment lui faire comprendre que ces quatre heures, si nous les multiplions par les quatre heures que nous nous croyons tenus de consacrer à Pierre, à Paul, à Jacqueline, qui tous sont « si gentils », des journées et des semaines y passeront, perdues pour notre culture, perdues pour notre vie intérieure, perdues pour notre vie privée, perdues pour notre œuvre ? Comment lui faire comprendre que la vraie bienveillance à notre endroit serait de ne pas nous inviter ?

La discrétion dans l'amabilité est en tout temps une vertu plus fine que l'amabilité elle-même. (Qui nous délivrera des cadeaux que nous n'avons pas demandés, des cartes de félicitations ou de vœux pour le nouvel an, etc. ?) Mais elle devient un devoir quand l'objet de nos faveurs est quelqu'un de qui les heures comptent. Et la discrétion dans l'amitié. Je songe à ces amis qui ne sauraient nous dire au revoir sans demander : « Quand nous revoyons-nous ? » Eh ! de grâce, laissez-moi souffler ! L'amitié se corrompt elle-même, quand elle ne se met pas de son propre gré en jachère. Quels tortionnaires que ces gens qui vous écrivent lettre sur lettre, pour rien, et veulent qu'on leur réponde, encore, quand c'est déjà bien beau qu'on les lise ! Quel tortionnaire que notre ami M'as-tu lu ? qui piaffe et nous relance, à chacun de ses livres qu'il nous envoie, si passé quinze jours nous ne lui avons pas répondu, avec le dithyrambe adéquat ! Il n'y a d'amitié agréable que celle où les amis peuvent rester trois mois sans se voir et sans s'écrire, et sans que leur amitié en souffre. Comme je m'étonnais devant une jeune fille, grande amie des chats, que ses chats n'eussent pas de noms, et lui demandais : « Comment faites-vous donc pour les appeler ? », elle me répondit : « Je ne les appelle pas. Ils viennent quand ils veulent. » Exquise parole, qui devrait être la règle de toute amitié. Et je disais moi-même un jour à une femme, sans la moindre boutade : « Ma pensée est d'autant plus avec vous que vous vous rappelez moins à moi. »

Un homme qui cherche à réduire dans son existence

les heures perdues risque de paraître bientôt un sauvage. De paraître invivable, parce qu'il veut *vivre.* Il y aurait à convaincre les gens qu'un intellectuel ne leur fait nulle offense s'il joue à l'anguille pour leur glisser entre les doigts; à leur apprendre ce qu'il faut de calme de l'esprit, de liberté d'esprit, de longues heures de silence, et d'une traite, pour faire quoi que ce soit de réfléchi et de construit; à leur expliquer qu'une seule journée entière consacrée au travail vaut quatre et cinq journées de travail grignotées — fût-ce de deux ou trois heures seulement chacune — par les biophages; à leur montrer qu'une prétendue « misanthropie » est une nécessité *vitale* pour un homme de pensée, s'il veut sauver ce qu'il y a d'essentiel en lui, et qu'enfin celui qui dérange inutilement un homme de pensée, son intention fût-elle bienveillante, lui *prend* quelque chose, aussi nettement, et plus gravement, que s'il lui prenait son portefeuille dans son veston.

Stendhal écrit : « J.-J. Rousseau n'avait pas trop de dix-huit heures par jour pour polir les phrases de *la Nouvelle Héloïse.* » La « journée de dix-huit heures » n'est-elle pas un peu longue? Cette phrase reste malgré tout de celles qu'il faudrait fixer dans les esprits. L'homme moyen pérore volontiers sur la brièveté de sa vie. Mais il ne vous entend plus, quand vous en venez à lui dire que la vie est une question d'heures, et que c'est pour cela que vous serez « désolé » de ne pas aller prendre un porto chez lui. « Une heure! Qu'est-ce qu'une heure!... », vous dit-il. Eh bien, une heure est une heure, et une heure perdue par-ci, une heure perdue par-là, c'est avec cela qu'on soutire sa force à une destinée et qu'on fait avorter son fruit.

Peu après avoir écrit ceci, je trouve dans Sénèque la même idée, dite excellemment : « Aucun homme ne souffre qu'on s'empare de ses propriétés; et, pour le plus léger différend sur les limites, on a recours aux pierres et aux armes. Et pourtant la plupart permettent qu'on empiète sur leur vie. (...) On ne trouve personne qui veuille distribuer son argent; et chacun dissipe sa vie à tous venants. »

Avoir consacré quatre ans de ma vie à un livre que je renonce à publier *(la Rose de sable)* m'est indifférent : « La vigne ne se souvient pas des grappes qu'elle a données. » Là n'est pas la cause de mon tourment. Mais dans le doute si j'ai raison de renoncer.

Il n'est pas sûr que le patriotisme véritable soit de renoncer à dire la vérité. Mais, plus profond encore, toute la sagesse, dans les siècles des siècles, nous enseigne qu'il faut taire la vérité.

Moi-même, qu'ai-je jamais fait d'autre que ne la dire qu'à moitié ?

Et enfin, plus profond encore que la sagesse, la force de la vie, qui emporte cette inquiétude et ces scrupules mêmes.

Puisqu'il faut n'être pas vulnérable dans sa femme et dans ses enfants (stoïcisme), devons-nous être vulnérable dans notre patrie ?

Le patriotisme, cette horrible maladie. Mais pas plus que tout amour.

La maison forestière, parmi les bêtes aux grands yeux, qui elles aussi ont leurs drames, mais des drames qui n'intersectent pas les nôtres.

Biophagie (suite). — Un taxi malencontreux, trop rapide, et que j'ai trouvé trop vite, me dépose à 8 h. 5 devant la porte de la maison où je suis invité à dîner à huit heures. Je fais les cent pas dans l'avenue jusqu'à 8 h. 1/4, pour n'avoir pas l'air de débarquer de Pontoise. A 8 h. 1/4, je suis reçu par le maître de maison, seul, chez qui je perçois une certaine gêne de ce que je sois arrivé si tôt : je le dérange. Il m'annonce que le grand avocat a téléphoné qu'il ne pourrait être là qu'à 9 h. moins 1/4. Deux ou trois personnes arrivent : les plus modestes du lot, celles qui ne *savent pas vivre*. A 9 h. 1/4 (pour un dîner annoncé à 8 h.), la maîtresse de maison fait son entrée. Le grand avocat arrive à 9 h. 1/2. On se met à table vers 10 h. moins 1/4.

Je ne sais qui est ma voisine, et ne le saurai de la soirée : on devine l'intérêt des propos que je puis échanger avec elle. D'ailleurs, tout le monde échange des propos incohérents et indifférents, très précisément ce qu'on appelle : des riens. A remarquer qu'il y a là un homme avec qui je dînerais très volontiers en tête à tête : j'y trouverais agrément et fruit. Mais ici, impossible de lui parler. A peine avons-nous échangé quelques mots qu'un tiers, avec une grossièreté inouïe (mais qui ne choque personne), vient se placer entre nous et prendre part à notre conversation.

Je sens les cernes se former sous mes yeux, et s'accentuer, j'ose le dire, de minute en minute. A minuit, je n'en puis plus; je prends congé, m'excusant sur un prétendu rendez-vous de très bonne heure le lendemain matin. Le maître de maison souligne mon départ d'un mot légèrement aigre. Tout le monde reste.

Il y a des écrivains, et des hommes dans les affaires, au travail à neuf heures du matin, qui font ce métier tous les soirs. Passer sa journée à sauver dix minutes par le moyen de secrétaires, d'autos, d'appareils mécaniques, etc. Puis passer quatre heures à *des riens*, et *pour rien*. Je leur tire mon chapeau ou, plus exactement, je tire mon chapeau à la façon dont ils sont *organisés*. Je les appelle : des athlètes. Comparé à eux, je suis un malade, un déficient. Moi, dire des riens, et les dire pendant quatre heures, me tue.

Mais j'insiste sur la *grossièreté* de la civilisation où tout cela est admis. Ceci en *post-scriptum* à la note de l'an dernier où je donnais quelques exemples de la grossièreté de la civilisation occidentale.

(Rousseau pourrait avoir écrit ce qui précède.)

Chaînes. — L'homme a travaillé tout le jour. Il a fait œuvre d'homme. Il a employé son expérience des choses. Il a été responsable, — peut-être d'autres vies. Et le voici qui se détend, ce soir, après dîner, entre sa femme et son enfant.

La femme s'est occupée de l'enfant, s'est inquiétée de son avenir. Elle a pris part aux affaires de son mari. Et maintenant tous deux se reposent, dans la dignité de la raison.

Pourtant l'homme a dans sa poche une lettre qui le tracasse un peu. Il la passe à sa femme avec un : « Il y en a qui ont du temps à perdre! »

La femme la lit et ne dit rien.

Voici le contenu de cette lettre :

« Cette chaîne a été commencée par un facteur des postes, à Kokomo (Ohio). Recopiez neuf fois la liste de ces noms, et envoyez les neuf listes à des personnes auxquelles vous voulez du bien. Il vous arrivera un malheur, à vous ou à quelqu'un que vous aimez, si vous brisez cette chaîne. »

L'homme reprend la lettre et relit les noms. Il reste songeur, en se disant que cinquante hommes, des deux continents, ont pris la peine de recopier cette longue liste. S'il le faisait à son tour, au milieu de ces cinquante hommes, il se sentirait en sécurité, il ne se trouverait pas bête. Le troupeau l'attire.

La femme lui dit : « Emporte donc ça à ton bureau. Tu le feras taper et tu l'enverras. Qu'est-ce que ça coûte! Et on ne sait jamais... »

Elle regarde le petit garçon et elle ajoute :

— Tu as vu ce qu'on dit : que, si tu ne le fais pas, il arrivera malheur à quelqu'un que tu aimes.

L'homme met la lettre dans sa poche, et demain rejoindra le troupeau.

Un instant plus tard, quand il dit au petit garçon d'aller chercher quelque chose au garage, le petit garçon pleurniche parce qu'il faut traverser le jardinet où il fait nuit noire, et où, la veille, il a entendu un ours faire ses grognements. Là-dessus, Monsieur hausse la voix : « C'est tout de même ridicule qu'un garçon de cet âge ait peur de choses qui n'existent pas! »

J'appelle *infernale* cette chaîne commencée par le facteur de Kokomo.

Parce qu'il est infernal de pousser un être à faire quelque chose de stupide, et à y perdre du temps, et de l'y pousser sous la plus atroce des menaces : en le menaçant dans ce qu'il aime.

On me dira que seuls les simples d'esprit continuent cette chaîne. Mais il y a une faiblesse humaine qui n'est pas tout à fait la simplicité d'esprit, et qu'il est mal de provoquer.

« Chaînes » bien nommées : qui maintiennent l'homme prisonnier dans la superstition et l'ineptie.

— Traîtres infâmes! s'écrie X... Puis il trahit à son tour.

— Misérables! qui avez allumé une guerre perdue d'avance! s'écrie Y... Puis il allume une autre guerre, perdue d'avance. Et cætera.

Quelquefois une voix, au téléphone, d'un inconnu poli, homme ou femme (d'aventure la demoiselle du téléphone), suffit à nous donner une bouffée d'oxygène, littéralement à nous faire revivre, plongé dans ce magma de mufles hargneux.

Si nous faisons une note à la blanchisseuse, il faut faire attention de *ne pas* l'écrire en français (en français correct), car, si nous l'écrivons en français, elle ne nous comprendra pas. Ainsi, en général, avec les femmes et les enfants, et bientôt avec tout le public français.

Un futur directeur de journal m'expose ses projets. Il va, va, et soudain : « Je vous commanderai un roman... » Aussitôt il se reprend : « Je vous demanderai un roman... » Mais le contact est rompu, irrémédiablement.

La liberté existe toujours. Il suffit d'en payer le prix.

Pour un homme qui se déprend : la calomnie. Pour un homme qui vous traverse à la poursuite de quelque but imbécile : l'estime. Pour un homme qui vous laisse en paix, restant dans son coin : le mépris. « Vôlez-vous jouer avec moâ ? » Si non : « Peuh ! il n'est pas de taille », ou bien : « Salaud ! il me méprise. » Et la balle dans la figure.

Il est de certaines natures qui ne peuvent pas arriver à prendre au sérieux le bourreau.

Le fondement du snobisme est la lâcheté : on a peur de n'être pas comme les autres. Lieu commun ? Mais qui y pense ?

Parmi les lieux communs d'une importance vitale, qu'on devrait avoir sans cesse présents à l'esprit, celui-ci : « Ne demande pas aux autres d'être meilleurs que tu ne l'es toi-même. »

Quiconque a l'habitude de l'histoire est porté invinciblement à regarder les événements contemporains, de quelque envergure et si tragiques puissent-ils être, avec le même recul que s'ils avaient eu lieu il y a dix mille ans. Il ne conçoit d'y prendre part que par jeu ou pour passer le temps. Et encore, quelle crainte d'y être surpris en ce cas par quelqu'un d'intelligent ! « Il va croire que je « marche », et me prendre en pitié. »

Nulla dies sine linea. Quel aveu de désespoir, que votre vie ne suffise pas à justifier votre vie ! Qu'il y ait besoin de ce noir sur blanc. Écrire devenu un besoin comme la drogue. L'art-défaite. J'ai horreur de ces bonshommes-là.

Il n'est rien qu'il ne faille faire tourner, et regarder successivement sous tous ses angles. Même si, chaque fois que vous changez d'angle, on vous accuse de « trahir ».

« Ils sont plus nombreux que les cheveux de ma tête, ceux qui me haïssent sans cause. » (*Ps. de David*, LXIX, 5.)

La curieuse sensation, de ne haïr pas ceux qui vous haïssent : force ou faiblesse ?

Neurasthénique de nature, son désabusement de toutes choses passa lorsqu'il avait vingt ans pour une pose de jeune homme. A trente ans, il était toujours désabusé : on le fit voir à des psychiatres. A quarante-cinq ans, il était toujours désabusé, mais maintenant on le disait philosophe, et il imposait assez. A cinquante-cinq ans, il était toujours désabusé, mais il avait eu le nez de prendre le froc : son détachement de ce monde était tenu pour le propre admirable d'une âme religieuse; il mourut vénéré. Ainsi, successivement, dédaigné comme faiseur, traité comme malade, respecté comme sage, et vénéré comme saint. Et toujours pour cette même et unique neurasthénie.

Le vain ne voit pas ses lacunes, n'accepte pas les critiques. L'orgueilleux voit ses lacunes, et aime les critiques.

Ceux qui ont l'âme puissante pardonnent tout à la puissance.

Vive qui m'abandonne ! Il me rend à moi-même.

Idéal de la femme : être servie dans les petites choses, et servir dans les grandes.

J'en ai toujours agi avec le catholicisme comme la Méditerranée avec ses grèves, qui alternativement les caresse et s'en retire. Ou comme le chat, qui vous mord et vous lèche dans le même moment.

Que vaut-il mieux, bonheur ou désespoir ? Puisque les périodes de désespoir apportent avec elles ce trésor : l'indifférence à mourir.

Un inconnu devait venir chez moi, pour affaires. J'avais calculé qu'il resterait une heure. Il resta quinze minutes. Enthousiasmé, je m'en fis un ami.

« L'admiration que je vous porte me donne des droits sur vous. » — Cause toujours.

Les hommes, non les femmes, mettent l'interrupteur au téléphone. Les femmes croient toujours qu'il y a un bonheur au bout du fil.

L' « action » : changer son or en petite monnaie.

Dans une pièce japonaise, *le Suicide par amour à Amijima*, de Tchikamatsou, l'amant dit à l'amante, qui se suicide : « Ne sais-je pas que c'est pour moi, pour moi uniquement que tu vas souffrir les agonies de la mort ? » Elle lui répond : « Non. Je ne le fais que par respect pour moi-même. »

Si singulier que se sente un homme, si exceptionnel, voire si monstrueux, il est rare que, feuilletant l'histoire ou la petite histoire, il ne trouve pas, il y a cinq, dix ou vingt siècles, un autre homme tellement de son type qu'il ne se voit plus (avec dépit, satisfaction ou indifférence) que comme un numéro dans une série.

Les jeunes gens, n'ayant pas la force, simulent le cynisme, qui leur paraît preuve de force. Les hommes mûrs, ayant la force, simulent la bonté, pour faire avaler leur force.

Si son idéal triomphe, à lui les merveilles du chant de victoire. Si son idéal est défait, à lui les merveilles du thrène. Coquin d'écrivain !

Comme il avouait avoir inventé un mot de X..., mort, à son éloge, et comme on lui disait : « Il en ferait une tête, X..., s'il savait ce que vous lui faites dire ! », il répondit : « Pas du tout, il serait content parce que je parle de lui. »

L'esprit sert à tout, et ne supplée quasi à rien.

Le discernement voit ; la finesse imagine, et se trompe.

Cette personne qui me dit que les toreros ont d'ordinaire les yeux cernés, à cause de l'anxiété dans laquelle ils vivent. L'observation est-elle fondée ? Je ne sais. Mais comme elle me touche !

Louis XIV gouverne mal du jour qu'il a sa fistule. Napoléon III, à Sedan, souffre d'une crise de gravelle. Octave, à Philippes, ne peut se tenir debout ni porter ses armes. L'histoire du passé, et la vision du présent, ne comptent pas les défaillances de santé ou les infirmités des hommes, que ceux-ci dissimulent le plus souvent par un respectable mais déraisonnable amour-propre. Tout notre jugement sur le passé et sur le présent serait à réviser, dans le sens de l'indulgence accrue et de l'admiration accrue.

Dans votre désespoir, ne demandez pas le traité d'un philosophe; demandez un reconstituant du système nerveux.

Pareillement, les maximes morales n'ont jamais aidé quelqu'un à se conduire.

Après avoir fait l'amour, le premier qui parle dit une bêtise.

La haine, quelquefois, estime plus que l'estime même.

Lire de suite La Rochefoucauld, Vauvenargues, Chamfort et Joubert, cet afflux de pensées papillotte comme la mer, et ne vous laisse rien de plus dans l'esprit que ne ferait un recueil d'anecdotes et de bons mots. Il doit y avoir une façon spéciale de lire les maximes : une page par jour, peut-être.

On lit La Rochefoucauld avec déception, Chamfort avec intérêt, Vauvenargues avec ennui (bien qu'il ait ses éclairs); on s'arrête de lire Joubert.

Faire court et faire clair.

C'est parce qu'il ne s'abaisse pas qu'on l'abaisse.

Feuilleté Sénèque, *la Brièveté de la vie*. Ceux qui perdent leur temps sont ceux qui collectionnent des vases de Corinthe, ceux qui entretiennent des troupes de gladiateurs, ceux qui chantent (!), ceux qui prennent de bons repas, « ceux qui s'appliquent à d'inutiles études littéraires », les érudits...

Mais alors, que faut-il donc faire ? Se livrer aux études « qui vous révéleront la nature des dieux, leurs plaisirs, leur condition, leur forme, — dans quel lieu doit nous placer la nature quand nous serons dégagés des liens corporels, — quelle puissance soutient, au milieu des espaces, les corps les plus pesants; au-dessus, les plus légers, etc. ».

En somme : ne pas s'occuper de ce qui est, et s'occuper de ce qui n'est pas.

D'un autre point de vue, ne serait-il pas plus sage — puisque ce livre est un livre de sagesse, — ou seulement plus intelligent, de dire : ceux qui font ce qui leur est agréable ne perdent jamais leur temps, qu'ils s'occupent de métaphysique ou de vases de Corinthe ?

Il écrit sur la manière d'obtenir *la vie heureuse*, et sa vie le mène à un tel désespoir qu'il se tue atrocement. Comme ceux qui vendent des tuyaux pour gagner aux courses, et qui finissent à l'Armée du Salut.

On ne peut s'empêcher d'en être obsédé, en le lisant.

On se souviendra à l'occasion que Caton, si respectable, on lui arrache sa toge en plein forum; traîné de la Tribune jusqu'au portique de Fabius, il subit les insultes, les crachats et tous les outrages d'une populace effrénée. Lui aussi se tuera.

Sénèque : « De même que les astres, dont la marche est contraire à celle de notre monde, le sage avance au rebours de l'opinion de tous. » (*La Constance du sage*, XIV.)

Contre la compassion. — « La compassion considère les malheurs de celui auquel elle s'attache, mais non leur cause; la clémence, au contraire, est d'accord avec la raison. »

Le sage « séchera les larmes des autres, mais il n'y mêlera pas les siennes. » Il « ne sera pas compatissant, mais il sera secourable ». « La pitié est voisine de la misère; elle a quelque chose de sa nature. » (*La Clémence*, II, V et VI.)

Lucrèce apporte une conception métaphysique nouvelle dans le monde romain, et la seule qui convienne à un homme de raison. Sénèque, un art de vivre par la sagesse, qui est nouveau également pour les Romains. Pétrone, un art de vivre par le libertinage gracieux, dont la littérature latine n'offre pas d'équivalent. Tous trois se suicident.

Épicure dit très expressément que les hommes sont trop bêtes et trop méchants pour qu'on s'expose au danger dans séduit. Celui qui se borne aux erreurs de son propre esprit s'épargne au moins la moitié de celles qu'il pourrait commettre.

Une œuvre littéraire peut s'imposer d'emblée, spontanément. Un ouvrage de morale ou de philosophie, pour attirer l'attention, a besoin de l'attaque, de la défense, de l'esprit de parti.

Il ne s'agit pas de plaindre ce malade, encore moins de le secourir, mais de lui démontrer aigrement que c'est par sa faute qu'il est tombé malade.

Si l'on se contentait de ce qui vous fait réellement plaisir, on passerait pour une petite nature.

Le puissant commande. L'opinion gouverne.

Les spécialisations de l'esprit. — Un grand esprit qui ne serait pas capable de jouer au bridge, ou seulement de résoudre un seul problème de mots croisés.

On lit dans l'historien que tel personnage mourut « usé par la débauche ». Puis on vérifie et on voit qu'il est mort à soixante-quinze ans.

Il ne s'agit pas d'être bon pour les hommes, il s'agit de ne pas les exaspérer. Avis aux femmes, qui exaspèrent les hommes, et d'abord les petits hommes, leurs fils, par leur amour excessif pour eux, et perdent, en les exaspérant, le bénéfice de cet amour.

On ne devrait jamais écrire d'un auteur sans avoir *tout* lu de lui, et tout se rappeler.

D'abord, je veux croire que c'est là une élégante affectation : il est inélégant chez les Parisiens de parler de ses soucis. Mais bien vite je ne crois plus à cette interprétation. La vérité est qu'ils s'en foutent. Plus précisément, ils savent qu'il y a une menace — les journaux, reconnaissons-le, ne la cachent pas, — mais ils se mettent la tête sous l'aile. Halte-là ! Nous allions nommer élégance ce qui n'est qu'égoïsme, légèreté, et lâcheté [1].

J'assiste, sidéré et écœuré, à cette indifférence d'un peuple pour son destin, pour son honneur ou son déshonneur, pour sa vie ou pour sa mort. Sur Argos défendue par des mercenaires contre les Achéens qui ont pénétré dans la ville, Plutarque écrit : « Du haut de leurs maisons, les habitants, spectateurs indifférents d'une lutte où se jouaient leurs destinées, applaudissaient aux coups les mieux portés. Ils semblaient assister aux jeux néméens. » Oui, c'est bien la dégénérescence de la Grèce vers l'an 200.

Et, pour la centième fois depuis mon retour, je me pose la question : « Pourquoi souffrir pour un peuple qui ne souffre pas ? Pourquoi être le seul, ou quasi, à prendre sur soi cette souffrance ? »

Et l'autre question : « Est-ce ainsi partout ? Serait-ce ainsi en Angleterre ? en Allemagne ? Est-ce moi qui me trompe ? »

Je crois bien ou je sais bien que les œuvres littéraires sont plus importantes que l'action; je ne me fais pas faute de le dire et de l'écrire. Mais que survienne un événement fatal à mon pays, rien n'y fait, mon œuvre pour moi s'abîme, m'en occuper me semble dérisoire et coupable. A celui qui me demande : « Que préparez-vous ? » au moment d'un grand malheur de mon pays, je ne puis répondre qu'avec humeur. Mais aussi avec gêne, car, si je lui disais la raison pour quoi il me choque, il penserait que c'est *une pose*.

Notre part la plus intime est d'ailleurs toujours *indicible*. Si j'avais dit en Algérie que mon bonheur était gâté par la question indigène, personne ne m'eût cru. Si je disais que l'argent et les honneurs me sont indifférents, on ricanerait. Les gens ne croient qu'aux sentiments qu'ils ont ou sont susceptibles d'avoir eux-mêmes. Or, ils aiment l'argent et les honneurs, et ils n'aiment ni les Arabes ni la France.

On me dit qu'il peut y avoir une satisfaction d'amour-propre à souffrir pour une cause si extérieure à soi-même;

---

1. Écrit au lendemain des élections du Landtag, du 24 avril 1932, où les nationaux-socialistes passent de 7 à 162 sièges : Hitler maître de la Prusse, c'est-à-dire de l'Allemagne.

que c'est là une souffrance honorable. La satisfaction serait alors bien mesquine; et je répondrai en outre — une fois de plus — que toute douleur est sans lumière.

Ma destinée est de souffrir de ce qui ne fait pas souffrir les autres, et de ne pas souffrir de ce qui les fait souffrir.

CARNET XXII

PARIS : du 26 avril 1932 au 21 juin 1932.
ALGER : du 21 juin 1932 au 25 novembre 1932.

Je lis peu les poètes contemporains, et la portée de ce que je vais dire en sera réduite. Après lecture de *les Chansons et les Heures*, je dis que Marie Noël est pour moi le plus grand poète français vivant; mettons, si l'on veut, le seul qui me touche. Cela est inégal, et une voix amie eût dû conseiller la suppression de plus d'une strophe et de plus d'un poème. Mais ce qui est bon l'est admirablement. Cela jaillit du cœur, et cependant cela est ouvré par l'art le plus attentif; plein d'art, et cependant cela n'est jamais de la littérature. Le tour est celui de la plus vieille France; le christianisme n'y est pas agaçant. Des poèmes comme *l'Épouvante*, *l'Andante* de *la Fantaisie à plusieurs voix*, *la Prière du poète*, *A tierce* sont parmi les plus beaux poèmes qui aient jamais été écrits en langue française.

Quand un homme va de l'avant, on peut à la rigueur se dispenser de lui rendre justice. Non pas, quand il tombe.

Il faut dans toute société un certain nombre d'êtres désarmés, afin que les gens puissent se délivrer impunément, sur eux, de leur méchanceté, qu'ils sont tenus de retenir ailleurs, par crainte de la riposte. Ce sont les *têtes de Turc*, les *boucs émissaires*, etc. On peut imaginer quelqu'un qui se sentirait la vocation — héroïque — d'être un de ces sacrifiés.

Ces personnes qui, par un génie secret, polarisent sur elles-mêmes une telle quantité de tristesse, qu'elles en font figure de sentinelles qui défendent les autres contre les entreprises du malheur.

Après quatre ans d'étude de la question indigène, ma faculté de la juger s'est atténuée comme un drap qui s'amincit par l'usage.

N'avouez jamais.

Gide, *n. r. f.*, 1er déc. 1928. — « Que Flaubert ne soit pas un grand écrivain, c'est ce qui me paraît ressortir non seulement de ses médiocres écrits de jeunesse (...), mais des propres déclarations qu'on relève au cours de ses lettres. Sans cesse il y revient : près d'un Montaigne, d'un Voltaire, d'un Cervantès, il se sent écolier. »

Je trouve pénible qu'on utilise un aveu. Ou, si on le fait, il faut marquer soi-même que le procédé est assez sordide. Dans le même feuillet, Gide crie beaucoup contre l'orgueil. C'est cependant de l'humilité de Flaubert qu'il se sert pour le condamner.

R.. me dit : « Vous êtes un homme de l'antiquité. » Je lui ai répondu : « Je le suis du moins en ceci, à quoi sûrement vous n'avez pas pensé. En mon respect et mon amitié pour les vieillards : trait propre à l'antiquité. » Je les écoute, je crois qu'ils en savent plus que moi, je les plains de leur mort approchante, de leurs infirmités, de leurs impuissances, du mépris qu'on a pour eux. Et puis, je crois que je ne peux me sentir en affinité qu'avec des hommes revenus de tout. Et puis — surtout peut-être, — à l'avance, j'ai pitié de moi, quand je serai eux.

J'aime les vieillards, les enfants, certains animaux. Je n'aime pas les jeunes gens ni les adultes. J'aime les femmes pour coucher avec quand elles sont bien jeunes, mais je n'aime pas la féminité.

Alternance : conception qui assouplit l'âme, puis la brise après l'avoir assouplie.

On reconnaît tout de suite un homme de jugement à l'usage qu'il fait du point et virgule.

Corneille est fier (dans ses personnages), Byron est orgueilleux, Chateaubriand est glorieux, Gœthe est vain.

Que viennent-ils (Sainte-Beuve, Havet, etc.) nous parler de la « rhétorique » de Pascal! L'âme puissante fait le style puissant, sans intermédiaire, sans recherche, sans surcharge. L'âme s'exprime à la pointe de la plume; l'âme coule de l'âme à la pointe de la plume comme l'encre coule du stylo à sa plume. Voilà comment « le style est l'homme même ».

Cela est surprenant, qu'ils ne sachent pas distinguer le style-âme et le style fabriqué.

Sans cesse nous demandons conseil à des gens sur des situations que nous ne leur exposons pas dans leur entière réalité.

Et nous nous efforçons d'effrayer ceux que nous consultons pour qu'ils nous rassurent.

Perdre la face n'est pas si grave qu'on le dit, si on tient solidement le fond. On peut même la perdre par élégance.

Ce que nous applaudissons le plus dans un auteur est cela où nous nous reconnaissons nous-même. De là que, très souvent, c'est par leur part la moins originale que survivent les génies.

Je ne comprends pas comment on peut croire à l'impérialisme des Français. Il suffit de les regarder pour voir qu'ils n'ont ni l'envie ni le pouvoir de conquêtes en aucun genre.

Shakespeare, qui écrit son *Jules César* d'après Plutarque, laisse passer la seule parole rapportée par Plutarque, qui agrandisse terriblement l'anecdote. Elle est de Brutus, qui vient de tuer César, qui va livrer la bataille de Philippes, où il sera défait et se donnera la mort : « Je voudrais bien qu'il y eût des dieux, afin que nous pussions croire à la justice de notre cause. » Terrible parole.

Renan : « On ne meurt pas pour quelque chose qu'on croit à moitié vrai. » Mais si, quand on est embarqué. Le drame de la mort de César n'est presque rien à côté du second drame qui s'y faufile et qui lui donne sa dimension infinie : le drame de ceux qui ne croient plus à leurs actes, et qui font ceux qui y croient jusqu'au bout. Shakespeare ne l'a même pas soupçonné.

Les gens, pour satisfaire leurs plaisirs, ou seulement par bêtise, se mettent dans des situations scabreuses. Là-dessus ils embrassent nos genoux afin que nous les tirions d'affaire. Puis ils ne nous cachent pas leur mauvaise humeur si d'aventure, après notre premier élan, nous cessons un seul instant d'être sur le qui-vive en vue de répondre à leur éventuel appel. Enfin, quand nous les avons bien sauvés, ils nous tournent le dos. Voilà la filière classique.

Il est très bien que nous ayons des forfaits impunis, qui nous empêchent de nous indigner avec souffrance des forfaits impunis des autres.

Garçons et filles, grand tort de les élever pour la société, non pour eux-mêmes. On ne cherche pas à développer des individualités fortes; on préfère des êtres dociles et qui ont des besoins par lesquels on les tient. Cela est sensible surtout dans l'éducation des filles. (Monique, Françoise.)

Dans la pesée d'une vie intervient une donnée essentielle, d'ordinaire assez inconnue du monde : c'est le prix qu'on a payé ce qu'on a obtenu. Non pas en argent mais en actes ennuyeux ou indignes. Telle vie paraît admirable, où tout a été payé si cher, en servitudes, en obéissances et en pensums, qu'une telle vie, si brillante soit-elle, ne peut être tenue que pour un échec. Et telle autre apparaît un peu ratée, qui a été magnifiquement réussie, parce qu'on a payé très peu.

Nous écrivons trop, et j'espère bien que l'avenir fera dans ce que j'ai écrit les coupes sombres que j'aurais dû faire moi-même en écrivant moins.

Il ne faut pas qu'un artiste s'intéresse trop à son époque, sous peine de faire des œuvres qui n'intéressent que son époque.

On prend un homme pour qu'il vous conseille, et il devient tel qu'il faut qu'on le tue. On prend un homme pour qu'il vous garde, et il devient tel qu'il faut qu'on le tue.

Nulla dies sine linea. Je me défie de quelqu'un qui a besoin d'avoir écrit cette ligne pour se prouver qu'il a existé, et le prouver aux autres.

Qu'il y ait cloison étanche entre la moralité générale d'un être et sa moralité sexuelle, que l'homme, la femme ou l'enfant le plus avancé dans le libertinage puisse être en tout le reste le plus honnête, on me l'a contesté souvent. Un moraliste oublié du XVIIIe siècle, Duclos, écrit que cette cloison étanche est chose particulière aux Français.

Un écrivain français n'a pas besoin d'expliquer son œuvre (ni même, à la réflexion, de faire d'œuvre). Il n'a besoin que de se faire des alliés.

Si quelqu'un fait pour vous servir quelque chose, mais le fait de travers, vous voyez, vous, qu'il l'a fait de travers; lui, il voit qu'il l'a fait.

Le contour si exact de ce visage et de ce cou si purs, sur le coussin sombre, et ce corps si pur lui aussi, ce visage clair et reposé, si doucement offert, et tout ce qui se prolonge de bon derrière lui : l'affection, la sécurité, quatre ans et demi de cette affection et de cette sécurité, et n'avoir eu, en quatre ans et demi, pas un reproche à adresser... On sort de ce monde, et on rentre dans le monde des indifférents, des enquiquineurs, et des méchants. C'est le monde de ce visage qui vous permet de ne pas mourir de l'autre; c'est lui qui vous justifie la terre.

A quoi sert de n'avoir pas peur pour soi, s'il faut retrouver la peur avec la peur pour ceux qu'on aime?

Le Jaloux d'Estremadure, de Cervantès. — Une fois de plus, je suis frappé par la médiocrité de presque toutes ces œuvres que la postérité recueille pieusement. Je lis celle-ci dans une traduction; ne parlons donc pas du style. Mais pour le reste, qu'y trouve-t-on? Un intéressant tableau de mœurs de l'époque, sans doute. Mais c'est tout, et cela n'a presque rien à voir avec le talent. Il n'y a pas de poésie, pas d'intérêt véritable de l'action; surtout, et c'est ce qui me frappe le plus, pas la moindre profondeur psychologique; et même la fin est, psychologiquement, tout à fait invraisemblable et ahurissante. Bref, on découvre au bout que cela n'est rien.
Le *Don Quichotte* est un bon livre, à condition qu'on en passe la moitié. Mais nous savons par maint exemple que la composition et la concision ne sont pas le propre de nos grands classiques.

Celui qui connaît le fond de l'abîme doit connaître aussi

le coup de talon qu'on y peut donner pour remonter. Je connais par cœur et l'abîme et le coup de talon. Mais il y a le jour où l'on ne remonte plus.

Lorsque tel être se trouve auprès de moi, s'il pouvait savoir à quel point sa masse corporelle, si menue, si infime, si dérisoire dans le monde, représente le seul — l'*unique* — pouvoir de me faire plaisir sur cette terre... S'il connaissait son pouvoir...

Cette phrase du livret de *Cavalleria rusticana :* « Le paradis sans toi, que m'importe! » passe inaperçue de tous. Bien plus, si on lit dans *la Nouvelle Héloïse :* « Grand Dieu! j'avais une âme pour la douleur; donnez-m'en une pour la félicité! » on juge cela coco et imbuvable. Il en serait de même pour ces lignes que je trouve dans une lettre de moi, ancienne, qu'on me retourna : « Les mots de votre amour sont écrits sur moi au fer rouge. Rien ne pourra les effacer. Quoi! est-il possible que de tels mots aient été dits, et qu'ils n'aient été rien! »

Or, de pareilles phrases ne sont pas des turlutaines d'opéra-comique; cela est plein de sens, et l'expression colle sur le sens. Mais personne qui y voie autre chose que de la rhétorique. Y distinguât-on la passion, d'ailleurs, on en resterait de glace; il y a longtemps que Stendhal l'a dit : la passion ne touche pas le Parisien.

Toutes ces histoires d'Œdipe, de Phèdre, de Pasiphaé, où l'on se monte la tête sur de soi-disant crimes, qui sont en réalité des actes aussi innocents que celui d'allumer une cigarette, sont intéressantes pour l'étude de la morale universelle et éternelle. Il n'est pas rêvable que le faux crime en disparaisse jamais. Le besoin d'être choqué à tort est un des besoins fondamentaux de l'homme.

Les abîmes ne sont pas où on le dit. Les pires ne sont pas ceux de la sexualité, ou de l'amour-passion, ou de je ne sais quoi. Ce sont ceux de l'égoïsme.

Qui s'est fié à toi, ne le déçois pas; ce serait te décevoir toi-même.

Ces roses que la marchande me vend comme étant d'une espèce ancienne, surannée. Elles ont un feuillage revêche, et leurs tiges sont hérissées d'énormes épines, pareilles à des becs d'oiseaux, qui donnent froid dans le dos à les regarder.
Mais ces roses durent deux fois plus que les roses ordinaires. Elles s'épanouissent, puis semblent se refermer un peu, puis s'épanouissent à nouveau, interminablement.
J'y vois un symbole de la méchanceté qui, passé un certain âge, vous maintient en vie.

Combien l'objectivité est dangereuse. Toujours suspectée. Inconcevable, à la lettre, pour la plupart des hommes : quelle est votre arrière-pensée? La première passion de l'homme bourreau de soi-même est de juger avec objectivité.

Chaque être est comme une compagnie d'infanterie qui sort de la tranchée, qui avance en de certains points, jusqu'à entrer dans la tranchée adverse, et en d'autres est arrêtée ou même recule. Chaque être est cette ligne brisée de flèches et de poches : ici admirable, à côté faiblard, et dans le même temps. C'est ce qu'il y a de touchant dans l'homme.

Un homme digne de ce nom méprise l'influence qu'il exerce, en quelque sens qu'elle s'exerce, et *subit* de devoir en exercer une, comme la rançon de sa tarentule de s'exprimer.

C'est d'ordinaire la partie la plus noble de l'homme, la plus digne en lui d'être aimée, qui lui fait monter les larmes; et pourtant le visage, dans les larmes, est ridicule.
Ainsi de la volupté, si noble dans son essence, ridicule dans son aspect.

Assez énergique pour être méchant, assez philosophe pour ne pas l'être.

Si la paresse est le refus de faire non seulement ce qui vous ennuie, mais encore cette multitude d'actes — tissu de la vie — qui, sans être à proprement parler ennuyeux, sont tout inutiles, alors la paresse doit être tenue pour une des manifestations les plus sûres de l'intelligence.

Le portrait qu'on se fait d'eux, c'est celui qu'ils se font de vous. Pourquoi condamner, puisqu'on est ce qu'on condamne?

Auligny [1] a de la peine à refuser à un distributeur de prospectus, si le bonhomme a l'air de prendre à cœur de lui donner le sien : « Tenez, c'est un buvard. »

Mon saisissement devant un prêtre qui fume un cigare.

Le livre de Quinton : *Maximes sur la guerre*, paraît dans le silence, traversé de quelques cris de haine. Pensez donc, l'auteur a eu sept citations!

P. 70. « Tout est crainte, mystère, attirance, volupté aux premières lignes. Les premières amours qui s'emparent de l'âme ne la troublent point davantage. Le contact de l'ennemi est un contact de l'amour. *Les premières lignes au repos sont des femmes qui dorment.* » Admirable.

P. 77. « Pour un chef ou un égal sans bravoure, le brave est l'ennemi. (...) On se cache d'être brave comme d'aimer. »

P. 84. « Le monde est aux impudents. »

P. 117. « Les troupes de sacrifice ne sont point les jeunes troupes. Les jeunes mâles ne sont pas les meilleurs au combat; ce sont les vieux mâles les rois du troupeau. »

P. 181. « L'amour ne tolère pas la liberté. Où il y a amour, il n'y a plus de liberté. »

P. 199. « Redoute les cœurs qui te comprennent, parce qu'ils te retiennent. Bénis qui te renie, remercie qui t'oublie. » Admirable.

P. ... « Les parents les plus proches du héros sont les humbles. »

« La vie ici-bas n'est qu'un jeu et un passe-temps. » (Coran.)

Dans le quartier de la rue de Bellechasse, c'est le métier des gens de dire qu'il va y avoir la guerre. A Genève, c'est le métier des gens de dire qu'il n'y aura pas la guerre. (25 mai 1932.)

Si je voulais résumer en trois mots ce que j'ai vu des Français à la guerre, je dirais : rigolade, douceur, patience.

Les hommes ont inventé le devoir, et s'empoisonnent la vie avec des obligations envers des entités que souvent ils ne

---

1. Personnage de *la Rose de Sable*.

respectent pas et n'aiment pas. Tel se ruine pour une famille qu'il a en horreur; tel souffre des camouflets reçus par sa patrie, qui l'écœure; d'innombrables se contraignent en vue de devoirs religieux, et ne « croient » pas. Chacun va chercher des chaînes, et se les attache. Et gronde et mord si on veut les lui enlever.

Il y a une façon de ne pas se défendre qui, paraissant lâcheté, est le comble de la force : la force massive de l'indifférence.

La politique : je préfère en être victime que complice.

Il m'a dit que j'étais un sot. A cela j'ai jugé qu'il en était un, puisqu'il ne m'avait pas convaincu, et s'était fait un ennemi.

Physiquement, je ne peux pas plus m'imaginer criant « Vive » ou « A bas » quoi que ce soit, que criant « Au secours ! » Ça ne sortirait pas.

Il y a un bon côté de la trahison des êtres. Quel élan renforcé vers celui qui ne trahit pas !

Le sens historique modifie tout. Si vous êtes constipé, songez à la société française sous Louis XIV, et votre mal aura ses titres de noblesse.

Quand, à table, je lui passe une cuiller, elle me dit merci. Mais elle ne me dit pas merci quand je lui donne dix mille francs.

Il tentait de rattraper par la politesse ce qu'il ne donnait pas dans le solide. Généreux de l'ombre, et avare de la proie.

L'amour qui vous meurt dans la main comme un passereau qui vous meurt dans la main, parce qu'il n'est pas fait pour la main...

Le fait que l'œuvre d'art doive aller au public est le revers et la grande punition de cette merveille qu'est l'art. La diffusion de l'œuvre corrompt le caractère de l'artiste, et lui prend un temps qu'il devrait consacrer à cette œuvre et à sa vie privée.

Nous vivons harcelés d'un vol d'insectes. Nos ennemis sont les mouches, et nos amis les bourdons.

Il n'est pas raisonnable de demander aux fustigateurs d'être meilleurs que leurs fustigés.

« L'un des plus grands inconvénients du caractère français, celui qui a plus contribué que quoi que ce soit aux catastrophes et déconfitures dont notre histoire abonde, c'est l'absence, chez toutes les têtes, du sentiment du devoir. Il n'y a pas un homme ici qui soit exact à un rendez-vous, qui se regarde comme lié absolument par une promesse. De là cette élasticité de la conscience dans une foule de cas. L'imagination place l'obligation dans ce qui nous plaît ou nous porte intérêt. Chez la race anglaise, au contraire (...), la nécessité du devoir est sentie par tout le monde. Nelson, à Trafalgar, au lieu de parler à ses matelots de la gloire et de la postérité, leur dit simplement dans sa proclamation : « L'An- « gleterre compte que chaque homme fera son devoir. » (Delacroix, *Journal*, 26 avril 1853.)

Depuis dix ans je répète : plutôt être à l'écart que les commander.

La politique est l'art de se servir des gens.

Nos lettres écrites lisiblement sont celles où nous contrefaisons : nous méditons et nous nous appliquons en écrivant.

La sensation d'assurance, d'en-avant, quand on s'est coupé les ongles, qui étaient trop longs, et dito quand on a été chez le coiffeur.

On me dit : « Vous êtes quelqu'un qui sait ce qu'il veut. » Oui, sur certaines lignes. Mais sur d'autres je ne sais pas du tout ce que je veux. Et comment le pourrais-je, n'y voulant rien ?

La femme se fait telle que la veut l'homme. L'ennui est que l'homme sait rarement ce qu'il veut. De là beaucoup de drames.

De là aussi que, lorsque je dis la vérité sur les femmes, cela me met aux prises non avec elles, mais avec les hommes : ce sont eux qui se sentent touchés.

Masquer sous le nom de religion ou de philosophie son incapacité.

Français. Tout ce qui n'est pas bas les étonne ou les exaspère.

Les docteurs en langue française me reprochent dans les hebdomadaires la construction suivante, que je trouve dans Retz (II, 252) : « Le soir dont le trompette de l'Archiduc était arrivé l'après-dînée. »
Je trouve aussi dans Retz (II, 251) « l'on convint que », aujourd'hui vicieux.

On est content d'annoncer de mauvaises nouvelles de sa santé, comme si cela vous rendait important, et comme si on avait du plaisir à faire de la peine à la personne à qui on les annonce, qu'on aime et qui vous aime.

Nous voici prêts à relâcher notre amitié avec quelqu'un, simplement parce que trop de fois nous ne sommes pas parvenus à le joindre au téléphone.

C'est un pli de petites gens, que mentir inutilement. Par exemple, tous ces éditeurs qui vous disent : « Je vous paierai à telle date », sachant qu'ils ne le feront pas. Alors qu'il serait si simple de dire : « J'ai des difficultés de trésorerie. Donnez-moi jusqu'à telle date. » Ou, mieux encore : « Je vous paierai à telle date, si Dieu me fait la grâce de le pouvoir. »

Les gens se fichent que mon antique soit fausse, comme ils se fichaient que Tolstoï fût hypocrite [1]. Cela leur fait le même effet que le vrai.

Je démonte une armoire avec mon serviteur. « Faites ceci, faites cela », me dit-il, et il a raison. A « cela » je n'aurais

1. Allusion à une phrase du *Journal* de Mme Tolstoï, que je cite de mémoire : « Ils savent qu'il est hypocrite, mais cela leur est égal. »

jamais pensé; je déplore ma stupidité ès choses matérielles : « On a souvent besoin d'un plus petit », etc. Soudain, il s'acharne à faire levier avec du fer qui plie, ou à tourner une vis dans le sens opposé au bon. Je lui explique pourquoi la vis doit être tournée dans tel sens; manifestement, il ne le comprend pas, ne le comprendra jamais; chaque fois que je reviens le voir, il est en train de tourner la vis dans le mauvais sens. Conclusion curieuse : ès choses matérielles, il n'est pas intelligent tout à fait, comme je ne le suis pas tout à fait. Il faut que nous nous mettions à deux, lui le prolétaire, moi l'intellectuel, pour faire un homme des choses matérielles.

Émile Clermont (cité dans le livre de sa sœur sur lui).

P. 64. « Il me paraît toujours singulier qu'on puisse attacher assez d'importance à mes actes pour qu'on souffre de ce que j'ai fait ou n'ai pas fait. »

P. 92. « Certains vous prennent pour un sot de dévoiler ce qu'eux ne dévoileraient pour rien au monde (de diminuant pour leur personne). Mais d'autres se rendent compte qu'on entre ainsi dans une atmosphère de sincérité et de vérité. C'est un coup de sonde : êtes-vous capable de vérité? êtes-vous capable d'estimer avant tout la vérité? »

(Je crois avoir manqué rarement l'occasion, depuis longtemps, de montrer les côtés de moi qui me diminuaient.)

P. 140. « Ne pas ajouter aux choses par l'expression. »

P. 151. « La loyauté et la propreté (...) sont les vertus les plus étrangères à notre temps. »

P. 262. « Notre temps, temps de grande mémoire et de faible personnalité. »

Déjeuner avec Bernanos[1], 28 mai 1932.

Deux ans et demi d'absence et de silence. Puis retour, et coup sur coup, en un mois, trois maisons où je n'ai jamais écrit me font des propositions sans que j'aie fait le moindre pas vers elles. La sensation du moment où c'est la terre qui

---

1. M. François Coty, propriétaire du *Figaro*, avait demandé à Bernanos d'être le rédacteur en chef de ce journal, et de composer un comité de rédaction, dont Bernanos souhaitait que je fisse partie. La combinaison Bernanos ayant échoué, M. Coty m'offrit d'être rédacteur en chef. Toutes ces propositions furent déclinées.

vous tire vers le bas. Devenir un pondeur de copie, un richard, et un important.

Est-ce qu'il y a des gens, par hasard, qui croiraient que je vais *faire une carrière* parce que je viens de publier un livre sur la guerre [1], et écris pour la première fois au *Figaro*, à *l'Écho de Paris* et à la *Revue des Deux Mondes?* C'est toujours la même chose : on veut m'attacher, m'engager. Et moi je suis un esprit de l'air. Je sais bien ce qui me nourrit : ce sont les satisfactions de mon esprit, de mon cœur, de ma chair; tout cela demande la liberté. Dans ce sens, je puis dire moi aussi : je meurs où je m'attache (là où l'on m'attache, je dépéris et je meurs). C'est pourquoi je fuis, je prends la tangente, je « trahis » toujours; c'est pourquoi je suis sauteur et « perfide ». Il ne faut pas qu'on compte jamais sur moi.

Plutôt avoir peu d'argent, et être libre, qu'en avoir beaucoup, attaché.

Quelqu'un comme moi ne peut pas être gêné. A la première gêne, je ferais sauter tout cela.

Faim de travail, aussi. Travail, mon oxygène. En me libérant des affaires, on me rend à cela pour quoi je suis fait essentiellement.

Ce dont j'ai besoin, c'est de longues retraites de plaisir, de méditation, de travail et d'insouciance sociale. Non du *Figaro* et de l'importance.

Limogé, on lui donna la cravate, comme on met du persil dans les naseaux des veaux décapités.

Un homme effondré se présente devant une femme, que son effondrement effondre. Mais, de l'agacement qu'il éprouve à la voir effondrée, il se remonte. Simplement pour n'être pas comme elle.

Je ne crois pas que cette réaction puisse avoir lieu d'homme à homme.

Faire passer sans cesse toute sa vie dans un tamis. Secouer sans cesse, et ne garder que ce qui reste : ce qui est de votre part essentielle. Sans cesse, comme par une seconde nature.

---

1. *Mors et Vita.*

« Rien n'est plus lâche que de faire le brave devant Dieu. » (Pascal.)

Mais rien n'est plus lâche que d'aller à Dieu par manque de bravoure.

Il ne faut jamais demander aux êtres de ne pas mentir. Et il ne faut jamais leur en vouloir de mentir.

Gandhi, dans son discours de la place de la Concorde, donne l'impression d'un imbécile et d'un charlatan. Est-ce parce qu'il a voulu « aller aux masses », et s'est diminué en voulant trop bien faire? Ou est-ce qu'il est comme ça naturellement?

Cacher sa maîtresse, son enfant, sa femme. *Har'm.*

La grossièreté de ces gens qui, quand on va dîner chez eux, ou à leur restaurant, vous imposent la présence de leur femme, ou de leur maîtresse, ou de leur giton, personnages qui non seulement vous empêchent de parler librement, encore que d'ordinaire idiots et n'ouvrant pas le bec, mais qui, en outre, sont l'objet de leurs vaporeux regards de tendresse. Toute manifestation publique de tendresse est inconvenante; les bonnes races le sentent bien. J'aime encore mieux qu'on montre sa lâcheté, que son amour.

La plupart des erreurs que j'ai commises dans ma vie sont venues de ce que je n'avais pas prévu la bassesse ou la mesquinerie de la réaction d'un tiers, dans un de ses sentiments ou dans un de ses actes; non, cela ne m'était pas venu à l'esprit : cela était d'un autre monde que le mien. On me reproche de trop mépriser. Mes erreurs sont venues de n'avoir pas méprisé assez.

Écrivain. Il faut à la fois intelligence, lyrisme et moralité.

Les trois chez Barrès. Je cherche alors ce qui manque : peut-être l'élan vital.

Annunzio : lyrisme, pas d'intelligence, pas de moralité. Élan vital dans sa vie, mais on ne le sent plus dans ses œuvres depuis quinze ans.

M... est un sûr baromètre. Quand il me fait une vacherie, je sais qu'à Paris ma cote a baissé : il croit pouvoir me vacher à son aise. Quand il me fait une lèche, je sais que mes actions sont hautes : il croit qu'il doit me ménager.

Louis Gillet : « Les faits réels ont toujours un accent qui dégoûte des plus belles conjectures littéraires. »

On peut utilement s'épargner le long et difficile éloge d'un imbécile en disant un seul mot aimable de sa physionomie. Je me suis fait pour toujours un ami de L... en écrivant qu'il avait le regard de Talleyrand.

Il est curieux de constater que des personnages ou des milieux aussi différents l'un de l'autre, voire hostiles l'un à l'autre, que Barrès, *l'Action française* et la *n. r. f.* portent le même jugement sur Flaubert : qu'il est un mauvais écrivain. Et cependant, tant d'indulgence pour X... et Y...

La vraie force du style est dans le sentiment.

Le Goffic. Quelle activité, mon Dieu ! En quatre ans, député, refusé à l'Académie, reçu à l'Académie, et mort !

27 juillet 1932. — Nous ne pouvons plus être heureux ni avoir l'esprit libre. Le malheur de la patrie nous réveille la nuit. Je sens que je ne supporterai pas une catastrophe nationale, que je serai ébranlé dans mes fondements. Voilà une énorme différence avec 1914.

Époque où tout ce qu'on écrit devient tout de suite « impossible » par une aggravation de la situation : ce qu'on pouvait dire dans la paix ne peut pas l'être sur le bord de la guerre.

Je ne prends de la nature que juste ce qu'il faut pour faire de temps en temps une petite description littéraire. Au-delà, elle m'ennuie.

3 août 1932. — Je lis dans un journal des paroles prêtées à Joffre peu avant sa fin. D'abord : « Je suis un soldat. Je m'étais tu. Mais voici un livre, etc. » Étrange façon de se taire, que d'imprimer. Ensuite : « On me dénigre. Mais le peuple me jugera, le peuple qui... le peuple que... » Qu'est-ce que cela veut dire ? Quels moyens a le peuple de juger Joffre,

même s'il le voulait, et il s'en moque bien ? Les journaux ? Belle information ! Et que vaut l'opinion du peuple ? Sans fondement, de toutes les opinions la moins fondée. Autant de mots, autant de sottises.

Cela est du même tonneau que ce que me disait Valéry (ou Curel). A l'Académie, quand on en était au mot « impossible » (dans le dictionnaire), Joffre dit que ce mot-là ne devait pas figurer au dictionnaire, parce que « impossible » n'est pas français. Mais cela est plus véniel, étant du tonneau académique, qui ne connaît guère que la piquette.

Il y a une loi : le mufle respecte le mufle. Au contraire, la modestie est tenue pour impuissance, la politesse fait ricaner. Combien nous le voyons dans notre présente société, et combien y apparaît que souvent ce n'est pas malgré son abjection et sa muflerie que tel homme est arrivé au faîte, mais à cause d'elles. Presque tous nos (...) sont des mufles, et peut-être le sont-ils systématiquement.

Ma lucidité me fait prévoir les malheurs. Mon détachement m'empêche d'y parer.

On écrit : « La tragédie de Month. est de n'avoir jamais su choisir entre ses tendances. » Et si c'était mon bonheur, — et mon honneur ?

Pourquoi ne pas accepter l'Extrême-Onction, sans « croire », puisque toute ma vie j'ai fait de la radiothérapie sans y croire ?

Un homme qui veut se conduire choisit une religion, une sagesse, une action ou une hauteur. Les éléments d'une hauteur sont le détachement, la générosité et le mépris. « *Beata altitudo, sola beatitudo.* »

Si l'amitié, comme je l'ai lu, consiste à être l'ami de quelqu'un, non quand il a raison, mais quand il a tort, alors je ne suis l'ami de personne.

Dans l'amour de rouler soi-même ses cigarettes, je vois tout le côté petit-petit du Français, méticuleux, maniaque, célibataire, radin (ramassant toutes les bribes qui tombent), sale (en jetant partout, s'en empuantissant les doigts) ; et en même temps le coup de main habile, le fameux coup de main français. Manie analogue à celle de vouloir des livres non coupés, autre vice français, bien plus monstrueux encore.

Prière du soir. — Mon Dieu ! préservez-moi de mon médecin. Mon Dieu ! préservez-moi de mon avocat. Mon Dieu ! préservez-moi de mon conseil financier, de ma secrétaire, de mes serviteurs; en un mot, de tous ceux dont la fonction est de m'aider. Ainsi soit-il.

Nous aimons mieux passer pour un criminel que pour un nigaud.

Une femme qui se vend, contre des promesses, est moins vile que celui qui les lui fait, si elles sont fausses.

CARNET XXIII

Du 25 novembre 1932 au 23 août 1933.

Ce carnet a été perdu.

CARNET XXIV

ALGER : du 23 août 1933 au 16 octobre 1933.
PARIS : du 18 octobre 1933 au 3 janvier 1934.
ALGER : du 5 janvier 1934 au 15 février 1934.

L'état d'insatisfaction et l'état de satisfaction, matière de tout *les Voyageurs traqués*, ne sont pas très différents. Il y a une part de désagrément dans le premier, qui vient de ce qu'on n'est pas satisfait, et une part de désagrément dans le second, qui vient de ce qu'on l'est. En fin de compte, tout cela se vaut (25 août).

Combien, dans une vie intense, quelques heures de répit sont importantes pour se ressaisir, s'apaiser. Il est essentiel de pouvoir alterner l'action avec un peu de réflexion sur elle. Un homme qui réfléchit, si cette alternance ne lui était pas donnée, et s'il ne devait qu'agir, mourrait peut-être, comme un animal forcé. (Ce moment de la réflexion pendant lequel on recommence à *manger*. Car, pendant toute la durée de l'action, l'émotion, et la tension nerveuse, vous ont coupé l'appétit. Combien juste l'expression *se refaire*.) (Départ pour Bougie, 11 septembre 1933.)

L'essentiel, c'est de tenter la vie : peu importe ce qui en sort. Partir avec une personne que l'on redoute, et a de bonnes raisons de redouter, si ensuite le voyage a plus de bas que de hauts, qu'importe? L'essentiel était de faire l'acte insensé de partir.

La mauvaise humeur classique des femmes en wagon, à six heures du matin, qui n'ont pas dormi ou mal, qui se sentent laides, vous voient laid, fouettent du bec, ne peuvent pas avoir l'accès des cabinets, toujours occupés, et enfin, après vous avoir promis les derniers enchantements si vous les accompagniez à douze heures de trajet d'où vous étiez, vous font comprendre en boudant qu'on sera très peu libres et qu'on ne pourra presque pas se voir.

Bougie. — Les salles de restaurant d'hôtel, où on me jette d'abord un regard torve parce qu'on croit que je viens *sur la place*, que je vais *casser le travail*. Quand je sors un Thucydide, on respire.

« Comment peut-on être Persan ? » — Dans les hôtels (ceux du moins où je descends en Algérie), je me demande : « Comment peut-on n'être pas *voyageur* (sous-entendu : de commerce) ? » J'ai éveillé tant de gênantes curiosités, dans les petites villes d'Algérie, pour avoir eu l'honnêteté de répondre *non* quand on me demandait : « Vous êtes voyageur ? », que j'ai fini, crève l'honnêteté ! par dire que je l'étais. Mais dans quoi ? Eh bien, mettons dans la papeterie : je pensais pouvoir m'en tirer. Quand je vis que je ne connaissais rien de plus à la papeterie qu'aux huiles paraffinées, par exemple, je me jetai carrément à l'eau, et dis que j'étais dans la casquette.

Le repos de ces villes où personne ne vous connaît.

Elle avait, pour me plaire, ôté le rouge de ses ongles, et cela lui faisait des mains pâles, pâles comme je ne les lui avais jamais vues, pâles comme si la pâleur de son âme avait coulé dans ses mains.

Dans les petites villes d'Algérie que je connais (Tlemcen, Cherchel, Bougie), il y a une place qui toujours finit en esplanade, donnant soit sur la mer, soit sur la campagne. Les Français, accoudés, regardent l'étendue; les Arabes ne font qu'y cracher. Les Français y crachent eux aussi, mais avec beaucoup moins de génie que les Arabes.

Ce qui me fait sauter le pas, dans l'audace, c'est l'idée que j'ai de moi-même. Il me suffit d'y songer, et, instantanément, je passe de l'hésitation et de la crainte, à l'acte.

Une partie de la vie se passe à essayer de faire comprendre aux gens que l'on n'a pas qu'eux dans la tête.

Il y a ceux à qui nous pardonnons et ceux à qui nous ne pardonnons pas. Ceux à qui nous ne pardonnons pas sont nos amis.

M. X..., qui avait un appartement bruyant, alla visiter l'Abbé Y... qui, en plein Paris, avait un appartement avec un jardin calme. M. X... y reconnut la paix de Dieu, et il crut.

Il est admirable que la plus haute transcendance, et le plus avisé réalisme, conseillent également le pardon des injures.

Je compte faire quelque chose pour elle, mais ne le faire que lorsqu'il sera trop tard.

Bougie, 12 septembre 1933. — Une tablée de trois. Ce jeune maquereau [1] algérien, seize ans, au moment même où je suis sûr qu'il ne croit pas qu'on le regarde, il est maquereau; la façon dont il enlève son casque colonial, ce geste impérieux, montre qu'il est *nature* quand il est maquereau : ce n'est pas un bluff comme ce serait chez un jeune Français de France.

L'autre, quarante-cinq ans, habillé comme un garçon de quinze, un pantalon de toile, un gilet de corps découvrant les aisselles, et une ceinture : exactement tout; certainement pas de caleçon (plus les *naïl :* soit quatre pièces). J'oubliais le bracelet-montre.

Le visage extrêmement ravagé. Les rides de son front. Ses pattes d'oie comme les coloniaux. D'un vrai geste de Nord-Africain, à un moment, il prend à pleine paume, par-dessus son pantalon, ses parties, et les tient un moment dans sa main, avec un naturel incontestable. Ce visage ravagé et ces habits de jeune homme, c'est bien un type de colonial.

(Un jour, relisant ceci, je ne me rappellerai plus le visage de cet homme.)

Un troisième personnage, muet, mais pour moi parlant. A la boutonnière de son veston très fatigué, les rubans de la médaille militaire, qui prouve que c'est quelqu'un de bien, de la croix de guerre et de la Légion d'honneur, qui ne prouvent rien. Mais, *surtout*, l'insigne des décorés au péril de leur vie, qui prouve que la guerre est quelque chose qu'il étale. D'ailleurs, à les surprendre, les mots qu'il dit : brigade, parachute... (Ces insignes, qu'on voit très rarement à Paris, sont très fréquents en Afrique du Nord.)

---

1. Le mot *maquereau*, chez les Européens et les Arabes d'Algérie, n'a pas le sens péjoratif qu'on lui donne à Paris. Il signifie: un déluré, un malin.

Tous les personnages du petit tableau ci-dessus sont des Français.

Le garçon : le passage de la fureur au rire, si charmant dans la jeunesse, et chez les primitifs.

Dans cette salle à manger où il y a une trentaine de croûtants, et d'une race mâle (une ville de second ordre en Algérie), je suis le seul à avoir fini mon litre de rouge, et du rouge d'Algérie, à la moitié du repas. C'est moi que la patronne regarde; je ne suis pourtant pas seul, mais c'est moi qu'elle regarde; toujours je trouve ses yeux sur moi fixés. Elle me dit, par ses yeux fixés : « Qui êtes-vous? Votre fiche de l'hôtel indique : « Propriétaire. » Soit. Mais au-delà? Et que faites-vous ici? Et pourquoi mangez-vous et buvez-vous tant? Les garçons me rapportent que vous ne *laissez rien.* Et personne ne fait comme vous des taches sur la nappe. »

« Rien que la terre! » Quand ce que nous aurons à demi connu — à demi — est un mouchoir de poche à la surface de la terre.

L'abbé, traçant des signes de croix à perpétuité autour de son visage, mais peut-être, seulement, pour chasser les mouches.

Alger, 14 septembre 1933. — En ce qui me concerne, la grande différence entre le dire et le faire, c'est que j'ai fait tout ce que j'avais à faire, tandis que, de ce que j'avais à dire, je n'ai dit qu'une part infime.

Cette prodigieuse disparate entre la timidité lorsqu'il s'agit du paquebot, de l'avion, de l'ascenseur, et la terrible audace sur d'autres points.

La question n'est pas de savoir si j'ai bien mangé ou non. La question est de savoir si je pourrai, ou non, sortir du restaurant sans renverser une table.

Les gens « fiers » acceptent d'avaler tout autant de couleuvres que ceux qui ne prétendent pas l'être; on ne voit donc pas ce qui les sépare d'eux, sinon qu'ils parlent de leur fierté.

Les femmes tâtent leur chignon comme les hommes tâtent leur braguette.

Laroussi (Arabe). — Je voudrais t'écrire très souvent, mais les heures de loisir me manquent.

Moi. — Je vois que tu travailles. A quoi tu travailles?

Laroussi. — A rien.

Médéa, 22 septembre. — Dans une petite ville de ce genre, un homme de qualité est tout de suite d'accord avec les indigènes, par-dessus ses compatriotes.

La démesure dans les démonstrations affectueuses. Herriot : dans les photographies il prend toujours les gens par le bras, alors que Ramsay Mac Donald ne laisse prendre que sa main. Dans *la Dépêche* du 20 septembre, les capitaines de football allemand et français avant la partie : le Français enlace l'Allemand, qui, lui, ne fait que donner la main. Toujours cette indiscrétion.

La pensée de dindonner cet ingénieur. — La pensée de dindonner le père est chez moi une obsession, comme, chez Guignol, celle de rosser le gendarme.

Le sérieux d'un petit plongeur (de café) kabyle au milieu d'un troupeau d'étudiants français algérois. En lui toute la dignité.

Incognito, je peux me laisser humilier. Autant de temps de gagné.

Traverser une ville pendant un kilomètre, en plein soleil par quarante degrés à l'ombre, une valise à la main (et, naturellement, sans chapeau) donne beaucoup plus l'impression d'être un homme que le fait d'écrire des livres, et d'en recevoir des éloges.

Fénelon. Belle lettre à Mme de Maintenon, du 20 novembre 1693, sur la conduite indiscrète de Mme de Maisonfort.

Pour les Eugène Marsan et autres qui écrivent football *foutebole*, Fénelon, lettre à Dacier sur les occupations de l'Académie : « Qu'importe qu'un mot soit né dans notre pays ou qu'il nous vienne d'un pays étranger? La jalousie serait puérile, quand il ne s'agit que de la manière de mouvoir ses lèvres, et de frapper l'air. »

On flétrit du nom d'inadaptés les honnêtes.

Ceux qui vivent ne pardonnent pas plus à ceux qui se tuent, que les bien-portants ne pardonnent aux malades.

Si Virgile ressuscitait, et venait lire en public un nouveau chant de *l'Énéide*, il y aurait des femmes, et des « intellectuelles », qui ne trouveraient rien à dire, sinon que son pantalon n'est pas dans ses plis.

Je m'accorde avec les enfants parce que nos préoccupations sont les mêmes. Il s'agit de s'amuser et de vivre dans l'instant, sans préjugés et sans devoirs, notamment de gratitude.

Dans cet état où cela vous est une souffrance, sur la plateforme du tramway, de n'enlever pas au passage le képi du sergent de ville.

29 septembre 1933. — La mélancolie que l'on éprouve en répondant à un article dithyrambique, de trois colonnes, sur vous. Et d'abord, toujours la même question : que dire?

Les vieux de la campagne qui se pendent. On dit que c'est à cause de leurs infirmités, mais c'est parce que leur famille leur faisait une vie intenable.

Pas de zèle! — La femme de chambre qui se met à « faire » la chambre d'hôtel au moment que vous y arrivez avec une femme, et, si vous lui dites qu'elle n'a qu'à faire en surface, vous répond : « Moi, quand je commence une chambre, je la fais à fond. » (1er octobre.)

Le Dr G... (2 octobre) : « Je suis très heureux. Mais il faudrait avoir quelqu'un à qui le dire. »

Il n'y a aucune différence entre le jugement que portent sur vous les consommateurs, quand vous jouez au zanzi sur le zinc, et ceux que portent les « princes de l'intelligence » de votre pays sur les manifestations les plus hautes de vous-même. Les consommateurs du bar vous jugent selon leur bêtise. Les princes de l'intelligence selon leur humeur, leur légèreté et leur envie. Le jugement des uns et des autres n'a rien à voir avec ce qui vous est dû, ou ne vous est pas dû, *en vérité*.

Je suis célèbre, et cependant je suis aussi méconnu que put l'être, par exemple, Nietzsche. Cela m'est indifférent, parce que ma vie est ailleurs. (9 octobre 1933.)

La mer, cette belle ennemie, me roule avec sa patte pelote. Saloperie, faisons-nous des politesses, mais je te connais, et je te hais. (16 octobre. Retour en France.)

Paris, 19 octobre. — Réponse à Isabelle Sandy : « Que l'esprit soit menacé, qui le conteste ? Vous souhaitez un « groupement qui aurait pour but la défense des forces spirituelles ». Mais ces groupements existent ; ils sont même nombreux. Et ils rendent d'ailleurs des services. J'avoue cependant ne croire pas beaucoup à la nécessité d'en fonder de nouveaux. Je croirais davantage à l'influence que pourrait exercer une seule personnalité puissante, qui *verrait clair*, aurait une *foi*, et serait *courageuse*. Mais il me semble que, dans les jours que nous vivons, c'est surtout la première de ces qualités qu'il est difficile d'avoir. »

Retour à Paris. — Combien besoin d'un amour au retour ! Besoin d'amour dans les beaux pays pour être d'accord avec le pays. Et dans les laids, pour que cela vous soit un soutien dans les épreuves.

Je retrouve mes complets, et suis content, car ce sont ceux que j'ai mis dans l'amour.

Le général de Trentinian au colonel de Hautecloque : « Vous avez donc peur ! » L'autre se fait massacrer.

Son colonel dit à Du S..., dans une circonstance où il n'est pas sorti de la tranchée par raison, la même chose. Du S... offre de laisser le sergent avec la section dans la tranchée, et de sortir seul.

L'importance que les égoïstes attachent à quelque chose qu'ils donnent, même sans valeur. M. Élie de Coëtquidan [1], ayant en double un livre de Léandre, se proposait de donner

---

1. Personnage des *Célibataires*.

le second exemplaire, mais le gardait quarante ans, faute de trouver quelqu'un digne de recevoir un cadeau qui pouvait valoir quinze francs.

Mon oncle Jean, interrogé pourquoi son nom ne figure pas dans le Tout-Paris : « Pour que les cambrioleurs sachent où j'habite ! »

M. Octave de Coëtquidan, au restaurant, quand le garçon disait : « L'addition du 4 ! », il était furieux et ronchonnait à part soi : « Je ne suis pas le 4. Je suis le baron de Coëtquidan, administrateur de plusieurs sociétés. »

M. Octave de Coëtquidan force son domestique à aller tout de suite à l'hôpital, pour une otite-mastoïdite. Le médecin lui dit : « Vous avez bien fait. Trois jours plus tard, il pouvait avoir une méningite et y rester. » D'où M. de Coëtquidan refuse d'augmenter ses gages : « Est-ce que vous oubliez que je vous ai sauvé la vie ? »

On peut être sot, et n'être pas naïf.

La puissance des ténèbres. — Mlle de..., personne de condition, mais forcée de travailler, va demander du travail à Mgr Baudrillart, qui lui répond en propres termes : « Je ne suis pas un bureau de placement. » Outrée, toutefois, au moment de partir, elle est saisie d'un mouvement et lui dit : « Monseigneur, j'ai encore un service à vous demander. » Il recule un peu. « Voulez-vous me donner votre bénédiction ? » A l'air dont elle me le raconte, il est clair qu'elle juge sublime son mouvement. Je crains que cela ne soit le faux sublime, et qu'elle n'ait surtout consolidé la position de Baudrillart, qui a dû se dire, relevant sa soutane : « Avec cela, jusqu'où ne peut-on oser ! »

Sitôt que mon oncle Jean me dit du bien d'un de nos parents, je sais ce qui va suivre. « Ta cousine est une excellente personne, qui ne ferait pas de mal à une mouche, et ce n'est jamais moi qui t'en dirai du mal. Mais enfin je pense que je ne t'apprendrai rien en te disant qu'elle est tout à fait folle. »

Pendant la guerre de la Succession, à plusieurs époques, la désertion décime nos armées; plusieurs fois la peine de mort est proposée dans le conseil du roi (Louis XIV). Le maréchal de Nangis insistant auprès du roi pour l'obtenir, le roi s'écrie : « Eh! Nangis, ce sont des hommes. »

J'approuve ces grands personnages qui, au lieu de laisser leur fortune en mourant à des crétins inconnus d'eux (les membres de leur famille), la laissent aux gens qui les ont bien servis : leurs entremetteurs et leurs domestiques, — sans oublier, bien entendu, les objets de leurs plaisirs. Byron, je crois, est du nombre.

En effets, les dits objets étant de beaucoup ce qui nous a été le plus agréable ici-bas — disons-le énergiquement : étant ce qui a justifié notre vie, — il est logique que ceux qui nous ont aidé dans leur capture aient une part privilégiée de nos largesses posthumes.

Être à la page. — « Je suis par la naissance du parti du passé. » Cela m'a valu des insultes. « Nous nous passerons donc de vous. » Eh! Madame, j'en appelle à votre bonne foi : quatre ans et demi hors de France, sans publier, vivant incognito, n'est-ce pas suffisant pour montrer que ce qu'on désire, c'est que les autres se passent de vous autant que vous vous passez d'eux?

Il est évident que la vulgarité est aujourd'hui d'être « moderne », à la page, de se tenir au courant, de flairer l'avenir. Mais la vulgarité peut se trouver être la vérité. Or, je cherche au nom de quoi on condamnerait ceux qui sont hors de leur époque. Qu'y a-t-il dans l'avenir de supérieur au passé?

Comment n'a-t-on jamais remarqué le ridicule qu'a la physionomie d'un orateur en action? Il faut le voir au cinéma muet : personne qui ne rie. Cela seul rend suspecte l'éloquence.

« L'année qui précéda sa mort (...), Clémenceau me dit : « Je suis dégoûté de mon pays et de mes compatriotes. » Il n'y avait aucune amertume dans ce propos prononcé sur le ton d'un jugement détaché, hautain, sans appel. Je protestai : « Comment pouvez-vous dire cela, Monsieur le Pré-

« sident, vous qui êtes l'incarnation vivante du pays ? » Clemenceau me répondit : « J'ai vu les Français pendant la « guerre. Ce ne sont plus les mêmes. Eux qui étaient au plein « de la tourmente si ardents, si généreux, si courageux, tou- « jours prompts au sacrifice total, sont maintenant des lâches « conduits par des lâches. Et cela est arrivé avec une rapidité « telle qu'elle me stupéfie et m'épouvante. » (Amiral Lacaze, *Figaro*, 27 octobre 1933.)

Turenne, dans ses lettres, lorsqu'il s'agit d'une victoire, dit : « Nous l'avons remportée », et lorsqu'il s'agit d'une défaite : « J'ai été battu. »

Il n'était pas comte, mais c'était un titre que son ancêtre avait pris par hauteur d'âme, et qu'on continuait de lui donner par courtoisie.

Danton appelle Marat : l'individu Marat. « Je déclare à la Convention et à la nation entière que je n'aime point l'individu Marat. »

Marlborough, levant le camp devant Villars sur la Moselle, s'excuse auprès de lui, lui fait dire qu'il ne croie pas que c'est sa faute s'il ne l'a pas attaqué; qu'il se retirait plein de douleur de n'avoir pu se mesurer avec lui, et que c'était le prince de Bade qui lui avait manqué de parole.
Marlborough envoie à Villars quantité de liqueurs d'Angleterre, de vins de Parme et de cidre.

Brève et dure étiquette de Napoléon sur Saint-Cyr : « Saint-Cyr, général très prudent. »

Je la voyais riante, et je me disais qu'elle se foutait pas mal de son père, et cela m'était bon.

A peine avons-nous loué quelqu'un, pour agir mieux que les autres, qu'il agit comme les autres.

Quand je vois de très jeunes arrivistes, ou même de vieux, mais chez qui cela se voit, j'ai envie de leur dire, comme mon maître de manège quand je faisais du tapecul : « Monsieur de Montherlant ! ne vous crispez donc pas ! »

Élie Faure, *la Sainte Face*, p. 60. « Ceux qui ont dit la vérité : Lao-tseu, Héraclite, Michel-Ange, Montaigne, Cervantes, Spinoza, Stendhal, Dostoïevsky et Shakespeare. — Pascal, Kant, Schopenhauer, Voltaire, Tolstoï ont menti. » Chacun peut refaire à sa mode cette double liste.

Comment, voilà quelqu'un qui me demande un service, et qui n'indique pas dans son adresse le département de son bled! Grenoble, où est-ce? Loire-Inférieure? Ille-et-Vilaine? — Au panier!

Dans son *Vercingétorix*, Camille Julian rapporte ce mot du légat romain Cerialis : « La Gaule est la terre favorite des convoitises éternelles des Germains; mais ses divisions l'ont toujours empêchée de se protéger d'eux. »

Se garder de découvrir à un être à quel point on tient à lui, par crainte qu'il n'abuse de cette connaissance, je crois n'avoir jamais fait cela. Il est bien, et il est doux, d'être imprudent avec ce qu'on aime.

Une personne vous envoie une photo d'elle-même. Il n'y a probablement rien de plus atroce que le geste de déchirer incontinent cette photo et de la mettre au panier. Combien de fois n'ai-je pas fait ce geste!

Il ne faut pas violenter ses ennemis; il faut les abattre, ou ne pas s'en mêler. Il faut violenter ses sympathisants, qui le publient, c'est-à-dire vous rapportent le profit de cette violence, et qui cependant vous restent.

Quand nous faisons un exemple, il faut le faire *in anima vili*.

J'ai pesé tous les maux qui me viendraient sans doute pour avoir cédé à ce premier mouvement, et ensuite je lui ai cédé.

Vox clamantis in deserto. — Mais si j'aime de parler dans ce désert?

Mon premier livre, *la Relève du matin*, qu'on réédite ces jours-ci, fut commencé pendant la guerre, à l'École militaire, où, venant d'être incorporé, j'étais encaserné comme auxiliaire. Je conserve une petite photographie représentant un soldat, assis sur une des poubelles de l'École, tenant le stylo et penché sur une liasse de feuillets. C'est l'auteur de *la Relève* écrivant son livre. Comme je ne voulais pas avoir l'air d'un littérateur, état qui m'a toujours un peu agacé, à ceux qui m'interrogeaient je répondais que j'écrivais *une thèse* sur « les enfants et la musique ». J'eus alors, pour la première fois, une idée de l'impression que je peux faire aux gens, en entendant un de mes camarades dire à un autre, sans savoir que je l'entendais : « Tu as vu celui qui fait une thèse sur les enfants et la musique? Il a l'air rudement idiot. »

J'avais fait une demande pour aller dans l'infanterie, sur le front, mais elle languissait. Les auxiliaires de l'École militaire furent invités à choisir entre une affectation immédiate à un état-major, et un séjour préalable à la campagne, où l'on manquait d'hommes pour les travaux des champs. Préférant mille fois être garçon de ferme, à être secrétaire dactylographe, je fus « mis en route » pour la Marne, où, après un certain nombre d'incidents, ayant fait valoir mon expérience des bêtes à cornes, je fus embauché comme bouvier dans une ferme. C'est en gardant les bœufs que je continuai *la Relève du matin, sub tegmine fagi :* joli motif pour une boîte à bonbons.

Enfin, je pus rejoindre un régiment d'infanterie en secteur. Commencé sur les poubelles, le manuscrit finit par la « boue des tranchées », après avoir passé par l'étable. Durant des mois, le manuscrit, et les notes qui le préparaient, occupèrent à eux seuls une musette supplémentaire dont je m'étais chargé. Et je puis témoigner que la paperasse pèse lourd.

Mes permissions étaient employées à courir les éditeurs. Onze éditeurs refusèrent *la Relève*. Tous les éditeurs de Paris.

En décembre 1916, je communiquai à Robert Vallery-Radot ce qui était écrit de *la Relève*, et reçus de lui la lettre la plus amicale et la plus encourageante. Johannès Joergensen lui aussi me faisait grand accueil. Plus tard, Vallery-Radot porta mon manuscrit à Mauriac. Mauriac m'envoya le billet que voici :

27 décembre 1917.

« Monsieur,

« Pourriez-vous venir samedi dans la matinée, vers dix heures? je vous dirai mon impression sur votre manuscrit. (Répondez-moi.)

« A un inconnu on redoute d'écrire une parole excessive. Mais à moi, qui ne suis plus très capable de m'émouvoir avec de la littérature, vous avez donné une émotion, — la même que j'eus à votre âge en lisant, pour la première fois, *les Illuminations* de Rimbaud. Et, puisque vous me connaissez, vous savez de quel cœur préparé j'ai dû accueillir votre symphonie sur le collège, sur la douzième année, et quelle route se frayent à travers ce cœur les voix d'enfants.

« J'ai le plus grand désir de vous connaître, Monsieur, et vous assure de mon admiration.

« FRANÇOIS MAURIAC. »

L'armistice signé, je fis la connaissance de quelques écrivains. Le premier texte de moi qui fut imprimé — une dizaine de pages de *la Relève* — le fut dans la revue d'André Germain, *les Écrits nouveaux*, revue qui a sa place bien à elle dans les lettres de l'immédiate après-guerre, et où parurent, avant leur essor, la plupart des écrivains qui ont un nom aujourd'hui (entre autres, avec d'admirables poèmes, Pierre Benoit).

Bientôt *la Relève du matin* fut publiée, à 700 exemplaires, en compte d'auteur, lequel me coûta 3.500 francs. Et le timbre de quittance, qui fut à mes frais.

Mes aînés immédiats, de nuance catholique, lui firent fête. Mauriac, François Le Grix en parlèrent, en écrivirent. Vallery-Radot lui consacra une magnifique étude, Henri Ghéon un article si juste dans ses réserves qu'aujourd'hui, en corrigeant, pour sa forme surtout, le texte de ce livre, je me suis trouvé avoir tenu compte, sans le faire exprès, de toutes les critiques de Ghéon. Quelques-uns de mes aînés plus âgés me donnèrent eux aussi un appui efficace : Étienne Lamy, Henry Bordeaux, Henri de Régnier, François de Curel.

Le généreux et décrié Binet-Valmer consacra à *la Relève du Matin* tout un « rez-de-chaussée » enthousiaste de *Comœdia*. Chaque écrivain, sans doute, a eu cela au début de sa vie littéraire : le critique qui, sans l'avoir jamais rencontré, sans que personne le lui ait recommandé, sans le connaître autrement que par un volume qu'il a pris sur sa table et ouvert, s'emballe, et écrit sur lui un dithyrambe. Ce critique-là, dans ma vie, a été Binet-Valmer. Il savait si peu qui j'étais qu'il me dit plus tard que, lorsqu'il écrivait sa chronique, il croyait que j'étais prêtre.

Devant mort de R... — Et dire que ce n'est pas moi qui l'ai tué !

L'art, supérieur à l'amour, est aussi supérieur à la sainteté, parce que l'artiste, s'il cherche la perfection, comme le saint, ne la cherche pas pour soi-même. Il n'y a d'artistes que dans l'Occident chrétien, — qui toutefois a connu plus de saints que de vrais artistes.

Je n'imagine pas le génie, sans le courage.

Plutôt que me demander de parler de ce que je ne connais pas (les enquêteurs des journaux), on ferait mieux d'entendre avec un peu plus d'attention ce que j'ai écrit sur ce que je connais.

J'aime une femme qui rit. Il semble alors que son vagin remonte jusqu'à sa bouche, en vrillant, comme certaines fusées de feux d'artifice.

X... fait des choses avec l'air dominateur. Y... fait les mêmes choses, sans cet air. Y... est prince.

On peut se donner ici et là quelque licence sur la bonne foi, à condition qu'il y ait un individu ou un groupe avec lequel on soit *toujours* de bonne foi, et s'y tienne irréductiblement.

Combien la Bible est plus belle que les tragiques grecs ! Le poids mort de leur mythologie, leurs délayages, leur chauvinisme, leur moralisme, leurs lieux communs.

Tout imbu de la pensée qu'on perd une femme en la surveillant trop, j'ai perdu L... en ne la surveillant pas assez.

Du moins je n'ai pas perdu le temps que j'aurais perdu à la surveiller.

C'est ma peur qui a désarmé le destin. Je ne suis pas de ceux qui le provoquent par leur insouciance et leur jactance. On aurait pu croire que, puisque je courbais le dos, il allait me frapper. Au contraire, il y a vu mon respect pour lui.

Juger ou ne pas juger les êtres sur un seul trait d'eux. — Euripide, II, 109 (note). — Les Corinthiens passaient pour joueurs. On connaît l'histoire de ce député lacédémonien, envoyé à Corinthe pour y négocier une alliance, et qui se retire sans rien conclure, indigné d'avoir vu les premiers citoyens de la ville occupés à des jeux de hasard.

Euripide, II, 194. — Apollon, dans *Oreste :* « Les dieux se sont servis d'Hélène pour mettre aux prises Grecs et Troyens et, par tant de carnage, soulager la terre d'une malfaisante surabondance d'habitants. » (Cf. aussi la même idée dans le prologue d'*Hélène*.)

Le *video meliora* est d'Euripide, II, 387, fragment : « Nous voyons le bien et nous faisons le mal. »

III, 399, fragment : « Rien de ce qui est fatal ne doit nous paraître cruel. »

III, 423, fragment : « Ceux qui excellent dans un art sont plus malheureux que ceux qui l'ignorent : il n'y a aucun avantage, il n'y a que des ennuis, à être le point de mire de toutes les critiques. »

Tellement impatient, qu'il s'impatiente des gens qui ne s'impatientent pas. Par exemple, exaspéré parce qu'il y a des gens que le serveur fait attendre au restaurant, et qui ne protestent pas.

Il y a les gens qui se respectent, et ceux qui ne se respectent pas. Ces derniers sont les éternels vainqueurs.

Les âmes communes n'apprennent le sentiment de la justice que lorsqu'elles ont eu des déboires.

Comme on est infiniment plus puissant, et infiniment plus désarmé, que le monde ne le croit, et qu'on ne le réalise soi-même. Puissant à midi moins le quart, désarmé à midi. Puissant devant tel, désarmé devant tel. Puissant en ce lieu, désarmé en cet autre.

Le pire danger est d'avoir la réputation d'être roué, sans l'être. Pourtant, les hommes recherchent ce danger. On aime mieux être loué de sa ruse que de son talent.

Tout ce qui suit, extrait de *la Nouvelle Héloïse*, est d'une actualité et d'une vérité à la lettre immortelles. Cela vaut d'être recopié en entier.

Lettre XVII. — « Tout ce qui n'est plus dans les sentiments, ils (les Français) l'ont mis en règle, et tout est règle parmi eux. Ce peuple imitateur serait plein d'originaux, qu'il serait impossible d'en rien savoir; car nul homme n'ose être lui-même. *Il faut faire comme les autres :* c'est la première maxime de la sagesse du pays. Cela se fait, cela ne se fait pas : voilà la décision suprême. »

(Sur nos modes littéraires.) — « Tout le monde y fait à la fois la même chose dans la même circonstance. Tout va par temps, comme les mouvements d'un régiment en bataille. Vous diriez que ce sont autant de marionnettes clouées sur la même planche ou tirées par le même fil.

« Les comédiens négligent entièrement l'illusion dont ils voient que personne ne se soucie.

« Chaque jour en sortant de chez moi j'enferme mes sentiments sous la clé, pour en prendre d'autres qui se prêtent aux frivoles objets qui m'attendent. (...) Si, quelquefois, j'essaie de secouer des préjugés et de voir les choses comme elles sont (...), on me prouve avec évidence qu'il n'y a que le demi-philosophe qui regarde à la réalité des choses; que le vrai sage ne les considère que par les apparences, etc.

« Forcé de donner un prix à des chimères et d'imposer silence à la nature et à la raison, etc. »

Deuxième partie, lettre XXI. — « Paris, ce prétendu siège du goût, est peut-être le lieu du monde où il y en a le moins parce que tous les soins qu'on y prend pour plaire défigurent la véritable beauté. (...) On leur trouve (aux Parisiennes) unanimement l'abord le plus enchanteur, les grâces les plus séduisantes, la coquetterie la plus raffinée, etc. Moi, je trouve leur abord choquant, leur coquetterie repoussante, leurs manières sans modestie. »

Lettre XXIII. — « L'Opéra de Paris passe, à Paris, pour le spectacle le plus pompeux, le plus voluptueux, le plus admirable qu'inventa jamais l'art humain. (...) Il n'est pas si libre à chacun que vous le pensez de dire son avis sur ce grave sujet. (...) La musique française se maintient par une inquisition très sévère, et la première chose qu'on insinue par forme de leçon à tous les étrangers qui viennent dans ce pays, c'est que tous les étrangers conviennent qu'il n'y a rien de si beau dans le reste du monde que l'Opéra de Paris. En effet, la vérité est que les plus discrets s'en taisent et n'osent en rire qu'entre eux.

« On assure pourtant qu'il y a une prodigieuse quantité de machines employées à faire mouvoir tout cela; on m'a offert plusieurs fois de me les montrer; mais je n'ai jamais été curieux de voir comment on fait de petites choses avec de grands efforts. (Cette dernière phrase pourrait s'appliquer au *Journal des « Faux Monnayeurs »* de Gide.)

« Les nobles membres de cette académie (de l'Opéra) ne doivent aucun respect au public : c'est le public qui leur en doit.

« Je ne vous parlerai point de cette musique; vous la connaissez. Mais ce dont vous ne sauriez avoir idée, ce sont les cris affreux, les longs mugissements dont retentit le théâtre durant la représentation. On voit les actrices, presque en convulsions, arracher avec violence ces glapissements de leurs poumons, les poings fermés contre leur poitrine, la tête en arrière, le visage enflammé, les vaisseaux gonflés, l'estomac pantelant : on ne sait lequel est le plus désagréablement affecté, de l'œil ou de l'oreille; leurs efforts font autant souffrir ceux qui les regardent que leurs chants ceux qui les écoutent; et ce qu'il y a de plus inconcevable est que ces hurlements sont presque la seule chose qu'applaudissent les spectateurs. A leur battement de mains, on les prendrait pour des sourds charmés de saisir par là quelques sons perçants, et qui veulent engager les acteurs à les redoubler. Pour moi, je suis persuadé qu'on applaudit les cris d'une actrice à l'Opéra comme les tours de force d'un bateleur à la foire : la sensation en est déplaisante et pénible, on souffre tant qu'ils durent; mais on est si aise de les voir finir sans accident, qu'on en marque volontiers sa joie.

« Tout annonce en ce pays la dureté de l'organe musical; les voix y sont rudes et sans douceur, les inflexions âpres et fortes. (...) Nul accent mélodieux dans les airs du peuple. (...) Le Français paraît être de tous les peuples de l'Europe celui qui a le moins d'aptitude à la musique. Mylord Édouard prétend que les Anglais en ont aussi peu, mais la différence est que ceux-ci le savent et ne s'en soucient guère, au lieu que les Français renonceraient à mille justes droits (...) plutôt que de convenir qu'ils ne sont pas les premiers musiciens du monde. »

Les finesses vulgaires : en affaires, ne jamais avouer que l'on est satisfait; faire croire qu'il existe un concurrent plus généreux, etc.

Je n'aime pas tout cela. Bon pour les jeunes gens.

Quand les auteurs nous mettent le nez, en y croyant, dans les phrases élogieuses que nous leur avons écrites sur eux-mêmes, en n'y croyant pas, où se fourrer, grand Dieu?

Nous ne songeons pas assez à la postérité quand nous écrivons une lettre. Nous mettons une légèreté extrême à gribouiller n'importe quoi — seulement pour faire des lignes, — alors que ces feuillets témoigneront pour ou contre nous aussi longtemps, et parfois avec plus d'efficacité, que nos livres.

Plus d'efficacité, car ils font l'effet d'être plus sincères, alors que, toujours pleins de politesses que nous ne ressentons pas, ils le sont au contraire beaucoup moins. Et le goût du petit s'en mêlant.

A force de ne se fier à personne, un jour, excédé, on se fie à n'importe qui, et s'y perd.

Un des grands avantages des femmes faciles est qu'on peut coucher sans scrupules avec les bâtardes qu'on leur a fait, n'étant jamais tout sûr qu'elles sont de vous.

Œuvres littéraires. — Ceci plaît et cela déplaît, presque toujours pour de mauvaises raisons. Et il est aussi absurde de se gonfler pour un succès, que de se morfondre pour un échec.

Ce sentiment si fort que j'avais, dès l'âge de dix-sept ans, dans les réunions mondaines où je commençais d'aller : « Les corps sauvent tout cela [1]. »

Après quoi, on peut être misanthrope tant qu'on veut. Mais drôle de misanthrope, pour qui l'unique justification de l'existence est de bercer un être, et ensuite de le posséder. Si l'être humain est d'autre part l'opprobre de la terre (et surtout son empoisonneur), qu'importe! Il ne s'agit que de s'en préserver ici, pour en jouir et le faire jouir là.

Songer que, de tous ces cons qui nous entourent, il n'en est aucun, qui, à un moment, n'ait été désirable dans sa jeunesse. C'est-à-dire qui, à un moment, n'ait eu sa raison d'être sur la terre, — même si personne n'en a profité.

Cette possession charnelle me donne la plus forte idée qui me soit possible de ce qu'on appelle l'absolu. Je suis sûr de mon plaisir. Je suis sûr du plaisir de l'autre. Pas d'arrière-pensée, pas de questions, pas d'inquiétude, pas de remords. Une chose ronde et simple, définie et définitive comme le cercle géométrique.

On me dira : « Pourquoi l'acte de chair en particulier? Un bon repas, lui aussi, est une chose parfaitement nette. »

A cause de la matière humaine. L'estime que l'on a pour l'autre, l'amitié, la tendresse, la confiance, la protection : tout ce qu'il peut y avoir d'aimable d'un être à l'égard d'un être. Et puis la fierté du plaisir que l'on sait provoquer. Et quelquefois la fierté de le lui avoir appris, et que ce plaisir de l'autre, appris peu à peu, soit votre création propre, tout autant que vos œuvres littéraires.

Et n'est-il pas admirable que, lorsque quelqu'un de nouveau vous tombe entre les pattes, toute votre pensée tourne autour du plaisir qu'on lui donnera, du plaisir qu'on lui enseignera à prendre, beaucoup plus qu'autour de celui qu'il vous donnera?

(J'ai formé des œuvres et des êtres pour le plaisir, le leur autant que le mien. Je n'ai jamais formé rien d'autre. Jamais des esprits. Jamais des âmes. Jamais des caractères.)

J'ai cité souvent le mot de Jean-Jacques Rousseau : « Les sensations ne sont que ce que le cœur les fait être. » Exagéré, cela va sans dire. Mais il est bien vrai que la sensation est décuplée quand il y a derrière elle cette sympathie humaine.

---

1. Dans un livre de Malraux, un personnage, contemplant une assemblée, dit : « Heureusement, il y avait les corps » (note de 1955).

Celle-ci est toujours prête à venir chez moi en abondance : comme je n'aime pas — ou si faiblement! — les personnes que je ne désire pas, il me reste beaucoup d'amour pour celles que je désire, — oui, vraiment, beaucoup, comparé à ce que l'homme donne d'ordinaire.

Bref, m'inspirant de la phrase célèbre, je dirai qu'il n'est pas une douleur de ma vie qu'une demi-heure de cuissage tendre n'ait pu ou n'eût pu me faire oublier. Et, puisque nous voici dans les chiffres, j'ajouterai, m'inspirant d'une autre phrase célèbre (de Gœthe, sur ses trois semaines de bonheur), que, si je voulais faire le compte du temps de bonheur que j'ai eu dans ma vie, il me suffirait d'additionner les heures de ce cuissage tendre, ce qui ferait au bout du compte de nombreuses années de bonheur.

De là que rien n'est plus important que le bon équilibre qui vous est donné par l'économie de ce cuissage tendre. Les assises de toute une vie sont une tranquille satisfaction sexuelle : quand la (...) va, tout va. Et, certes, cela est bien connu. Mais d'une connaissance qui ne passe peut-être pas assez dans les faits.

Ce rythme grandiose d'une sexualité à temps réguliers, où l'acte, toujours revenant, comme le soleil qui reparaît à temps réguliers sur la terre, vous nourrit comme lui.

Un journal m'a demandé quels étaient les « grands hommes » qui avaient eu le plus d'influence sur moi. J'ai répondu : Pyrrhon, Anacréon et Regulus. Le Sceptique, le Voluptueux, le Héros. Et n'en imaginant pas un, sans les deux autres.

Je ne faisais que reprendre la réponse que j'avais faite, à seize ans, quand cette même question m'avait été posée comme sujet de devoir, au collège.

Le journal n'a d'ailleurs jamais inséré ma réponse. Il a dû penser qu'elle n'était « pas sérieuse ».

Mon espérance pointe vers ce temps de mon arrière-saison, quand, me retournant vers mon œuvre passée — publiée ou non, — je trouverai que j'ai beaucoup trop écrit, et qu'un livre de plus ou de moins... (Tant de volumes oubliés après quelques années, et qui n'ont pas eu plus d'importance que si leurs auteurs avaient tricoté des bas...) Alors sera venu le temps de me remettre, comme à l'époque de ma seconde adolescence, dans les œuvres des autres, en songeant combien il serait fol et ridicule, pour un écrivain, que son œuvre aboutît à lui masquer l'œuvre de l'humanité.

Ce sera le temps où le monde dira, avec mépris, que je suis « vidé ». Car on se moque d'un écrivain de soixante-dix ans qui ne publie plus un chef-d'œuvre par année, comme si, après quarante-cinq ans de création, un homme n'avait pas le droit de se consacrer aux œuvres des autres, ou seulement, sans plus, de se reposer : oui, la pêche à la ligne, pourquoi pas? Est-ce qu'il n'en aurait pas le droit? Mais non, il n'en a pas le droit. Les légionnaires d'ici ont quelquefois, tatoué sur un pied, *marche*, et sur l'autre, *ou crève*. C'est aussi ce qui est intimé aux écrivains. Jusqu'à la fin, il faut pondre son volume par année, et un volume qui fasse du bruit, encore. Jusqu'au dernier souffle, il faut faire *parler de soi*. Sinon, vous êtes un pauvre type, un raté, un *has-been*... Un *has-been*... Mot qui veut abaisser, et qui n'abaisse que celui qui le prononce.

Les toreros, les acteurs, les clowns prennent leur retraite. Les écrivains ne prennent jamais leur retraite. Ils sont hantés par le tout petit, tout petit papier nécrologique qui dira qu'ils sont morts « un peu oubliés ». Il semble aussi qu'à soixante-dix ans ils ne soient pas encore très sûrs d'avoir *fait leurs preuves*, qu'ils croient toujours que c'est leur prochain bouquin seulement qui les *consacrera*. Les trois quarts du corps dans la tombe, ils noircissent encore des pages, par peur.

Ces belles mains, ces beaux ongles — mains et ongles longs, réguliers et purs — des colons d'ici, par ailleurs grossiers butors; étrangement semblables aux mains et ongles, beaux presque sans exception, des indigènes.

J'avais écrit sur l'enveloppe : rédacteur en chef de *Marianne*. Je vois marqué qu'il est directeur. Je refais l'enveloppe.

Ils flétrissent justement, mais sont aussi corrompus que ceux qu'ils flétrissent. Il n'est pas aujourd'hui une « équipe » où l'on pourrait être, sans y être à côté de canailles.

8 février 1934. — Cette *superposition* de deux états d'esprit contradictoires : faire ce qu'il faut pour risquer sa vie, et, *dans le même temps*, adorer la vie. Et enfin la minute où le risque de la mort est compris comme une façon de donner du ton à la vie.

Lettre de Doumergue. — Les hommes politiques ont le secret de vous faire croire qu'ils s'occupent de vous au milieu des crises les plus graves [1] : la lettre de Poincaré que je reçus à Pasteur en 1926, au moment où il sauvait le franc.

12 février. — Dans presque tout ce que disent les gens de gauche en ce moment, ils ont raison.

Inquiétant pour l'heure, Paris n'est quand même pas le front. Eh bien, en décidant d'y rentrer, en quittant cette atmosphère d'Alger, j'ai une impression de fin de perme... R... a eu un mot qui a été loin en moi. Il m'a dit, le 6 février : « La fête est finie. » Mais peut-être une autre fête commence.

14 février. — Je me demande comment des gens qui n'ont plus l'amour devant eux peuvent se donner tout le mal qu'il faut pour préserver sa vie.

...brûlant des sentiments les plus nobles, mais arrêté par sa raison.

Voici donc cette masse française, telle qu'en elle-même enfin le désespoir la change.

---

1. Il s'agit ici du tumulte sur la place de la Concorde, le 6 février.

CARNET XXV

Paris : du 17 février 1934 au 7 juillet 1934.

Unum necessarium. — Il est pour moi d'aimer et de créer. Les jouissances du cœur, ni celles des sens, non plus que celles de l'esprit, ne demandent beaucoup d'argent. Je n'en ai jamais eu à l'excès, et cette mesure a toujours été au-delà de mes besoins. J'ai eu tout ce que je désirais et j'ajoute (ce qu'on oublie toujours d'ajouter, et qui est si important) : je l'ai eu sans me donner de mal. J'ai trente-huit ans; j'ai eu de la vie ce que je désirais en avoir.

J'ai haï les biens. Je n'en ai jamais eus.

Ni famille officielle, ni foyer, ni groupe, ni seulement domicile installé.

J'ai eu la célébrité, en un temps où les plus indignes l'usurpent, sans avoir rien fait, ou quasiment, pour l'avoir. Loin d'être amer de n'en avoir pas davantage, qui me serait dû, j'ai toujours tenu pour un miracle d'en avoir autant, voyant qui la dispense, et à qui. Encore cette célébrité m'a-t-elle procuré beaucoup plus de désagréments que de plaisir.

Dans l'hypothèse où mon œuvre doive en partie survivre, déjà le nécessaire est fait.

Dans l'hypothèse où rien n'en reste, j'ai eu l'essentiel : la jouissance. Rien ni personne ne peut me l'enlever.

Reste l'hypothèse d'une survie de l'âme dans laquelle j'expierais je ne sais quels crimes terrestres. Mais il m'est impossible d'envisager sérieusement cette hypothèse; je dirai plus : il m'est impossible, si je l'envisage, de garder mon sérieux.

Haï parce qu'on croit qu'il vous dédaigne, sans plus.

Le philosophe, Épictète, l'a dit, est « le sacrifié en tout ».

Étéocle et Polynice, égarés qui prennent pour un bien le pouvoir absolu. Mais cela est permis jusqu'à vingt-sept, vingt-huit ans, l'âge où décidément il faut s'y mettre (à cesser d'être con). Première question, avant tout : quel était l'âge d'Étéocle et de Polynice?

Arrivé au nid de toutes les délices, qui était un beau bosquet, je me redisais le mot de Tacite, sur les Germains : « Ils nomment dieu le secret des bois. »

De qui est ceci, adressé à Pétain? De Poincaré, je crois. « Votre claire vision des difficultés, votre esprit de méthode, votre prévoyance attentive ont écarté les mauvaises chances et multiplié les bonnes. Le hasard lui-même sait que vous ne lui abandonnez rien, et que vous l'assujettissez à la force de vos calculs. »

Cela sent un peu trop le quai Conti, mais enfin, pour un ministre, il sait écrire.

Le goût que j'ai toujours eu de Poincaré.

Il y a dans le scandale recherché en tant que tel quelque chose d'à ce point vulgaire, que la bonne grosse hypocrisie des familles en prend figure d'une conduite de qualité.

Quand une idée s'est emparée d'un homme, il faut du temps pour qu'il l'use.

Devant la mort, devant la calamité, devant l'amour peut-être, le soutien des grands esprits. Comment ils ont réagi. Si on se rend compte qu'on réagit comme eux, tout va bien.

(Je m'aperçois qu'Épictète a dit, à peu près, la même chose : « Représente-toi ce que, dans cette circonstance, aurait fait Socrate ou Zénon. »)

Coantré[1]. — A l'épreuve il oppose la fierté, et elle seule. Et il gagne à coup sûr.

Il entrevoit aussi de lui opposer l'insolence, mais l'entrevoit seulement.

« Considérer cette insurrection du 14 décembre sans condamner personne, pas plus Nicolas Pavlovitch (le tsar) que les conspirateurs. Les comprendre les uns et les autres

1. Personnage des *Célibataires*.

et se borner à les dépeindre » (Tolstoï). Voilà les paroles d'or, qu'il faudrait porter à son cou dans un sachet.

L'œuvre que j'apporte ne dépend pas des patries. Mais il faut du moins qu'on me laisse faire cette œuvre.

Je me resserre autour de l'idée de mon œuvre. Pour la première fois je me conçois comme un écrivain en dehors du temps, des partis, des patries. Je n'avais *jamais* eu cette idée.

Qu'il faut sacrifier tout, pour pouvoir continuer à s'exprimer.

Comme les croyants ont faim de prière, j'ai faim d'une heure seulement de travail par jour.

Je ne suis solidaire de rien ni de personne. A la guerre, combattant volontaire, c'est-à-dire libre de partir quand je voudrais, et c'est ce que je fis. Noble, et à l'écart de ces gens. Catholique, et ne pratiquant pas. Membre de trois associations d'anciens combattants, et n'ayant jamais mis le pied dans aucune. Toujours cavalier seul, mais toujours donnant l'apparence d'être embringué.

Les chambres des femmes de chambre, au sixième, l'une près de l'autre dans les couloirs, comme les cabines des paquebots.

Les Égyptiens (d'aujourd'hui). — « L'incohérence égyptienne en matière philosophique et religieuse. Ils ajoutent, mais ne renoncent à rien. Ils n'ont aucun besoin d'unité. (...) On dirait que les contradictions ne les gênent pas, précisément parce qu'ils ont une complète confiance dans leur vie qui est assez féconde pour tout contenir. Choisir serait se priver. » (Robert de Traz, *Le Dépaysement oriental.*) A appliquer à moi-même ?

Et, par contre, toujours du même Traz, ceci, qui m'est si opposé : « J'ai des devoirs envers ce que je fus, des obligations de persévérance et de logique. Demeurons identique par vertu. Ce qui définit le plus profondément peut-être l'Occidental, c'est la fidélité. »

Il avait cette gentillesse des Parisiens, qui consiste à n'attaquer que les gens désarmés.

Fromentin rapporte que le premier bataillon français qui franchit, à El-Kantara, le Foum es Sahara, c'est-à-dire franchit le seuil du désert, se mit au pas et fit sonner ses musiques, sans en avoir reçu l'ordre.

Il m'arrive par sursaut d'être effrayé de ma sérénité au milieu de l'anxiété générale. Serais-je vraiment, comme le disent les journalistes, « inhumain » ?

Mais, ce qui mériterait de m'effrayer, ce serait que la conscience de cette sérénité m'effrayât. Durant toute l'Antiquité, la sérénité, autrement dit la sagesse, était le Souverain Bien. Aujourd'hui vilipendée : « Égoïste ! inhumain ! » C'est qu'elle est d'essence aristocratique. Il suffit : on voit rouge.

25 mars, à une heure de l'après-midi, square des Invalides. — Cet homme politique de sinistre actualité, sur un banc; à côté de lui son feutre et ses gants. Sort *le Jour* de sa poche, et commence de le lire avec un ricanement de dérision. Nous sommes tous deux seuls dans le square, chacun sur son banc; il n'y a que le garde qui croûtonne dans sa cahute. Me reconnut-il ? En tout cas, il me regarda à maintes reprises. Peut-être ne faisait-il que flairer le même intellectuel que je flairais en lui. J'aurais pu tirer sur lui à travers *le Jour*. Mes deux attitudes à son endroit étaient antinomiques : l'une, lui parler tranquillement, du point de vue de Sirius; l'autre, le tuer. Les deux en moi aussi spontanées, et interchangeables. Le bébé qui s'approcha de lui et lui toucha le genou; alors son essai de sourire, si contraint, grimaçant. Lui déshumanisé, moi non, et tous deux aussi prêts à tuer l'un que l'autre.

26 mars. — Doumergue, au quai d'Orsay. Cette enfilade de salons déserts, image de la solitude qu'il peut y avoir au pouvoir; mais enfin, ce n'est qu'une image. Comme tout cela est vieux, Troisième République. Ces rideaux passés et effilochés, ces huissiers en habit fripé. Les petites cours de l'Allemagne d'autrefois.

Son visage rubicond, épanoui. En ce moment, lui par terre, tout s'écroule, et il est vacillant. Néanmoins, cette impression de disponibilité que donnent les hommes politiques, d'être toujours « tout à vous ». Il parle de choses et d'autres. Il veut « faire vibrer la corde sensible du Français ». « Il y avait ici avant-hier une délégation de soixante anciens combattants. Je leur ai parlé. Certains avaient les larmes aux yeux. » Hélas, on connaît ça.

Comme il rit facilement ! On voit comment les gens arrivent. Amabilité, jovialité, inspirer confiance, etc.

En l'attendant, je voyais le quai, — un fiacre avec son cheval, — la Seine, — le ciel couleur gorge de pigeon. En ce moment de l'histoire de la France, c'était lui qui maintenait tout cela. Et qu'était-il ? Mais les rois étaient-ils davantage ?

8 avril, lettre à Le Breton Grandmaison.— « ... Je vous mets en garde contre votre tendance à m'annexer à la tristesse (*il s'agissait d'un article de critique sur* Encore un instant de bonheur). Il y a des teintes de tristesse, ici et là, dans ces poèmes. Et après ? Où est celui de mes livres, fors un ou deux peut-être, où il n'y en ait pas ? Est-ce que les trois quarts et plus des *Fontaines du désir* ne sont pas de la tristesse ? Suis-je donc pour autant un homme triste ? Non, pessimiste philosophiquement, j'ai trop de raisons de jouir dans la vie pour être autrement qu'heureux, et je le suis à fond depuis plus de six ans. Mais j'ai eu mes minutes ou mes heures de tristesse, comme je les ai eues de tout sentiment humain, et je les ai exprimées au même titre que les autres, voilà tout.

« Je comprends bien, ô critiques, qu'il vous soit commode d' « axer » vos articles sur quelque thème. Mais il serait plus méritoire, et plus difficile, de tenter de faire la synthèse d'une œuvre.

« Il y a une pente des catholiques — inconsciente, j'en suis sûr — à croire et à vouloir faire croire que les incroyants sont malheureux. Il est pourtant si beau d'être tout à fait de bonne foi ! Par ailleurs, je n'ai jamais trouvé sous la plume d'un incroyant la prétention que les catholiques soient malheureux.

« Ce manège des catholiques me fait songer à ces gens de qui la vie conjugale est un supplice, mais qui en public s'apitoient avec dédain sur la vie des célibataires. »

Franc-Nohain (*rédacteur en chef de* l'Écho de Paris), sur mes articles à *l'Écho :* « Trop tendu... Ne pas avoir l'air hautain. » Il y aurait trop à répondre. Tellement plus simple de cesser ces articles.

Square. Pendant le concert, écrivant, tout abstrait dans mon travail, si fraternel avec ces enfants qui, pendant tout le concert, continuent leurs jeux entre les chaises.

Henri Bordeaux, *Joffre*.

P. 55. Une bonne femme de qui le fils, téléphoniste, n'a pas voulu évacuer son poste sous le bombardement, répond : « Oui, il paraît qu'il a bien téléphoné. »

P. 15. « Le bon sens est le premier degré du génie. »

P. ... « Il faut que les épines s'enfoncent dans la chair pour que la couronne tienne sur la tête. »

Belfort!... Je me sens chez les Cimmériens. Le voyage est quelque chose qui me déplaît et me brise tant, que je ne peux le supporter que soutenu par le plaisir à son bout.

L... me dit : « Quand la patrie vous fera défaut, vous aurez la religion. Elle sera votre porte de sortie, vous qui les aimez tant. » Mais c'est la philosophie qui est ma porte de sortie.

Réponse à une enquête : « Un éditeur doit-il être un partisan ? »

« Pourquoi toujours ces dilemmes sans fondement? Pourquoi toujours cette rage de choix, c'est-à-dire d'exclusions? Il y a place pour tout dans la nature. Il est bien qu'il y ait des éditeurs partisans et il est bien qu'il y en ait qui ne le soient pas. Les uns et les autres ont leur nécessité. Il en est de cela comme de toutes ces prétendues antinomies à propos desquelles on excite les pauvres hommes, et qui sont des antinomies qui n'existent pas. »

1er juin. — Mon premier mouvement devant toutes les jeunes filles qui me plaisent a toujours été de les épouser. Ensuite luttant contre moi-même, et tremblant de cette lutte. Je les désire toutes. En même temps, je les aime de cœur, et suis peiné par la tristesse de celles que je dédaigne, ou seulement auxquelles j'en préfère d'autres.

Elle me décrit cette impression douloureuse de perte de force et de rayonnement qu'on a quand on vient de quitter une fête, une soirée, un bal, qu'on se trouve seule, sans musique, sans personne qui vous parle, qui vous donne une idée exaltante de vous-même. Quelque chose d'analogue à un radiateur qu'on a éteint et qui perd sa chaleur, ou à la sensation, trop d'heures après un repas, d'être à jeun. Moi, le contraire. En sortant de quelque « société » que ce soit, toujours ce bondissement de délivrance.

Nous allons d'être en être, comme le nageur en détresse va de bouée en bouée.

Mon peu d'attrait pour une petite préparant son P. C. N., fût-elle jolie. Je crains qu'elle n'en garde toujours quelque chose, comme un vase charmant qui garderait toujours quelque chose du parfum à bon marché qu'un jour on y a mis.

Les gens vous livrent par méchanceté, par colère, par légèreté ou par lâcheté. Quand ils ne sont ni méchants, ni légers, ni coléreux, ils sont lâches et parlent sous la menace. Quand ils ne sont ni méchants, ni lâches, ni coléreux, ils sont légers par vanité et parlent pour montrer qu'ils savent. Quand ils ne sont ni méchants, ni lâches, ni légers, ils ont des colères où tout sort. Et ainsi de suite : ici ou là, toujours une fissure en eux, par quoi votre secret s'échappe. Ils ont aussi des maîtresses ou des femmes, et bien heureux encore quand ils vous avertissent : « Moi, vous savez, je dis tout à Henriette. » On ne peut se confier à personne. Et tel se confie sans cesse, qui le sait, si grand est notre besoin de relâche.

Rien que nous n'affirmions, qui ne doive être un peu contredit. Et d'abord par nous-même.

Deux paroles typiques d'un imbécile-type (genre homme du monde) :

— Si on ne travaillait pas, qu'est-ce qu'on ferait ?

— Je voudrais faire quelque chose que des gens sans argent ne pourraient pas faire. Par exemple, apprendre le Chinois.

Non seulement ils n'ont pas de passions. Ils n'ont même pas de *goûts*.

Combien il est digne d'aimer dans le secret, quand la femme est flatteuse pour votre vanité. Très « oriental ».

S'il existe quelque divinité (que ni mon esprit ni mon cœur ne souhaitent), elle m'est témoin que j'ai toujours pris garde de ne faire ni peine ni tort à pas une de celles pour qui j'avais un sentiment (17 juin).

Le prince Sixte de Bourbon : « Que voulez-vous que fasse un prince français, sinon aller au désert ? » Bravo. Mais pas pour y faire cinématographier ses moindres gestes : quand il tue une lionne innocente, quand il fait avancer une auto en glissant des plaques sous les roues pour empêcher qu'elle ne s'ensable (excellent *gag* involontaire), etc. Ces soi-disant héroïsmes, cabotinés avec attention devant la caméra, montrent à satiété le burlesque de l'énergie inutile, et n'ont pas plus de valeur pour moi que les prouesses des vélocipédistes des Six Jours. On sortirait de là converti à l'inanité d'une certaine forme d' « action », si on n'en était pas pénétré en y entrant.

X..., qui méprisait les gens qui savaient « nager », et dédaignait ceux qui ne le savaient pas.

Sauf peut-être (et encore, est-ce bien sûr) dans les cinq premières années de ma vie littéraire, où il fallait me mettre rapidement en place, pour n'avoir plus à y penser, j'ai toujours tenu la main à ceci, et sans m'en relâcher : que le fait que j'aie un talent littéraire ne me devienne pas une cause de servitude. Pas de travaux forcés de la célébrité.

Réponses aux enquêtes, présidences, comités, lecture de manuscrits d'inconnus, préfaces, invitations, jurys, congrès, voyages aux frais de la princesse, honneurs, j'ai banni cela complètement, ou presque complètement. Les gens croient que l'admiration qu'ils éprouvent pour un écrivain doit se manifester *d'abord* par l'acte de lui faire perdre son temps. Cette admiration, au contraire, doit se manifester, *d'abord*, par le souci de ne pas lui faire perdre son temps.

Les gens qui vous parlent du « revers de la gloire » ou des « petits devoirs de la célébrité ». Mais, si l'on peut discuter des devoirs du talent sur le plan moral (doit-il ne pas « faire de mal » ? etc.), il n'y a pas de devoirs du talent sur le plan social. Il y a des parasites, qui veulent vivre de nous, et des désœuvrés : voilà ce qu'il y a.

Et enfin, si je dois bien m'occuper, hélas, quelquefois, par saccades, de la diffusion de mon œuvre, je le fais toujours les yeux fixés sur le moment où cette épreuve sera finie. De là que je le fais grossièrement : il ne s'agit que d'en avoir terminé le plus vite possible. Et j'ai sacrifié, en pleine connaissance de cause — *en choisissant,* — une quantité considérable de renom à mon loisir, à mon travail, et à ma vie privée.

Le rôle constant de la presse parisienne est de ne pas donner d'importance à ce qui est important, et d'en donner à ce qui ne l'est pas.

Le type qui mange du pain tartiné de m..., et le snob, chez les deux une déviation du goût. Et les deux font naître en moi le même sentiment : une espèce d'effroi.

Une règle d'or : faire peu de choses.

Ne pas écrire trop. Ne pas lire trop. Ne pas trop entreprendre. Ne pas connaître trop de gens. Ne pas connaître trop de questions : en ignorer un certain nombre systématiquement.

Refuser sans cesse.

Sainte-Beuve, *Causeries.* — Une fois qu'on a goûté de Sainte-Beuve, on ne peut plus s'en passer. Sans Barrès, je le lisais peut-être avec quinze ans de retard. Tous ceux que Barrès nomme ses « intercesseurs » sont excellents; on peut les prendre tous les yeux fermés : Stendhal, Renan, Taine, Sainte-Beuve, Constant, Louis Ménard...

Il est moins sûr pour les contemporains, les nécessités de sa « position » le forçant souvent à des admirations feintes : le cacographe Psichari, entre autres, est un de ses péchés capitaux. Il me disait en 1923 :

D'Élémir Bourges : « Oui, oui, c'est entendu, c'est Flaubert. Flaubert sans le talent. »

De Valéry : « Écrire des choses incompréhensibles à vingt ans, soit : c'est qu'on n'a rien à dire. Mais au sien ! »

De Mallarmé : « Un petit professeur d'anglais qui réunissait autour de lui quelques jeunes serins. »

Son dédain pour les Goncourt, Zola et épigones. Pour Jaloux. Son mépris pour Gide : « C'est un très sale type, et dans toute l'acception du terme. Et je crois, malheureusement, qu'il va faire beaucoup de dupes. »

De M... il ne parlait qu'en écorchant son nom, qu'il ne pouvait pas ne pas connaître très bien, pour montrer le peu de cas qu'il faisait de lui.

J'ai cité tous ces dédains dans ma conférence à l'Institut français de Madrid, en 1925, mais sans donner les noms.

Quand on dit : « Je t'aime toujours de plus en plus », c'est qu'on aime de plus en plus, ou c'est qu'on aime de moins en moins.

Au commencement, les montagnes avaient des ailes.
Elles volaient et projetaient leur ombre au-dessous d'elles,
et qui marchait sur cette ombre en était ébloui.
Les étoiles et les astres furent émus de jalousie.
Ils en appelèrent au ciel, et le prièrent, et le ciel
d'un coup de foudre aux montagnes leur fit tomber les ailes.
Alors les montagnes se cachèrent dans l'eau salée,
hors des atteintes de la foudre, et maintenant elles continuent de voler
entre deux eaux : c'est ce qui fait les vagues et les tempêtes.
Si cette histoire ne vous plaît pas, c'est que vous êtes bêtes.

H. M., d'après l'Hindou Mukerji.

Le problème de la bêtise est peut-être le plus insondable de tous. On a rêvé des édens où les hommes seraient tous heureux, des édens où ils seraient tous bons. On n'a jamais rêvé d'édens où ils seraient tous intelligents : cela n'est pas même rêvable.

Une morale pour les bien-portants, et une morale pour les malades.

Nombre d'incroyants, voire de sacrilèges, trouvent qu'il est bien de s'entourer de soutanes, comme les pédérastes trouvent bien de s'entourer de jupons.

Les « disciples », semblables à l'oiselle ridicule qui bat des ailes pour demander la becquée.

Si on regardait un peu plus ce que j'écris, et moins ce que je suis censé être.

Mon confrère X... qui, si on lui pose une question, répond : « J'ai traité cela dans... » (suit le titre d'un de ses livres), puis se tient coi, exactement comme si, sur le moment, il n'avait en vérité aucune opinion sur cette question, et peut-être même ne se souvenait pas de celle qu'il avait exprimée dans son livre, me rappelle Mlle Y... qui, m'écrivant six pages sur je ne sais quel « coin » du problème social, finissait ainsi : « Tout cela est bien compliqué et il est bon de l'écrire pour ne plus y penser. »

CARNET XXVI

PARIS : du 7 juillet 1934 au 14 août 1934.

Grande chose que réussir dans ce qu'on méprise. Il y faut vaincre et les autres et soi.

La femme qui m'écrit qu'elle a déposé mon poème *Iphigénie aux cils battants* dans le berceau de sa petite fille.

Nous dépensons une fortune en secrétaires, en sténos, en taxis, etc., dont le seul office est de nous faire gagner du temps : par exemple, un taxi, sans être pressé, seulement pour nous faire gagner dix minutes de travail. Puis nous passons *cinq* heures d'une journée (de huit heures du soir à une heure du matin) chez des inconnus ou quasi, à dire et à écouter des riens, et à nous ennuyer mortellement.

X..., qui ne pouvait supporter que le bonheur...

J'aime tant les jeunes filles, qu'il suffit qu'on me dise que l'une d'elles a eu à son bachot un o d'histoire et géographie, pour que j'aie envie de l'épouser.

(Sur des gens de ma famille.) Ils ne se meuvent ni sur le même plan que moi, ni sur le même rythme, ni dans le même élément. Ils ont beau être relativement intelligents, ils ne me jugent jamais comme un individu singulier, assez lucide et d'assez d'expérience pour connaître ce qui lui est bon et mauvais : ils me jugent, et voudraient me conduire, selon leurs principes. Rien n'y fera. Je serais mille fois plus célèbre que je ne le suis, il en serait de même. Ils veulent me faire entrer dans un cadre, et je ne veux pas. Ils veulent avoir barre sur moi, par une femme qu'ils me donneraient. J'aimerais mieux en avoir une qui échouât avec moi, que je me serais donnée moi-même, qu'une qui réussît, reçue d'eux. Par elle ils s'introduiraient dans ma vie. Ils me rongeraient comme on ronge un os.

Ma facilité et ma patience avec les gens de ma famille, depuis toujours, ont pu leur faire illusion. Mais il y a si peu de proportion entre ce qu'ils sont et ce que je suis, qu'un jour viendra enfin qu'on devra bien le leur faire entendre, puisqu'ils ne l'entendent pas d'eux-mêmes.

Tout ce qui est du cœur est inquiétude et tourment, et tout ce qui est des sens est paix.

J'ai lu vingt volumes sur les grands mystiques. Ils ne m'ont pas convaincu que l'état mystique soit d'un ordre supérieur à celui du vertige ou du mal de mer.

Publier un livre, c'est parler à table devant les domestiques.

Il faut aimer la bêtise comme je l'aime, et en être attisé, pour courir à ma mode après les petites jeunes filles, qui sont, dans l'ordre de l'infini, ce qu'il y a de plus bête au monde.

Le secrétaire des amants.
Lettre de l'amant à son père (lettre-type).

« Mon Père,

« J'ai écouté vos avis touchant mon mariage. Il y a ... années que vous êtes mon père, que nous avons l'un et l'autre cet honneur, et vous ne connaissez rien de moi. Vous n'avez nulle idée des besoins d'un homme de ma sorte. Pas une seconde vous ne réalisez ni n'avez jamais réalisé que je suis différent des autres. Vous prétendez régler mon bonheur, et me l'imposer tel que vous le règleriez pour vous. Mais il n'y a pas de proportion.

« Je vous déclare affectueusement mais fermement, mon Père, que je suis le seul maître de ma vie, et que je n'admets chez vous que deux attitudes à mon égard : le silence, ou l'approbation. Si vous blâmez ma façon de vivre, blâmez-la en vous-même, ou devant « les miens », je veux dire devant les vôtres, mais que je n'en sache rien : j'y perdrais ma liberté d'esprit, et je ne le veux pas. Je vous déclare que je romprai immédiatement avec quiconque ferait sur moi, touchant mon mariage, la moindre critique.

« Je vous prie de me croire, mon cher Père, votre fils respectueux et affectionné. »

Vis seul, tu donneras moins de prise qu'entouré d'une garde du corps; moins de prise qu'entouré d'amis.

L'intellectuel nerveux, que le moindre bruit exaspère et empêche de travailler, peut travailler sans être dérangé le moins du monde par un jacassement ininterrompu de femmes (une popote d'employées de magasin, sous ses fenêtres), parce qu'il aime les femmes.

X... me dit, de son amie : « Je lui fais de temps en temps une vacherie, parce que sans ça elle cesserait de m'aimer. »

Cette impression si saisissante de rester maître de ses sentiments. De se dire : « Je vais *avoir une idée* de ce qu'est l'inquiétude et la souffrance par cet être. Je sais que je puis arrêter quand bon me semblera. » Comme si on tenait en mains un attelage, très conscient qu'on ne laissera jamais les chevaux s'emballer.

Mais restera-t-on maître autant qu'on le pensait ? Déjà, ce matin, n'ayant pas de coup de téléphone, ce pincement au cœur. Et toujours, quand la sonnerie retentit, c'est quelque grosse voix d'homme qui appelle.

Petite enfant, contre l'oreiller, pleine de cheveux sur vos épaules, il m'arrive de sentir monter en moi la possibilité de vous faire du tort. Puis j'y songe un peu, et je ne peux pas.

La jupe plaquant contre ses cuisses dessinait un yoni comme le calice terminal d'une fleur à longue tige.

Et avec cela le pied droit un peu rentrant, comme un petit écolier.

Ce n'est pas la réalité qui est vulgaire, c'est l'idéal.

Le lyrisme et l'ironie irritent le médiocre, parce qu'il ne les comprend pas. Cependant la profondeur, qui lui échappe autant, ne l'irrite pas. Pourquoi ?

Chez Mme X..., riche Sud-Américaine. Elle parle, au milieu d'un cercle, d'une préface qu'elle voudrait obtenir de Valéry (pour elle ou pour une autre personne, je ne me souviens plus). Mais on s'interroge : acceptera-t-il ? Alors, elle : « Oh ! Valéry, on lui fait faire n'importe quoi avec 3.000 francs. » Je me sens rougir, comme un garçon de seize ans : on vient de donner un soufflet à la France. Mais personne ne dit mot (ni moi non plus).

La nature m'a disposé pour entraîner les gens où je voulais. Mais il m'a toujours paru inutile de les entraîner où que ce fût. Rien qui me soit plus étranger que le prosélytisme.

Faire celui qui est excédé d'occupations, pour que les gens ne réalisent pas tout ce que j'ai de loisir, et à quoi je l'occupe, et ne me haïssent pas trop. Car il faut une quantité moyenne de haine, mais pas trop.

Chaque chose à sa place : les femmes pour nous aimer, et les enfants pour les aimer.

Si on voyait d'abord les pieds des êtres qu'on désire, on les désirerait moins, ou plus.

La sueur dans ses jarrets. Le vent la séchera, cette sueur !

Les feuillets d'un de mes *Carnets* dévorés par des chèvres à Tunis, en 1927. Dans un manuscrit carthaginois de l'époque vandale, il existe un distique attribué à Virgile, adressé à un âne qui avait dévoré un manuscrit de *l'Énéide*. (*Revue africaine*, numéro du Cinquantenaire.)

A un moment elle me dit : « Je vous aime bien. » Elle veut en dire davantage, mais, dans le langage des petites filles parlant à l'homme, il faut en rajouter : leurs caresses, leurs mots expansifs sont toujours au-dessous de ce qu'elles ressentent.

Au contraire, quand l'homme parle à la femme, c'est lui qui doit toujours en remettre un peu. L'expression toujours un peu plus forte que n'est le sentiment, sinon la femme est malheureuse.

« Nous vivons en un temps où toutes choses sont confondues », disait Bossuet; je songe à ce mot en relisant les derniers livres de Colette, *la Seconde* notamment. Car, si imposante que soit l'admiration qu'on lui porte, on ne met pas encore assez en relief, à mon gré, ce qui la détache en avant des autres. Elle est « authentique », elle possède ce style qu'on a envie de ne pas appeler style, tant les écrivains non doués (fussent-ils de talent) nous ont habitués à évoquer par ce mot de « style » une expression voulue, artificielle, voire sentant l'huile. Colette écrit comme elle pense, comme elle sent, comme elle parle. Entre ce que nous lisons et ce qu'elle a pensé, senti, parlé, *il n'y a rien.* C'est le style naturel. Ne disons pas qu'il n'y a de grands écrivains qu'avec le style naturel : on connaît des exceptions. Mais disons, proclamons, répétons que l'écrivain de style naturel est le seul miracle des lettres. Pour que le public puisse en confondre d'autres avec celui-là, quelle conspiration il faut, de ces « autres »! Mais non, car, ce miracle, justement, il semble n'en être pas un.

Cette divine spontanéité ne suffirait pas, bien sûr, à faire une œuvre d'art; ce qui est exprimé doit valoir de l'être. Ici la chapelle littéraire qui prétend donner le ton en France — et qui le donne aux « autres », certes! — exprime par le silence son dédain. On ne bêche pas Colette, non; on la laisse de côté. Ou bien on loue, en marquant les limites : « Elle est reine dans le royaume de la sensation. » Ce qui veut dire, n'est-ce pas? que les choses de l'intelligence lui sont fermées. Mais trente volumes où toutes les notations sont vraies, humaines, trente volumes sans l'ombre de littérature, de chiqué, tant de poésie répandue, et dans la simplicité et la santé, tant de finesse imperceptible, rien en deçà, rien au-delà, jamais une « bêtise », quelque chose de si parfait dans un tel manque de prétention, est-ce que cela n'est pas de l'intelligence, de la *vraie*, celle qui est vivante, qui ne s'isole pas pour se regarder et s'admirer, et la seule intelligence dont aient besoin ceux qui vivent? On nous montre les limites de Colette. Mais un Valéry, qui ne sent pas l'homme, et qui ne sent pas la nature, quelles ne sont pas ses limites! Et un Gide, dont l'œuvre ferait croire qu'il n'a pas de cœur et qu'il n'a pas de sens, qui n'est pas romancier (créateur de personnages vivants), qui n'est pas poète, qui n'est pas auteur dramatique, qui n'a pas d'esprit, qui n'a pas de comique, et qui s'efforce laborieusement de faire croire qu'il a ou qu'il est tout cela, quelles ne sont pas ses limites ! La différence de *classe* entre une Colette et un Gide, c'est la différence de classe entre un Saint-Simon et Anatole France.

Voici maintenant une raison plus valable au demi-silence des doctes sur Colette. Quand on referme *Chéri*, on dit : « C'est ça. » Deux syllabes, mais nul autre éloge ne les vaut. Seulement, cela ne suffit pas au critique. On ne peut pas faire des *Cahiers Colette* avec un « C'est ça ». Aux livres de Colette pourquoi des gloses ? Et quels commentaires ? Le critique ne sait où se prendre, parce qu'il n'y a rien à expliquer, rien à critiquer; il n'y a qu'à admirer.

Je crois n'avoir imprimé le mot *génie* qu'à propos de deux écrivains français vivants (dans deux articles parus il y a quelque quatre ou cinq ans). L'un de ces écrivains était Marie Noël, du moins la Marie Noël de la première partie des *Chansons et des Heures*. L'autre était Colette.

CARNET XXVII

ALGER : du 15 août 1934 au 2 octobre 1934.
MIDI : du 3 au 8 octobre 1934.

Alger, 15 août 1934. — Je puis dire que, durant plus de neuf années de ma vie, j'ai toujours été de loisir. De là que j'ai fait de bons livres, et que d'autre part j'ai été heureux. J'espère garder toujours cette conduite.

Méchant comme les êtres qui ne prennent jamais une heure de loisir.

Et la prenant toujours, toutes affaires cessantes, dans mes passes les plus remuées, comme les Anglais.

Toutes celles qui pleurent à cause de moi. Il y en a présentement quatre que je sais qui pleurent à cause de moi; c'est un vrai château d'eau. Et moi qui pleure pour la seule qui ne pleure pas. Et enfin, où cela devient casse-tête, c'est que le fait qu'elle ne pleure pas ne prouve rien contre la force de son sentiment, de même que le fait que je pleure ne prouve rien en faveur du mien.

31 août, square Bresson. — Un homme essuie soigneusement avec un chiffon (qu'il a dû emporter à cette fin) les trois chaises de fer où il va asseoir sa famille; il vérifie l'aplomb des chaises. Il va ensuite se laver les mains à la pompe du square. Propreté, prévoyance, petits soins. Et pourtant cet homme-là est jugé.

L'habitude de vivre auprès des Arabes a donné aux Français d'ici une certaine tenue dans la rue. On ne voit jamais un jeune Français d'Alger embrasser une femme en public.

Nulle crainte de me laisser devenir, par lassitude, l'homme de ma légende.

Le Parisien qui débarque ici fait tout de suite le zouave, tutoie l'Arabe, rouspète, et finalement marche, gobe tout, y compris le pied au derrière, et dit merci. Son nom ? M. Gogo-Lecrâneur.

On commet une imprudence par courage, par passion ou par sottise.

4 septembre. — La chair n'est pas triste et je n'ai pas lu tous les livres.

Son erreur fut de vouloir marquer un point à tout prix, alors qu'un discernement plus profond l'eût mené à être un peu large avec l'adversaire, à se laisser battre un peu, comme un personnage de Stendhal laisse volontairement ses domestiques le voler un peu, pour se les attacher.

Mon arrière-grand-oncle de Gourcuff, donnant à ma grand-mère des plats d'argent, comme cadeau de mariage, pour un mariage qui ne lui plaisait pas, avait eu la délicatesse de lui dire : « Du moins, quand tu n'auras plus de quoi manger, tu auras la ressource de les vendre. » La cuisse de Jupiter est velue, et ne sent pas toujours la fraîche rose.

Il est sans exemple qu'un parent, son gosse pleurant, qu'il a mis sur l'âne (qui fait faire la promenade dans le square), retire l'enfant. Il a payé. Il ne faut pas qu'il perde ses dix sous. Il faut que le gosse pleure pour dix sous.

A l'instant qu'il vient d'écrire cela, l'écrivain voit le père retirer le gosse de sur l'âne, mais lui il ne retire pas sa phrase de son carnet. C'est un bon mot, peu importe s'il est vrai ou non. Beaucoup de la *profonde psychologie* que l'on voit dans les livres se fabrique ainsi.

Tolstoï, par son fils Élie. — La danse de toute la famille Tolstoï, Tolstoï en tête, « la main droite levée au-dessus de la tête », sautillant et courant autour de la table, avec « tous nos précepteurs et gouvernantes et tous les enfants », cela « quand les visiteurs ennuyeux se décidaient à s'en aller ».

Mais si on n'avait pas reçu les visiteurs ennuyeux ?

Les deux ânes donnés à ses enfants par Tolstoï en 1870. Il appelle l'un Bismarck et l'autre Mac-Mahon.

« Tu sais, me disait un jour ma mère, quelle est la plus grande force qui fait agir ton père ? C'est la vanité. »

Quelquefois, dans un lieu désert et peu rassurant, on voit passer un visage terrible. Terrible parce qu'il est terrifié.

On reconnaît l'homme libre à ce qu'il est attaqué simultanément ou successivement par les partis opposés.

Son écriture est informe et illisible, mais elle se raffermit dans les phrases où il ment.

Si, ayant peur de quelque chose, je me secoue : « Allons ! du courage », ça ne me fait rien. Mais si je me dis : « Ce qu'il faut, c'est être intrépide », ce mot excessif me donne de la fermeté.

D'instinct, je n'aime pas les factieux. Ils me rappellent le genre *écolâtre*, pour lequel j'ai, et ai toujours eu, une véritable horreur.

Mme G. de R..., que je n'ai pas vue et avec qui je n'ai pas échangé un signe de vie depuis vingt-huit ans (ma première communion), vient de se rappeler à mon bon souvenir par l'envoi d'une lettre de quête pour une vente.

L'amour en apparence absurde de l'homme pour son travail ne s'explique que lorsqu'on a saisi que, durant ce travail, il échappe à sa femme et à ses enfants.

Aedificabo et destruam. — Comme la nature fait avec les corps.

J'ai cru pendant longtemps qu'il était bien de se coucher et de se lever tôt. Disque : « Là est la nature, là ce qui est sain : les oiseaux, les poules, etc. Le pâle noceur, qui se couche à deux heures du matin, paye un jour ce désordre, etc. »

Tout ce temps-là, j'étais sujet à de cruelles insomnies.

On me conseilla de me fatiguer, de me coucher la minuit passée. Le résultat ne tarda guère. Les insomnies peu à peu disparurent.

F... se piquait lui aussi de mener une vie « naturelle » et hygiénique. Il est mort néanmoins à soixante ans.

« Au jour du Jugement », nous apprendrons peut-être — avec quel désespoir — que maintes choses que nous avons crues « très bien », auxquelles nous nous sommes tenus scrupuleusement, quelquefois non sans peine, nous ont été funestes, alors que celles qui nous faisaient envie, et auxquelles nous résistions, nous eussent été bonnes. En un mot, que c'est parce que nous étions bien sages que nous ne pouvions pas dormir.

J'ai caché mes femmes comme je voudrais cacher ma mort. On verra si je la cache aussi bien.

« Cache ta vie comme le chat cache sa crotte », dit le proverbe égyptien. Cache ta mort comme le chat cache sa crotte.

J'ai une grave maladie (grave touchant ma vie, heureuse touchant mon art) : celle de me mettre trop facilement à la place des autres. Que dis-je, trop facilement ? C'est mon premier mouvement, et c'est de lui que je ne peux démordre. Le confrère qui me traîne au plus bas, mon adversaire dans un procès, etc., tout de suite j'entre dans son point de vue, je le développe en public avec chaleur, je ne laisse pas de proclamer que c'est lui le bon. Si je bataille contre cet adversaire, je sais donc qu'une telle bataille n'est qu'un jeu.

A la place de l'ouvrier quand il y a une grève, à la place de l'Allemand pendant la guerre, à la place de l'indigène en Afrique, etc.

Cette aisance de déplacement me permet d'entrer à volonté dans « le sentiment tragique de la vie ».

Fatma (qui fait mon ménage) ne vient pas, vient en retard, ne fait pas les courses que je lui ai données, etc. Aussitôt, je l'excuse : elle est vieille, elle a cinq enfants, elle habite au diable. Non seulement je l'excuse, je récompense ses manquements : je lui dis son fait, puis lui donne davantage d'argent, ou un cadeau, pour la consoler de l'avoir engueulée. Cela dure des mois. Un jour Fatma exagère : cette fois je dis non, et alors c'est fini. Aucune instance, aucune supplication, aucune pression ne me fait jamais revenir sur un non que j'ai dit. Au contraire, elles m'y incrustent. C'est une des raisons pour quoi les Français, qui comprennent que *non* signifie *oui*, ont tant de malentendus avec moi.

Ma vie, tout du long, a été remplie de Fatmas, femelles et mâles. Trop gentil, pendant trop longtemps. Puis brusquement, « sans préavis », la coupure, et, quand la coupure faite, ferme, à l'occasion impitoyable.

Ce ne sont pas les lois qui ont gouverné le monde antique, ni la Grèce (Sparte surtout), ni Rome même; c'est l'opinion.

L'homme (le mâle) : égoïsme et lâcheté.

Puis, à l'improviste, gentillesse jusqu'à la faiblesse, et courage fol, magnifique et vain.

L'égoïsme de l'homme sous sa forme la plus atroce se montre sans doute devant la femme quand elle est malade, et notamment la femme qu'il « aime » : épouse, maîtresse, mère. Sa première pensée : « Qu'elle meure donc tout de suite, plutôt que de me gêner plus longtemps avec sa maladie. »

Aussitôt que la femme sera rétablie, ses gentillesses, ses petits attendrissements, ses générosités.

G... (qui paraît la soixantaine) m'indique deux signes de vieillissement :

Quand il vous arrive de trouver que la journée est bien longue, alors que, plus jeune, on était obsédé par sa brièveté;

Quand on commence à être prévenant pour les vieillards dans les transports publics, alors que, jeune, on les bousculait.

La plupart des hommes (des mâles) accepteraient de perdre tout, à condition de ne pas perdre la face.

Ils ont tort. Perdre la face est de peu d'importance, si le solide est sauvegardé. Il peut même y avoir intérêt et force, dans une circonstance donnée, à la perdre délibérément.

Il n'y a pour moi de journée *humaine*, que celle où je caresse, ou celle où j'écris.

Qui aime, attend.

Homme d'esprit, ou femme d'esprit, ou gosse d'esprit, sitôt que quelqu'un a de l'esprit, dans notre société de balourds, je suis prêt à lui pardonner bien des choses. De connivence, quoique j'en aie.

Ouvrant n'importe quel livre d'histoire : à n'importe quelle époque, la masse monstrueuse de bêtise que créent et dégorgent les gouvernements, les religions, les partis, les modes oppressives, les assemblées, les tribunaux, etc. (on laisse de côté leur infamie). Cependant les grands esprits — et je ne parle pas des simples jouisseurs — s'en sont accommodés vaille que vaille. Leur vie, leur œuvre, sont autre chose qu'un ululement continu de détresse et de dégoût. Ce n'est donc pas le monde qu'il faut réformer, œuvre chimérique; c'est soi qu'il faut aménager, œuvre possible.

Je n'étais pas fait pour souffrir. A seule fin de participer à la chose humaine, c'est moi qui ai été chercher la souffrance en dehors de mon destin. Volontaire pour le malheur comme j'avais été volontaire pour la guerre (11 septembre).

Michelet, *La Femme*. — A Hyères, il voit des orangers qui meurent, seulement à cause de quelques plants de fraises plantés en bordure d'eux. « A Cannes, on sait que l'oranger n'a de force que là où il est solitaire. Non seulement on ne lui donne aucun camarade ni grand ni petit, mais, avant d'en planter un, on fouille d'abord le terrain à huit mètres de profondeur (...) pour savoir s'il ne contient pas de racine oubliée, quelque herbe vivante qui prendrait sa part de la sève. — L'oranger veut être seul, Madame. Et l'amour aussi. »

Et *l'homme* aussi, nigaud! Tout l'apologue se retourne contre le couple, qu'il prétend justifier.

Montesquieu, bien entendu, n'a pas manqué d'écrire le contraire.

« Depuis que j'ai vu à Amsterdam l'arbre qui porte la gomme appelée sang de dragon, gros comme la cuisse quand il était auprès de l'arbre femelle, et pas plus gros que le bras quand il était seul, j'ai conclu que le mariage était une chose nécessaire. »

Il a « conclu »! Second nigaud. La seule *conclusion* est que comparaison et généralisation sont deux infirmités de l'esprit humain (de comparaisons et de généralisations je ne suis pas chiche, bien entendu).

Le secrétaire des amants.
Lettre de l'amant au père de sa fiancée (lettre-type).

« Votre temps est terminé, Monsieur; il faut céder la place. Vous êtes le père? Eh bien, moi, je suis l'homme qu'elle aime. Et maintenant c'est l'heure de l'homme qu'elle aime. Avec ou sans paraphe du garçon du bureau de la mairie.

« Vous et cette étrangère que du jour au lendemain, par une monstrueuse coutume, je devrais appeler « ma mère », je vous hais. Je vous ai haïs dès la première heure, que dis-je ? je vous haïssais avant. Vous étiez *la famille*, c'est-à-dire ce qui nécessairement, quelque jour, devrait se trouver entre elle et moi. Elle aussi, je lui ai fait haïr cette famille. A défaut d'autre chose, du moins je lui ai donné cela. »

(Etc., et la formule de politesse.)

24 septembre. — Cherchel. Visitant avec elle l'exquis musée, plein d'antiques de dieux et de déesses, je lui fais retirer la petite croix qu'elle porte sur sa gorge. « Il est défendu d'exciter les animaux », mais aussi les dieux en exil.

Après dîner, au pied du phare. La mer et son bruit, la ville doucement allumée, les hirondelles blotties à couvert du phare, la lune et sa clarté de plein-jour, le phare dans la lanterne duquel, incessamment, des ombres de taille humaine se croisent avec mystère, sans jamais s'arrêter l'une auprès de l'autre, ce qu'elle voit tout de suite comme un symbole des êtres qui sont faits l'un pour l'autre, et se croisent sans s'arrêter : tout semble arrangé par un metteur en scène d'opéra-comique, comme le quartier Santa-Cruz à Séville ou le quartier Cardinal-Jimenez à Tlemcen.

Ce capitaine de la Légion étrangère qui ne pouvait pas faire sortir sa femme d'une terrasse de café où ils s'étaient mis à l'abri de la pluie. Il aurait entraîné ses trois cents hommes sous les mitrailleuses, mais sa femme, rien à faire. La pluie avait diminué; il disait : « Partons ! », mais elle ne bougeait pas et, de debout qu'elle était, enfin s'assit. Là-dessus le capitaine s'assit à son tour.

CARNET XXVIII

PARIS : du 8 octobre 1934 au 21 novembre 1934.
ALGER : du 22 novembre 1934 au 17 février 1935.

Que des hommes aient le temps de s'occuper de la chose publique, quand ils ont déjà à mener leur maison, leur femme, leurs maîtresses, leurs enfants, leur fortune. Comment ne sont-ils pas absorbés complètement ?

J'ai vu souvent des personnes, entrant dans un petit restaurant, aller s'attabler à côté de l'*unique* dîneur, de toute évidence parce qu'elles avaient flairé que ça le gênerait.

Pour marquer combien Un tel est sale, une dame de ma parenté, des plus nobles, me disait : « Il a aux ongles des mains ce que nous avons à ceux des pieds. »

Le besoin physiologique de récupérer immédiatement, après une abondante secrétion cyprine — manger le double de nourriture, boire le double de vin, de café, etc. — a quelque chose de sympathique par sa simplicité élémentaire. Comme toutes les choses d'une pareille simplicité, qui prêtent un peu à sourire d'elles, mais avec sympathie.

Ce qui est délicieux, quand on concubine, c'est de rentrer dans le pajo, après en être sorti, après avoir été au lavabo, avoir mangé du poulet froid, etc. La chaleur exquise qu'est la chaleur retrouvée, et comme toute nouvelle, du corps endormi, tandis que le nôtre s'est refroidi. Il semble qu'on s'immerge dans un bain chaud.

En tout furieux, je cherche la tare.

L'habitude de la vie dangereuse faisait que la mort lui apparaissait aussi comme la fin de ses risques et de ses appréhensions. Le « hélas! » adouci par un « ouf! »

« J'ai toujours dit qu'il n'était pardonnable qu'à un être privé de raison, comme la fourmi de la fable, d'élever le travail au rang de vertu et de s'en glorifier. » (Tolstoï.)

11 octobre (1934). — Une chose me frappe dans ma production présente et à venir, c'est combien elle est et sera inactuelle. Ce qui me retient, ce sont les caractères généraux et éternels de l'homme. En quoi je suis « classique »! J'emploie ce mot sans y attacher de révérence, et seulement parce que je sais qu'il est de ces mots qui font plaisir aux Français.

Comme tous les gens un peu faibles d'esprit, il avait besoin d'avoir d'idées très nettes. Il était donc méticuleux dans les affaires matérielles, et doctrinaire dans les affaires morales.

Il faut être extrêmement poli avec sa jeune femme.

M. X..., qui était fiancé, décida d'aller, seul, à un match de boxe, à seule fin de se prouver à soi-même qu'un monde n'excluait pas l'autre.

C'est le travail qui me délasse. Quand je suis fatigué nerveusement, je n'ai qu'à abattre mes dix heures de travail, et me voilà reposé.

A Marseille, on dit d'un moribond : « Il a été *prêt* en deux (ou trois, ou quatre) jours. »

Taureau. — Comme ce serait joli si la *muleta* était verte! Il aurait envie de la brouter, et, tandis qu'on veut le faire passer au-dessous d'elle, le voici qui la prend dans sa bouche et qui beugle : « Eh bien quoi! on ne peut plus croûter, maintenant [1]? »

Un piano, une jeune fille et une machine à écrire, pour avoir un bon usage, doivent avoir été travaillés.

---

1. Écrit une douzaine d'années avant d'avoir vu le film *Ferdinand le Taureau*, de Walt Disney (1950).

Quel curieux patron j'aurais fait! Si un de mes employés était venu me demander un jour de congé parce que sa femme accouchait ou parce que son enfant était malade, je le lui aurais certes accordé de bon cœur. Mais s'il m'avait dit : « Accordez-moi un jour de congé parce que j'ai eu des embêtements, que je veux me saouler la gueule, et me reposer le lendemain », ou encore : « ...parce que c'est le premier jour de soleil et que j'ai tant envie d'aller au bois de Vincennes avec ma petite amie », je crois que je le lui aurais accordé de meilleur cœur encore. — Mon respect du plaisir des autres, respectant le mien.

Dessin : un champ de cadavres torturés, les yeux arrachés, etc. Légende : « Tout s'arrange. »

« Tout s'arrange » est le grand mot des avocats. Oui, tout s'arrange, — sur le dos de leurs clients. « Il faut prendre la justice comme elle vient », autre grand mot du robin consolateur.

Nous pestons contre les amis qui nous relancent : que de temps il nous font perdre! Mais les amis qui ne nous relancent pas sont-ils des amis?

Le dévouement s'use, comme le reste. Ne vous manquez pas à deux reprises quand vous voulez vous suicider. Personne ne vous cachera l'arme la troisième.

Difficulté de discerner la valeur morale de la plupart des actes; en certains actes elle est proprement indiscernable.

Un homme qui épouse sa maîtresse parce qu'elle en meurt d'envie, est-ce bonté ou lâcheté? Mêlé, comme tout. Tort de s'en vanter, tort d'en avoir honte.

Un homme qui fourre dans un tiroir, sans la tirer de l'enveloppe, une lettre qu'il présume ennuyeuse, et l'y laisse pendant des mois. Lâcheté *d'abord*, parce qu'il n'a pas voulu connaître l'ennui qu'apportait cette lettre. Force de caractère, *ensuite*, de ne pas céder à la tentation de le connaître.

N'est-ce pas une vie bien ordonnée, que celle où l'on a consacré sa jeunesse à b..., son âge mûr à écrire, et sa vieillesse à dire la vérité?

Conformisme du Parisien. — On peut sortir en corps de chemise jusqu'au 1er septembre exactement, mais — septembre fût-il tout aussi chaud qu'août cette année-là, — si on sort en corps de chemise en septembre, on vous regarde comme un prolétaire.

X..., qui allait tête nue l'été, remettait un chapeau le 1er novembre. Il eût fait 0° le 31 octobre, et de quoi crever, qu'il fût sorti tête nue.

J'ai toujours été jusqu'au bout de ce que j'avais conçu, dans ma vie privée comme dans mon œuvre.

Le vieux colonel en retraite, recueilli par ses enfants, qu'on fait coucher sur un lit pliant dans le salon (le ménage et leur progéniture gardant leurs chambres). Il commandait trois mille hommes devant l'ennemi.

Si vous demandez une liqueur, on vous apporte un verre. Vous croyez qu'on va remplir le verre, mais on en emplit la moitié. Si vous demandez des fruits, on vous apporte *un* fruit (et non un compotier de fruits, comme en Espagne). Si vous demandez un café, on vous apporte une tasse — une petite tasse, — alors que le café devrait vous être apporté dans une cafetière. Le vin « fin » est servi dans un verre plus petit, on ne sait pourquoi. Tout cela serait admirable si un peuple à ce point ascétique créait de grandes œuvres spirituelles. Mais ce sont des ascètes sans sainteté, ce qui fait bizarre.

Un peuple qui s'absorbe pas, parce qu'il ne *brûle* pas (ni physiologiquement, ni moralement).

Magnificence de Thucydide. Actualité, je veux dire : éternité de sa psychologie. Et son impartialité : celle même d'Homère et d'Hésiode quand ils racontent les guerres des hommes ou des dieux.

Je suis gêné de retrouver chez les anciens Grecs cette loi morale, que le bonheur doit être acheté par la souffrance. Elle serait aussi le fondement des offrandes aux dieux : en échange d'un bien qu'on demande, on abandonne un de ceux qu'on possède. Vulgarité de ce christianisme avant la lettre.

Des gens qu'on a connus énergiques, on les retrouve mous; âpres, détachés; obsédés par la volonté de ne pas perdre leur temps, paresseux et le perdant à loisir. Ils ne sont ni vieux ni fatigués ni malades. Ils ont seulement changé partiellement leur nature.

Ce préfacier allemand qui marquait combien j'échappais de la société française. Mais sur tant de points je me sens Français et même Parisien (ne serait-ce que par mon penchant irrésistible à la gouaille, fût-elle dirigée contre moi-même).

Je reviens de ces conférences données dans le Midi avec une grande sensation d'isolement, qui d'ailleurs m'est indifférente. Isolement du fait de n'être pas connu : la plupart de ces gens n'ont jamais lu un livre de moi, ou, s'ils en ont lu un, ne m'en parlent pas, ou m'en parlent comme s'ils ne l'avaient pas lu. Isolement du fait de n'être pas compris : ce que je dis ne « passe » pas. M'exposant devant eux avec un naturel entier, je suis devant eux comme sous un déguisement. Un déguisement véritable ne serait rien de plus.

M..., qui tenait pour ridicule tout ce qui n'est pas le plaisir.

Le véritable calvaire du procès, c'est votre avocat. De la maladie, c'est votre médecin. De l'agonie, c'est votre prêtre.

12 novembre. — Lettre à M. Ernest Lafont, député des Basses-Alpes, rapporteur du budget des Colonies.

« Monsieur le Député,

« Je trouve votre lettre au retour d'un séjour dans le Midi, explication d'un retard à vous répondre dont je m'excuse.

« J'ai consacré deux ans à étudier le problème indigène pour mon roman *la Rose de sable*, que j'ai renoncé à faire paraître. Jugeant préférable de ne pas livrer à la publicité mes réflexions, sous la forme que j'avais choisie, je ne tiens pas à ce qu'elles le soient sous une autre forme. Et, par ailleurs, je désire vivement que mon refus de la Bourse tunisienne soit un incident clos.

« Je suis très sensible à la pensée que vous avez eue, de me consulter sur cette question, et je vous présente, etc. »

Il n'y a rien que les Français pardonnent moins, que de vous voir refuser de l'argent (à propos de la Bourse tunisienne).

Je ne crois pas à ce genre de choses (les idéaux), et souvent je désire mourir, pour ne plus voir les gens qui y croient, tant ils m'ennuient.

Trop haut pour les intrigues, la cupidité, les marchandages, les ficelles, les petits mensonges, l'hypocrisie. Refusant de s'en donner la peine. Mot profond dans Plutarque : les nobles Grecs se nomment : « Nous autres véridiques. » Parce qu'ils ne veulent pas *se donner la peine*... Honnêtes par dédain.

(Traversée vers Alger.) — La sorte d'agacement qu'on éprouve à entendre quelqu'un parler pendant vingt-quatre heures de tangage où il s'agit de roulis.

Les Parisiens, qui croient toujours que le pilote donne des coups de barre exprès pour les ennuyer, eux Parisiens.

Dans tout le paquebot, un seul spectacle sympathique : cette très jeune mère jouant aux dames avec son grand fils.

Un homme va retrouver un homme à qui il a à dire des choses sévères, avec qui il va se brouiller. Il achète une livre de dattes, les mange dans la rue, en a assez quand il en reste la moitié, dont il ne sait que faire : elles jutent, le poissent, il ne trouve pas de papier propre pour les envelopper, etc. Là-dessus l'autre arrive. Un seul geste, à peu près automatique : « Aidez-moi donc à finir ces dattes ! » Toute la situation est retournée.

A l'approche de tout hiver, même le plus bénin, et qui s'annonce comme tel, une vague rumeur proclame qu'il va être exceptionnellement rigoureux.

C'est presque toujours au hasard que nous agissons dans les êtres.

Le commun a besoin des œuvres des autres. Le créateur n'a besoin que des siennes.

Le langage intelligent crée des malentendus parce que les gens ne sont pas intelligents. La langue particulière, notamment, qu'il faut parler aux femmes, aux enfants, au peuple : une langue qui ne doit pas être logique, ne doit pas être précise, et souvent ne doit pas même être correcte. Et qu'il faille sans cesse veiller à cela.

La religion est la maladie honteuse de l'humanité. La politique en est le cancer.

La vie au foyer nous disperse — entre bien d'autres raisons — parce que nous y sommes entourés de trop d'objets. Mais à l'hôtel, avec une valise de vêtements, que faire d'autre que créer ?

Je vois les choses comme elles sont; aussi dit-on que j'ai un esprit profondément corrompu.

24 décembre. — Doumic, dans un discours à l'Académie, prend à la lettre mon invocation : « Mon Dieu ! délivrez-nous du lyrisme ! » sans voir qu'elle est ironique, et dirigée contre ceux qui n'aiment que la pauvreté de l'impuissance; et il m'en loue, bien entendu, dans le même esprit où son gendre Louis Gillet, d'ailleurs homme sympathique, m'écrivait après lecture des *Célibataires* : « Enfin ! vous vous êtes lavé de votre lyrisme ! » Doumic termine en disant que je suis « un excellent écrivain ». Voilà donc ce qu'ils font de ce que je leur donne !

Chateaubriand. — Comme phraseur, nous n'avons pas mieux dans la littérature française. Chateaubriand *genuit* Stendhal : il fallait le contraire. On peut cependant aimer les deux, comme je fais.

Il est aussi déconcertant que cet homme de naissance si sûre s'exprime très souvent en parvenu, et alors avec un bonheur tel qu'on dirait qu'il le fait exprès, qu'il s'amuse à jouer un rôle (encore un !) : le rôle du parvenu.

Énorme bonhomme, mais, pour un auteur grave, il me fait rire trop souvent. Dans ce rire cependant je ne cesse de le respecter. Et je ne partage pas la suffocation de X... qui semblait suffoqué que quelqu'un eût intitulé un article :

Gœthe et Chateaubriand. Pas de proportion? Pas de la même classe? Je demande à réfléchir, et je n'ai pas sursauté.

« Le Français aura beau faire, il ne sera jamais qu'un courtisan, n'importe de qui, pourvu que ce soit un puissant du jour. » (Chateaubriand, *Outre-Tombe*, IV, 141.)

Il y a exactement la même pensée de Gœthe, quelque part.

« Vous trouveriez à peine en France un nom historique qui ne consentît à perdre son honneur plutôt qu'une forêt. » (Chateaubriand, *Outre-Tombe*, IV, 424.)

Même horreur de Gœthe et de Chateaubriand, pour Dante : il les épouvante.

On adore que Byron ait appelé Gœthe *the old gentleman.* C'est *the old gentleman* qui est épouvanté, en Gœthe et en Chateaubriand.

Ce Chateaubriand, pourtant, dont « le style est celui du Prophète » (Napoléon), ce qui aurait dû le rapprocher de Dante.

C... me dit que je suis un corsaire. Bon, je suis un corsaire, mais je suis un corsaire frileux.

Guéhenno « pardonne » à Barrès seulement parce qu'il a cru le sentir malheureux. Jules Roy « m'écarte de sa vie (...) pour le ton de victoire de mes livres, malgré mes traits de désespérance ». Comme cela est étrange.

Depuis cinq jours, devant prendre avant chaque repas une spécialité pharmaceutique, j'ai oublié de le faire à *tous* les repas, sans une exception. Si, dans un ordre minuscule, je suis parvenu à être à ce point fautif, n'en peut-il être de même dans un ordre supérieur?

Je n'ai presque jamais rien accepté qui fût étranger à ma part essentielle.

Stendhal parle du bonheur de ne pas commander et de n'être pas commandé.

Mais Gœthe : « Quel est l'homme inutile? Celui qui ne sait ni commander ni obéir. »

Aussi : n'être ni dupeur ni dupe.

On en veut à Gœthe de n'avoir pas été sans cesse « olympien », alors qu'on devrait n'en vouloir qu'à ceux qui le travestissent en olympien.

La tête basse, plongée dans le journal pour y bafrer leur picotin d'ordure quotidienne.

Le papier est ce qui supporte le plus : ce qu'on y met dans les lieux d'aisance et ce qu'on y met dans les imprimeries.

En certaine circonstance, les Anglais, accusés d'un acte inhumain sur les indigènes d'une de leurs colonies, répondirent : « Si nous ne l'avions pas fait, l'Angleterre périssait. » On va loin avec de telles réponses. Jusqu'à couvrir le syphilitique qui, accusé de contaminer des femmes saines, répondrait : « Si je ne b... plus, je deviens fou. »

Ni Pascal, ni Saint-Simon, ni Chateaubriand, ni Renan, ni personne de bien n'a pastiché.

On se demande comment un bon auteur, comme Valéry, ne se rend pas compte qu'il s'affaiblit en s'exprimant dans une langue pastichée (son discours sur les prix de vertu). Surtout après avoir écrit que la beauté ne s'exprime jamais sous un voile. La pensée non plus; elle ne demande que la simplicité. Avec sa langue pastichée, il se diminue ici à plaisir, comme Jésus quand il s'amuse à marcher sur les eaux. « Non! Seigneur, nous n'avions pas besoin de cela pour croire en vous. »

(Mais peut-être est-ce que Valéry, sur la vertu, n'avait rien à dire. Il était donc obligé de dire ce rien prétentieusement. Et puis, il y avait l'air méphitique de la Coupole.)

C'est encore une forme de la possession de soi-même, que nous échapper de notre être, pour ressortir dans les créatures que nous aimons.

« Dans les circonstances héroïques de la Révolution, la nécessité de l'immortalité de l'âme fut réclamée à peu près par tous les partis. » (Renan, *Examen de conscience philosophique.*)

Dans l'index des noms propres cités par je ne sais quel manuel d'histoire littéraire, René Crevel est nommé sept fois; Dieu ne l'est que trois.

Le vertueux Sénèque conseille vivement qu'on se pique le nez; « parfois même on peut aller jusqu'à l'ivresse ». *(La Tranquillité de l'âme.)*

Les lettres de séminaire de Renan me dégoûtent de l'amour filial; celles de Michelet à Poinsot, de l'amitié. Les mystiques me dégoûtent de l'amour de Dieu, et Hugo de l'amour de l'humanité.

Et peut-être la Carte du Tendre parviendrait-elle à me dégoûter de l'amour tout court.

L'homme ne cesse d'avoir peur que pour menacer.

Rousseau dit : « Enlevez les hommes, et tout est bien. » Je réponds : « Enlevez les hommes, et tout n'est rien. »

Ce matin, sur la mer, un beau trois-mâts italien, avec des astragales dorées. Quand il entre, il tire vingt et un coups de canon. Le fort du port répond. Il me semble être revenu d'un ou plusieurs siècles en arrière : Lépante, ou seulement *le Bellérophon*. Rêverie. « Le passé met sa main chaude sur ma main. » *(Les Olympiques.)* J'adore lorsqu'on me dit que je travaille sur des valeurs périmées.

Colonies. — « Frayer la voie en Afrique. » Il y a de magnifiques innocents, devant qui je m'incline, qui ont fait cela parce qu'ils ne voyaient ni à qui ni à quoi serviraient leur courage et leur sacrifice. Mais j'ai le bonheur de n'être pas né innocent.

Les Français n'aiment ni la vérité, ni la réalité, ni le naturel [1].

Elle a son crochet, et son livre au-dessous; fait trois points,

---

1. Écrit alors que j'ignorais que Gœthe l'avait — textuellement — déjà écrit.

puis lit dix lignes, et ainsi de suite. Je connais cette méthode de l'alternance, par ma difficulté à m'appliquer longtemps.

Une image d'Épinal du célibataire le représente comme un homme seul, fuyant les femmes, ou repoussé d'elles, etc. Mais il y a des célibataires qui ne sont trop entourés que du fait d'être célibataires (personne à leur côté pour faire barrage), et qui, touchant les femmes, ne sont célibataires que parce qu'ils les aiment trop.

Que peut-on contre un homme de qui le seul objectif est d'être tenu à l'écart ?

Malheur aux vieilles aristocraties qui, après les excès d'une folle jeunesse, deviennent tout d'un coup vertueuses, humaines et rangées ! C'est l'annonce qu'elles vont mourir.

Si j'avais à faire entrer cette phrase dans un livre, je la récrirais : « Malheur aux vieilles aristocraties qui deviennent tout d'un coup humaines et rangées ! Elles vont mourir. »

J'ai pitié de la jeunesse, parce que j'ai pitié de ce que fut la mienne, si heureuse pourtant. Ce petit frère de dix-sept ans, qui était moi. Pauvre petit frère.

Quand je regarde en arrière, effaré tantôt par mon imprudence d'alors, tantôt par ma pusillanimité. Comme j'ai eu raison d'oser ! Comme j'ai eu raison de ne pas oser ! — Eternel flux et reflux de la mer sur la grève, pendant toute une vie.

Hippocrate croit aux humeurs. César croit aux poulets (sacrés)[1]. Descartes croit à Dieu. Il n'y a pas une intelligence qui soit un fruit net. La plus belle a sa partie pourrie, qu'il faut détacher et jeter, avant de porter le fruit à sa bouche.

Nous avons deux sortes de bonheurs : ceux que nous obtenons sans faire de tort à personne, et ceux que nous obtenons en poignardant quelqu'un.

---

1. César, précisément, ne croit pas aux poulets sacrés. Il fallait trouver un autre exemple. Mais ils abondent.

Mme X... proclame de M. Y... qu'il n'aime pas faire pétiller son argent. En effet, M. Y... n'a jamais cru à propos de faire pétiller son argent autour de Mme X..., parce qu'elle est un chameau.

« Si vous entrez dans le spectacle au bruit des acclamations, si les femmes et les enfants chantent vos louanges par les rues, ne trouvez pas étrange que j'aie pitié de vous, sachant, comme je fais, par quelles voies on obtient ces faveurs. »

Je crois que pas un écrivain en place, aujourd'hui, n'oserait signer une déclaration à ce point incendiaire de mépris, qui créerait contre lui, instantanément, une véritable haine. Elle est pourtant d'un auteur sur lequel s'endorment les écoliers, une prétendue vieille barbe de tout repos. Et Sénèque, épître XXIX à Lucilius, l'entoure d'un long développement : « Comment voulez-vous que celui qui aime la vertu soit aimé du peuple ? On ne peut gagner l'amitié des gens de basse condition que par des actions basses, etc. », développement qui devrait suffire, me semble-t-il, sous un régime démocratique, à ce que son nom fût rayé de tous les manuels scolaires et de toutes les anthologies d'inspiration officielle. Et pourtant toute « l'élite pensante » de l'antiquité, à quelque parti politique ou quelque école philosophique qu'elle appartînt — et Sénèque le rappelle, — a pensé là-dessus comme lui.

Il nous arrive de concentrer sur un seul être toute la méchanceté que nous nous retenons d'exercer sur les autres.

Et alors notre pente est forte, si nous ne nous y freinons pas, de choisir pour ce rôle de souffre-douleur unique la personne même qui nous aime uniquement.

Lors de la mobilisation de 1914, ma mère, prise de je ne sais quelle de ces idées insensées qui viennent aux personnes bien-pensantes dans les grands événements, se persuada de ne pouvoir pas garder, en temps de guerre, une chienne fox-terrier que nous avions, et la donna au duc de Rohan, qui partait pour la guerre, et aimait d'y avoir un chien. Cette petite fille (de deux à trois ans) dans cette auto qui démarre, tenue dans des bras, se retourne pour jeter un dernier regard sur ses parents, avec une espèce d'arrachement *identique* à celui de la chienne se retournant vers ses maîtres, tandis que le duc l'emportait dans ses bras. Si fort m'avait frappé l'humanité de cette bête, sa frappe m'en est restée depuis vingt et un ans.

Aimer quelqu'un, c'est lui tenir la tête sur la cuvette quand il vomit, et n'en être pas dégoûté ; ou plutôt, l'en aimer davantage.

Les serins qui disent que la vie « n'a pas de sens », quand il y a toujours la possibilité de rendre heureux ce qu'on aime, et de se nourrir de son bonheur du même coup.

Quand vous allez parler de votre « affection » pour quelqu'un, demandez-vous toujours : « Serais-je prêt à dépenser cent mille francs pour le sauver de la tuberculose ? » Si vous n'y êtes pas prêt, ne prononcez pas ce mot d' « affection ».
Maintenant, il y a aussi les gens pour lesquels on est prêt à donner cent mille francs, afin de les sauver de la tuberculose, et que l'on n'aime pas.

Les égoïstes sont les seuls de nos amis pour qui notre amitié soit désintéressée.

Avec l'âge, mes élévations s'élèvent de moins en moins haut, comme des jets d'eau quand la pression baisse.

Un sien objet d'art, qu'on aime (car il y en a qu'on n'aime pas), quand on vous a insinué qu'il est faux, ce sentiment de la trahison, comme pour une femme qu'on soupçonne. Jusqu'au jour où il est avéré qu'il est faux, et on le rejette avec dégoût, comme la femme coupable.

Rencontre inattendue : de Montesquieu et de Dostoïevsky. (Est-ce que vous ne croyez pas que, lorsque des esprits réfléchis, et à ce point différents l'un de l'autre, sont d'accord sur une proposition, cette proposition a les plus grandes chances d'être vraie ?) Montesquieu : « Il faudrait convaincre les hommes des bonheurs qu'ils ignorent, même quand ils en jouissent. » Et Dostoïevsky : « La vie est un paradis, mais nous ne voulons pas le savoir [1]. » Peut-être, touchant ma vie

1. *Frères Karamazov*, II, 15. « La vie est un paradis où nous sommes tous, mais nous ne voulons pas le savoir, sinon demain la terre entière deviendrait un paradis » (dans la bouche du starets Zozime).

privée, ai-je eu le mérite de le savoir, et de le savoir presque sans cesse. Qu'on me dise, comme dans les vieilles légendes : « Tu mourras dans un an, mais d'ici là nous te ferons largesse de tout ce que tu désires », je ne sais ce que je demanderais, d'autre que ce que je possède. J'ai été plus comblé encore que le monde ne le peut savoir, et mon agacement est de ne pouvoir lui dire en quoi. Si vous me faites l'honneur de venir me voir sur mon lit de mort, songez moins à ce que j'ai donné, qu'à ce que j'ai eu.

Les gens croient que l'on se souvient éternellement, et la babine salivante, de leurs médiocres déjeuners; qu'ils se sont fait avec le fricot des alliés pour la vie. Leurs longues figures quand, trois ans après, ils vous en présentent l'addition sous forme d'un service qu'ils vous demandent, et qu'on les envoie promener.

L'histoire ? La même pièce, jouée par des acteurs différents.

Quel orgueil à adorer Dieu, tout en sachant que Dieu est une création de votre esprit ! Adorer sa propre création, c'est-à-dire s'adorer soi-même !

L'astuce est de montrer de l'amertume quand on n'a pas de raisons d'en avoir, et de n'en montrer pas quand on a ces raisons.

CARNET XXIX

PARIS : du 19 février 1935 au 31 mars.
ALGER : du 2 avril au 20 mai.
PARIS : du 22 mai au 1er août 1935.

Une fille avec qui l'on a rompu ses fiançailles, et qui vous dit qu'elle va vous chercher un appartement, — l'appartement où on vivra sans elle, peut-être même avec une autre qu'elle.

C'est une bonne règle, que faire toujours en sorte qu'il naisse quelque bienfait de l'échec de ce que nous espérons.
Autre chose : le malheur crée en nous la force d'âme ou la souplesse d'âme avec laquelle nous l'accueillons, états que nous n'aurions pas connus sans lui.
Il m'est arrivé, ayant très soif, d'être désaltéré pour avoir fumé une cigarette. De même, entre les régions profondes du bonheur et du malheur, je pressens une mystérieuse et grandiose identité.

Le caractère de l'intelligence est l'incertitude. Le tâtonnement est son outil.

— Pourquoi n'avez-vous pas joué le beau jeu? — Parce que je ne jouais pas vaincu.

Les très petites obligations de politesse, auxquelles il se contraignait avec beaucoup d'application, pensant que par elles il pouvait s'épargner les grandes.

Personne ne veut nous rendre service en acceptant que ce soit sans retour (retour dans l'ordre matériel ou dans l'ordre sentimental); qui serait la seule façon vraiment amicale de le faire. Accepter que quelqu'un vous rende un important service, c'est accepter une conséquence, inévaluable au départ, de services rendus en retour à cette personne, de petits soins et de ménagements; c'est accepter de devenir esclave. Si bien qu'on peut préférer se passer de son secours, à le payer d'autant de gênes et de temps perdu.

Il y a grand profit à taire sur le moment les sentiments que l'on éprouve en telle circonstance délicate de sa vie, afin de pouvoir plus tard les déguiser tout à son aise, au gré de l'intérêt qu'on y aura.

Il n'est pas de gouvernement qui ne soit coupable. Par ce qu'il couvre.

Il faut être bien insensé pour n'avoir pas la terreur de la mort, quand la vie vous est aimable; bien léger, bien inconscient, bien absurde, bien stupide, pour être courageux. Et si l'on songe que deux hommes sur trois sont courageux, et que rien n'est plus commun que le sacrifice consenti de sa vie, on se dit que d'une humanité aussi folle on peut s'attendre à tout.

Il y aurait une belle étude à faire de la naïveté, et qui n'a pas été faite. On montrerait comment elle peut s'accorder, pour notre étonnement, avec la clairvoyance et avec la roublardise : ce petit coin de naïveté qu'on rencontre chez nombre d'« arrivés » de toute espèce, si avisés pourtant sur les intérêts de ce monde, et surtout sur les leurs, chez l'homme d'affaires retors, chez le grand intellectuel pénétrant, chez le politique même : la vipère a ses candeurs. On la montrerait aussi, presque sans exception, chez tous les gens de cœur, au point qu'à son corps défendant on en vient à se demander si générosité ne suppose pas naïveté (on montrerait ces gens de cœur nous donnant beaucoup par leur dévouement magnifique, puis nous faisant perdre ce qu'ils nous ont donné par les bévues de leur naïveté). On montrerait encore que la naïveté attire la naïveté, et qu'où il y a un naïf il y en a deux ou trois, chacun d'eux accusant les autres de l'être. Enfin, l'auteur d'une telle étude ferait observer qu'il n'est si averti sur son sujet, que pour connaître cette part de naïveté en soi-même.

J'ai écrit les notes d'*Explicit Mysterium* en un moment où je croyais que je ne passerais pas l'année. C'est dire qu'elles étaient écrites avec un comble de gravité. Quand elles parurent, le journal qui les publiait changea le titre que je leur donnais (qui était probablement, sans plus : *Notes*, ou *Réflexions*) et le remplaça par : *Boutades*.

L'homme de l'esprit et l'homme d'esprit sont toujours d'accord avec leur gouvernement du moment.

Il y a grand intérêt, et dans tous les ordres, à oublier les injures reçues, quand bien même on ne les oublierait pas naturellement.

Un esprit chagrin. — Il passait son temps à chercher des appartements, afin de se donner le déplaisir d'en trouver qui, pour le même prix que le sien, fussent bien mieux.

The devil speaks truth much oftener than he's deemed.
He hath an ignorant audience.
De qui est-ce?

Alger.
Titre : *Certitudes.*
Les certitudes des sens.
Celle de l'eau.
Épigraphe : Rien n'est beau que le frais, le frais seul est aimable.
Hommes-tritons. — L'Espagnol se rince la bouche avant de boire. Le sportif en action s'en emplit la bouche et la recrache pour ne pas s'alourdir. Il en éprouve la même satisfaction que la satisfaction d'apparent sommeil qu'on se donne en fermant seulement les yeux.
Dans les inscriptions des tombeaux de l'ancienne Égypte, le mort dit : « Exposez-moi au vent du Nord. » La fraîcheur est considérée comme un tel bien, que le mort ne demande qu'elle pour pouvoir supporter le sort douteux de l'après-vie. Comme cette simplicité me touche!
Un appartement dans les pays chauds devrait toujours être peint en vert d'eau.
L'alternance espagnole des boissons contraires, chaudes et froides. Cela est élémentaire, et il faut être un peuple grossier comme le sont certains peuples d'Europe, pour que cela ne soit pas chez vous une habitude.
Aller de sensation en sensation — charnelle, puis bain,

puis boisson, etc. — comme on nage de bouée en bouée.

La glace est la nourriture principale de l'homme.

Se faire couler de l'eau sur la tête.

Si j'avais, pour l'alcool, le goût que j'ai pour l'eau glacée, il y a longtemps que je serais mort d'ivresse. A Paris, je lampe de grands verres d'eau froide (celle du robinet) en janvier et février, et ici, dès mars, je bois glacé.

Kazwini dit que le rossignol est l'oiseau qui boit le plus, parce que de tous il est le plus brûlant. Le P. Labat dit que le lion a toujours la fièvre. Et ainsi moi, sans doute, avec mon goût de boire.

La bouche à l'endroit où l'eau sort du robinet, à l'endroit où le jet est le plus dense.

Dans les squares, les chiens et les enfants viennent boire à même le jet d'eau, et, là aussi, à sa source, là où il est le plus dense. Sur le comptoir du bistrot, le chat lèche le robinet d'où l'eau coule goutte à goutte.

L'étonnant, le merveilleux petit jet d'eau des lavabos de la Bibliothèque Nationale à Paris, où, de bas en haut, on s'envoie le jet dans la bouche, et si l'on veut, sur le visage. Il ne faut pas moins pour mettre un peu de fraîcheur et de pureté dans cette marmite de penseurs pensants. Quel administrateur a eu cette idée de génie ? Mais je crois qu'il n'y a que quelques femmes et moi pour utiliser l'engin merveilleux. Un penseur ne met pas son visage dans un jet d'eau : cela est vulgaire, cela est grossier, etc.

Pesant tous les ennuis qu'on risque à faire l'amour avec une femme, on voit combien faire l'amour avec l'eau est plus raisonnable.

Sainte race — Espagne et Maroc — où on vous vend de l'*agua fresquita*, de l'eau fraîchette. Sainte race — Tunisie — où les gamins qui passent viennent boire au grand verre d'eau mis sur votre table à la terrasse du café.

« Qui hait les vices, hait les hommes. » (Danton.) On parle du « don des larmes ». Parlez-moi du don du mépris. Du juste mépris, s'entend. Le mépris est vertu quand il s'applique au péché contre l'esprit — la bêtise, — au péché contre l'âme — la bassesse, — à tous les péchés contre la morale. Et c'est être méprisable, que ne pas mépriser.

La raison de ma tristesse est moins le mal lui-même, que cette indulgence et cette complaisance pour la malhonnêteté que je rencontre chez nombre d'êtres, hommes et femmes, qui dans leur vie sont nets. Ils rient ou sourient des pires crapules, leur serrent la main, les invitent chez eux et sont invités par eux avec plaisir. Ensuite, on les voit communier, être stricts avec leurs enfants, etc., et cela de bonne foi. Ces gens sont toujours frottés de « monde » plus ou moins. A côté de cela, il y a des êtres, sans éducation et sans monde, qui montrent devant la malhonnêteté un écœurement qui n'est pas feint. Je ne sais si leur vie est nette, et il est possible qu'elle ne le soit pas. Je sais seulement que certaines choses les écœurent, qui n'écœurent pas les autres, et cette différence est énorme.

Pour moi, si je ne lis guère le journal que par-dessus l'épaule de mes voisins de métro, c'est par crainte de souffrir d'indignation et d'écœurement. De même, j'aurais pu aller à Deauville, et écrire en revenant des pages au vitriol sur la faune humaine de Deauville, qui m'auraient fait honneur, littérairement et humainement. Mais j'ai choisi de ne pas aller à Deauville, et de sacrifier mes pages, parce que je souffre trop de mes indignations.

Faiblesse sans doute : toute ma vie — au détriment de mon œuvre, — j'ai fui et fuirai les lieux et les êtres qui m'indignent. C'est assez de ceux qu'il m'est impossible d'éviter.

Pour Service inutile. — D'année en année, je vois se renforcer la pourriture dans « le royaume de Danemark ». S'il ne se fait pas un retournement héroïque, nous allons voir disparaître en Europe les valeurs nobles, sous la haine et la coalition unanime de la médiocrité et de la bassesse. Les hommes du *bushido* sont les vaincus et les persécutés de demain. Oh! la grimace et la rhétorique des valeurs nobles continueront; et nombreux sont les nigauds « bien » qui s'y laisseront prendre, et ne réaliseront que lorsqu'ils en seront eux-mêmes les victimes cette grande catastrophe à laquelle par leur bêtise ils auront aidé. Je perçois depuis longtemps les préparations de cette catastrophe, et je connais dans toute leur profondeur la tristesse de voir clair et la fatigue d'avoir raison.

Toute l'histoire de l'humanité pourrait être considérée sous cet aspect — ce serait une vue comme une autre — : les efforts continuels des êtres nobles pour s'assurer l'empire, et leurs défaites toujours répétées.

J'entends, au fond de lointains sombres,
dans des villages inconnus,
les aboiements des chiens dans l'ombre
pleurer des paradis perdus.

La jeune fille qu'on n'aime plus, mais à qui on veut faire croire qu'on l'aime encore, jusqu'au jour où ses fiançailles avec un autre vous délivreront d'elle (car alors il vous sera interdit de continuer à la voir). En quatre mois, je revins trois fois pour dix jours à Paris, d'Algérie, afin que J... eût cette preuve d'une affection que je n'éprouvais plus. Et je souffre de la mer! Et je déteste le voyage! Et dans ce moment-là je n'avais pas excès d'argent. Mais il est heureux que mon amie se soit fiancée sans trop tarder, car j'avais soutenu cette simulation — de feindre de l'aimer quoique ne l'aimant plus — pendant un an, et j'étais à bout.

Quand viendra le temps où je ne garderai plus copie des lettres que je lui enverrai, où je ne classerai plus les siennes.

Le lieutenant Auligny au Sahara (pour *la Rose de sable*, 11 avril 1935).

Il imagine tous les hommes qui *font quelque chose* et il se demande comment ils peuvent.

Comme il ne se passait rien, rien ne le remuait, rien ne suscitait en lui des réactions, et il devait vivre uniquement sur sa substance. Rien de l'extérieur, hormis les lettres de sa mère, mais, hélas, il faut bien reconnaître que, selon l'usage, elles ne comptaient pas pour lui.

Par instants il était épouvanté en se disant qu'un ordre pourrait survenir, qui le forcerait à faire quelque chose. En quoi il se trompait, car, si on lui eût donné un ordre, il se fût appuyé dessus, comme le cheval galope appuyé sur le mors.

J'aime, le matin, quand je suis en train de faire l'amour, entendre dans la rue les premiers tramways, les crieurs de journaux, les batteuses de tapis.

Une collection littéraire, intitulée « la Belle Vie », publie des volumes dont les titres sont : *le Pesage*. — *Le Cigare*.

— *L'Auto.* — *La Femme.* — *Le Vin.* — *Le Casino.* — Nous voilà renseignés sur ce qu'est une *belle vie.*

« Héros et martyrs de la Confrérie », ou : « Pourquoi je n'ai pas gagné la course Alger-Miliana. »

Mohamed courait la course de vélos Alger-Miliana. Mais il était hypnotisé par les fesses ondulantes du jeune coureur français qui le précédait dans le peloton et il ne pouvait se résoudre à le dépasser. Le jeune coureur perdant toujours plus de terrain, Mohamed en perdait toujours plus derrière lui. Au moment du sprint final, débat cornélien en Mohamed; eh bien non! c'est plus fort que lui : à ce moment même, d'où dépend le sort de la course, rien à faire, il ne se détachera pas de la vision paradisiaque. Et il reste en queue de peloton.

Si cette histoire, telle qu'elle me fut contée, est vraie, et elle l'est sûrement, elle a sa grandeur. Toute-puissance de la passion sensuelle. Sa victoire sur les autres passions, l'esprit sportif, la vanité, l'intérêt, etc.

Le sens du baiser est : vous êtes pour moi une nourriture.

Mai. — La jeune Juive européanisée marchant à quatre mètres derrière sa vieille mère en costume juif, et pour rien au monde ne voulant qu'on voie qu'elles sont ensemble. Elle la laisse traverser seule au milieu des voitures.

Deux sortes de tables dans les restaurants : les tables où les commensaux parlent entre eux, et les tables où ils n'échangent pas un mot. Ces dernières sont celles où mangent les ménages faux ou vrais, les parents et les enfants.

Les ermites bouddhistes vivent solitaires l'été, et rassemblés l'hiver.

Rose de sable. — C'est en lisant le chapitre XXXIV de *l'Ecclésiastique*, un jour de Pâques, que Las Casas devint protecteur des Indiens. Et tout son ordre, celui-là même qui en Europe prêche avec le plus de vigueur la Croisade, en Amérique protège et défend les Indiens.

X..., qui pense par citations.

En Algérie, l'expression « un Français de France » est synonyme de « un nigaud ».

« Le Gouvernement français songe à décorer de la médaille militaire le soldat inconnu italien. » *(Les journaux.)*
Pour l'amour de Dieu, n'en jetez plus!

Anatole France agonisant : « Ce n'est donc que ça, l'agonie! »
Je ne parviens pas à comprendre pourquoi neuf personnes sur dix jugent ce mot « odieux »; s'il est quelque chose, il est bienfaisant.

Bodhisattvas, les mains non jointes, mais paume à paume, et laissant seulement s'entrecroiser les extrémités des doigts.

Hugo, dans *Choses vues*, est intéressant sur le laisser-aller français. Ce qu'il dit du retour des Cendres aurait pu être dit dans les mêmes termes du défilé de la Victoire en 1919. Sur le char funèbre, l'or est du carton-pâte. Les statues sont en faux marbre, en faux bronze : elles sont de plâtre. On n'a pas eu le temps d'achever l'ornementation de la grande entrée de l'Hôtel des Invalides. Des nippes et des haillons, qui ont la prétention d'être des tentures noires étoilées d'argent, clapotent pauvrement entre ces mâts.
Médiocrité et ridicule des statues de plâtre. Leur caractère improvisé.
« Le catafalque n'a été terminé qu'une heure avant l'arrivée du cercueil. A 8 heures du matin, l'église n'était qu'à moitié tendue et les échelles, les outils et les ouvriers l'encombraient encore. La foule arrivait pendant ce temps. »
L'éternelle pagaye française.

Foire des Invalides, le 29 mai 1935.
Les mineures trémoussantes.
La bonne tête d'un montreur de chiens savants.
Hormis un des boniments, graveleux, tout le reste était honnête. Une atmosphère d'honnêteté et de gaieté. Pas de haine visible. Pas d'étrangers : les Français réduits à eux-mêmes.
Le regard dont le chimpanzé regarde la femme qui danse.
O surprise! je ne vois rien qui me choque.

Le terre-plein de Galliéni : « Je défendrai Paris jusqu'au bout. »

Il avait plu durant quelques minutes et sur le gazon sombre on aurait dit de la rosée. Il y avait là de petites fleurs; c'est à peine si elles méritaient le nom de fleurs, pâles et grignotées comme des visages de Paris. J'en cueillis une.

Les Invalides complètement invisibles d'obscurité, de sorte que la grille dorée de la cour semblait s'ouvrir sur la nuit.

Léon Gautier : « On peut dire que l'épopée exclut l'athéisme. » Est-ce exact?

Bel usage : que le chevalier, au moment de mourir, se confesse, faute de prêtre, à un compagnon ou à un parent.

Pour *la Rose de sable.* — Le roi sarrasin Marsille est prisonnier de Charlemagne. « Convertis-toi ou meurs. » Marsille demande : « Quels sont ces personnages à fourrures, assis à votre table — Des évêques et des abbés. — Et ces autres, assis par terre, à qui l'on donne les restes de votre festin? — Ce sont les pauvres. — Ah! c'est ainsi que vous traitez les pauvres, contrairement à l'honneur et à la révérence de celui dont vous avez la foi. Eh bien non, décidément, je ne veux pas être baptisé. Je préfère la mort. »

Histoire racontée par saint Pierre Damien, également dans la *Chronique* de Turpin, dans le poème d'Anséis de Carthage, etc.

Sacré Hugo! Dans une lettre aux rédacteurs du *Rappel :* « J'ai, heureusement pour moi, la réputation d'être bête. Ceci me sauva. » Du coup, il met dans sa poche, à tout jamais, ceux qui parleront de sa bêtise.

Je reste à Paris l'été parce qu'alors il n'y a plus dans cette ville que le petit peuple : elle me dégoûte moins.

L'idée musulmane que quiconque n'est pas comme les autres — le fou, l'original, ou seulement l'idiot — est par là même *un saint* est une idée qui sous un de ses aspects est sublime. Non-conformisme égalant automatiquement supériorité!

Saadi : « Je te loue, O Seigneur! de nous avoir refusé

l'exacte connaissance du bien et du mal, et de l'avoir gardée pour toi. »

Quand je songe que, depuis que le monde est monde — et il n'y a pas le moindre doute que cela doive durer autant que lui, — toute nation croit qu'il est nécessaire d'insulter la nation avec laquelle elle est en guerre, je suis pris de cafard. Je comprends que l'on prête à l'ennemi des forfaits inexistants : la combativité augmente avec la haine. Mais traiter de *fanatisme* ce qui d'évidence est patriotisme, de *rage* ce qui d'évidence est héroïsme, de *servilité* ce qui d'évidence est discipline, ridiculiser, pour un revers passager, un ennemi qui a prouvé mille et mille fois sa valeur, ne fût-ce que par les piles qu'il vous a flanquées, bafouer les prisonniers, comme s'il y avait le moindre ridicule à avoir été fait prisonnier, etc., cela est tellement misérable que... Et quand je songe que dans chaque nation, y compris celles que nous estimons le plus, les hommes qui sont tout à fait indemnes de ce travers sont une petite minorité, je me dis qu'un tel état de fait, puisqu'il semble inhérent à la guerre, doit être porté à son débit, quand nous tentons de peser équitablement ses apports en bien et en mal.

Pour moi, j'ai toujours eu le pli invincible de rendre à l'adversaire ce qui lui est dû. A l'Allemand *(Mors)*, à l'Arabe (*Service inutile* et surtout *la Rose de sable*, qui est fondée tout entière sur ce sentiment). Et déjà, marmot de douze ans, ce qui m'attirait vers Scipion et me portait à écrire sur lui, c'était son respect pour les Numides (Berbères) qu'il combattait ; et il n'y avait guère pour me toucher, dans les Croisades, que les traits nombreux de bonne entente entre chrétiens et Sarrasins, et l'hommage qu'il arrive à leurs chefs de se rendre d'un camp à l'autre.

Ce sentiment repose chez moi sur quatre bases :

1° Ma philosophie, que chacun a raison.

2° Mon amour de la justice.

3° Mon goût pour la générosité chevaleresque.

4° Mon esprit *fait play* (combinaison de l'esprit d'équité et de l'esprit chevaleresque).

Ce sentiment fonctionne aussi dans ma vie privée, où je tends toujours à défendre les raisons de mon adversaire, voire de mon ennemi, plus chaudement que les miennes propres, et jusqu'à m'en faire quelquefois un tort vif à moi-même.

Mettons, si on veut le ravaler, que cet élan vers mon adversaire est chez moi une vraie manie.

Juin. — A 10 heures je commençai la surveillance, assis à la terrasse d'un petit café en face la boutique. Café-crème bu et payé tout de suite, pour être libre de pouvoir me lever immédiatement si nécessaire. Illusion que tout le monde m'avait repéré. Ce n'était pas une vraie terrasse de café, mais seulement une table et deux chaises installées sur l'étroit trottoir et souvent les taxis, frôlant le trottoir, m'éclaboussaient, mais je devais tenir bon. Je me disais que, si la pluie se mettait à tomber, tout serait à recommencer, car il n'y avait pas de porte cochère d'où la boutique fût en vue. Et je maudissais les voitures, les autos-camions dont les passages me bouchaient un instant la vue de la boutique, sachant bien, par expérience, qu'il suffit d'un tel instant pour que quelqu'un qu'on file s'évanouisse comme dans une trappe, et qu'il faut, à la lettre, ne pas le quitter de l'œil une seule seconde.

Pouvoir d'absorption de Paris, qui absorbe toute la haine répandue par les journaux et les affiches, et ne la rend pas. Est-ce ainsi en province?

5 juillet. — Chaque époque se persuade qu'elle est la plus malheureuse, et même les « grands siècles ». Voir dans Lucrèce le *Senectus*, dans Sénèque le triste état d'Athènes au ve siècle, dans Ferrero la tristesse et l'inquiétude des contemporains d'Auguste (notée aussi par Flaubert). Les intellectuels romains du temps de Tibère attendaient la fin imminente du monde romain, lequel dura encore trois cents ans et plus. Les gens de l'an mille se croyaient à la fin du monde, Philippe II à la veille de la grande désolation de la chrétienté. On ferait plusieurs tomes avec les lamentations des chroniqueurs italiens du siècle de Léon X. Et Bossuet écrit du siècle même de Louis XIV : « Nous vivons en un temps où toutes choses sont confondues. » C'est que rien n'égale ce qui nous touche personnellement. Et puis, il y a « l'honneur de souffrir ».

Prenons garde pourtant de ne pas prendre à la légère le déclin actuel de la France, sous prétexte que toute heure se croit déclin.

Dans cette dure épreuve qui va venir sur le monde, il faudra se dire :

Qu'est-ce que je vis d'autre, que le sort commun de l'homme ? Je ne puis me révolter tout à fait contre ce que je partage avec le genre humain.

Notamment, par quels drames ont souvent passé les écrivains. Épictète mis à la torture : il en a un bras cassé. Cervantès prisonnier des Turcs, et Saâdi des Croisés. Quevedo demeuré trois ans dans un affreux cachot, où il cautérisait lui-même ses jambes rongées de plaies. Platon s'exilant. Théognis, Sapphô, Pythagore, Hérodote, Thucydide, Dante exilés et Chateaubriand émigré miséreux. Dostoïewsky devant le poteau d'exécution. Et des milliers d'autres. Quelle compagnie secourable !

Encore ceci. Il n'est pas sans profit que la nécessité vous jette brutalement dans toutes sortes d'états que, par incuriosité, paresse ou crainte, vous n'auriez pas été chercher de votre propre mouvement. Oui, j'aime ce qui m'arrive. Il y a un homme en moi qui adhère à la nécessité et qui l'aime, peut-être parce que j'ai toujours rusé avec elle et lui ai presque toujours échappé : elle m'est donc chose nouvelle. J'ai été sans cesse un peu trop libre. C'est pourquoi je jugerais dans l'ordre d'être un jour contraint.

Et surtout en tant qu'écrivain. La plupart des écrivains vivent en marge de la réalité. Et s'ils y plongent délibérément dans un but professionnel, ils risquent de n'en rapporter qu'une vision fausse : l'aventure obtenue par système est la caricature de celle qui vous empoigne par la peau du cou.

« Vous avez exprimé le désir de me donner quelque chose pour ma fête », m'écrit cette jeune fille bien élevée, alors que je ne lui ai nullement « exprimé ce désir ». C'est exactement le « Il ne faudra pas dire à mon chef que vous m'avez donné quelque chose » du petit employé qui demande ainsi le *bakchiche* qu'on ne lui a pas encore donné.

Rose de sable. — Quand j'arrivai au terme de *la Rose de sable*, le sacrifice de ne pas la publier me fut moins dur qu'on ne l'imaginerait, parce qu'au bout de ces deux années de travail je voyais qu'un autre livre eût pu être écrit, tout aussi juste, en faveur des nations coloniales, et non plus contre elles.

On y aurait montré, notamment, comment ces nations, d'une main se servent du glaive contre l'indigène, de l'autre lui en tendent un pour se libérer. La France, par incoercible libéralisme, donne l'instruction à ses indigènes, quoique sachant très bien que c'est par cette instruction que les indigènes s'émanciperont d'elle; l'Angleterre, par incoercible évangélisme, lutte contre la mortalité aux Indes, alors que la dépopulation des Indes serait pour elle un bienfait politique.

Combien de fois ne m'est-il pas arrivé d'attraper des mouches, pour le seul plaisir de les relâcher!

Lettres.

✧ Nul homme ne lit attentivement une lettre longue, si elle n'est pas lettre d'affaires.

✧ Les lettres de femmes sont toujours longues. Les lettres d'amoureuses, pour le destinataire ce doux accablement.

✧ Il n'y a que les femmes pour gratter des mots, au canif, dans leurs lettres. Les hommes sont trop pressés. Pensez donc, ils ont toujours cent mille francs à gagner dans la demi-heure.

✧ Combien de gens, nous écrivant une lettre inutile, oublient que nous attendrons peut-être une lettre adorée, dans le temps que nous recevrons la leur, et que celle-ci, à la seule vue de l'écriture sur l'enveloppe, sera déchirée violemment sans être ouverte!

La lettre que nous recevons, si elle nous apparaît inutile, nous avons un mouvement d'impatience à l'égard de son auteur. C'est que nous attendons toujours vaguement que le courrier nous apporte une lettre qui nous fera plaisir, de façon ou d'autre. Le geste classique du troupier qui, avant de décacheter une lettre, la regarde par transparence pour voir si elle contient un mandat, et la froisse si elle n'en contient pas, ce geste est, avec des nuances, notre geste à tous.

C'est ainsi qu'une lettre qui n'est qu'une lettre de remerciements nous cause toujours, à la recevoir, une petite déception. Et, en même temps, nous aurions maugréé si on ne l'avait pas écrite.

✧ Un homme d'un naturel peu affable, mais qui tient à ce que ce caractère ne lui nuise pas dans la société, est aimable à l'excès dans sa correspondance. Il compense, par ses lettres, le défaut de cette amabilité dont physiquement il est incapable dans ses entretiens. On ment mieux par écrit.

◈ On prête à Bergson ce mot : « Les lettres se répondent d'elles-mêmes. » L'observation serait très juste. Faites l'expérience. Ne répondez à aucune des lettres que vous aurez reçues, par exemple, pendant une semaine. Que se passera-t-il de grave, à moins d'exception? Rien. Quel ennui en naîtra-t-il, pour vous ou pour d'autres? Aucun. Petit trait qui, entre mille, montre combien facilement la vie pourrait être simplifiée.

◈ Voulez-vous plaire? Répondez « par courrier ». La même lettre vaut dix, reçue « par courrier », qui ne vaudrait plus que cinq reçue huit jours plus tard, deux après quinze jours et zéro après un mois.

◈ J'ai reçu une lettre qui me demandait de faire partie d'un comité d'honneur, et qui était un double sur papier carbone. On veut me faire *honneur* et on me désoblige! Au panier.

◈ Pas de zèle! Une personne qui vous envoie un pneumatique pour tel objet où une lettre ordinaire eût suffi, vous agace.

◈ Qui nous rendra la coutume de Port-Royal, où un homme appelait Monsieur son ami de quinze ans, qu'il voyait tous les jours? Aujourd'hui on écrit « mon cher ami » à un homme qu'on a vu une fois, comme les chiens, dès leur première rencontre, se font les dernières privautés. Je songe aussi à ces dédicaces des littérateurs où ils s'envoient entre eux des choses affectueuses. Mais du moins, en écrivant ce mot, esquissent-ils un sourire satanique. Les serpents, quand ils sifflent, s'assurent de leurs sentiments affectueux.

◈ Je suis un peu gêné par un député qui m'envoie une lettre de caractère privé sur papier à en-tête de la Chambre, du moins s'il réitère, et me donne l'impression qu'il y a là une habitude. En effet :

1° ou il écrit sa correspondance privée à la Chambre, au lieu de s'y occuper de la chose publique, et alors il manque de conscience professionnelle;

2° ou il emporte chez lui du papier de la Chambre par économie, et alors c'est un sordide;

3° ou il tient à me rappeler, à tout propos et hors de propos, qu'il est député, et alors c'est un faiseur.

◈ Jusqu'à ces dernières années, les littérateurs ne faisaient dactylographier que les communiqués ou les articles qu'ils rédigeaient à propos de leurs chefs-d'œuvre. Dactylographiés, les textes ne les trahissaient pas; ils pouvaient nier.

Mais le jour où ils ont retrouvé, dans les catalogues des marchands d'autographes, les lettres qu'ils écrivaient à leurs intimes : « Je me démène comme un diable pour qu'on parle de mon bouquin », etc., les littérateurs n'ont pu supporter la pensée qu'ils faisaient gagner de l'argent à leurs amis.

Ils ont préféré lâcher deux mille francs pour l'achat d'une machine à écrire.

De la sorte, quand nous recevons d'un écrivain notoire une lettre « tapée », nous pouvons en conclure :

1° que sa notoriété ne fait pour lui aucun doute;

2° qu'il est convaincu que nous aurions revendu illico une lettre manuscrite de lui;

3° qu'il se refuse à nous laisser gagner cinquante francs sur son dos.

Je dis tout cela d'autant plus librement qu'une partie de ma correspondance est tapée.

« Je ne connais pas de qualité qui me donne plus d'estime pour un homme que la modération dans l'exercice d'un pouvoir quelconque. » (Edmond Jaloux.)

Le vers de Mallarmé : « Tel qu'en lui-même enfin... » est emprunté à saint Jean de la Croix, premier vers du 2e cantique de *la Vive Flamme* (p. 443 du livre de Chuzeville) (à vérifier, toutefois).

Des gens se prennent d'amitié pour vous, sans réciproque. Durant dix années, voire davantage, ils vous donnent les preuves les plus solides de dévouement, alors que vous ne leur rendez rien, ou si peu, et en vous forçant. Ils provoquent fréquemment et avec un goût visible des rencontres toujours languissantes, et pour cause, puisque rien ne vous accorde à eux. Ils ne semblent pas s'apercevoir que tout dans votre conduite laisse éclater qu'ils vous sont indifférents. Aveuglement ou abnégation, une telle attitude est concevable en amour. Dans l'amitié, elle paraît étrange.

C'est une sottise que nous faire admirer l'acharnement avec lequel un écrivain a corrigé ses brouillons, car c'est prouver quoi, sinon que cet écrivain manquait de don naturel? C'est une sottise, du moins, chez le critique, car cela se comprend chez le professeur, qui enseigne ce qu'il peut, et le travail s'enseigne, non le don. Mais cela convient à une société où la naissance est suspecte, où il faut s'être fait soi-même; où la désinvolture est suspecte, où il faut être bien lourd; où le bonheur est suspect, où il est habile d'avoir ou d'afficher des embêtements. C'est parce qu'on a découvert qu'il écrivait ses fables avec peine, qu'on pardonne à La Fontaine de les avoir réussies.

Certaines gens ne peuvent pas supporter l'ennui que dégagent pour eux certaines autres gens. Ils sacrifient leurs plus gros intérêts, que ces ennuyeux serviraient, mais il les faudrait fréquenter; et je dirai presque qu'à l'occasion ils sacrifieraient leur vie, préférant la mort au commerce de celui qui pourrait les en sauver, mais qui les ennuie trop.

CARNET XXX

PARIS : du 1er août 1935 au 7 février 1936.
ALGER : du 7 au 23 février 1936.
PARIS : du 23 février au 9 mars 1936.

L'habitude de se rajeunir est si ancrée, même chez les messieurs, que je me demande si Jésus-Christ n'est pas mort à trente-quatre ans.

Le rouge et le noir. — Le sinistre appel de d'Annunzio à propos de la guerre éthiopienne, où, en mots ramollis, vides de pensée autant que d'art, il appelle, probablement sous la menace de Mussolini, en faveur de celui qu'il hait et qui le jugule (ce Mussolini), et en faveur de la guerre la plus injuste et la plus odieuse.

Le discours de Quarto était déjà assez fond de tiroir. Voici les raclures de Quarto.

Je souhaiterais beaucoup que quelqu'un me retrouvât un poème bolchevisant de d'Annunzio (avec dedans le mot « rouge » lyrisé), datant probablement de 1922, l'année où, en Italie, on arrachait aux officiers leurs décorations dans la rue. Gabriele dans des exercices poétiques sur la dictature du prolétariat, le destin est impardonnable de nous avoir frustrés d'un tel spectacle. Le vent malheureusement tourna, et le vieux singe avec lui. Du rouge, on vira au noir (celui des chemises noires).

Mais vive d'Annunzio quand même ! Vive le vieux singe !

On veut me forcer à haïr une partie de mes compatriotes, alors que mon cœur est avec eux tous.

Il y a un conte chinois, *les Épouses infidèles*, où un roi fait venir, d'une autre province, un jeune homme dont il a entendu louer la grande beauté. Mais, au moment de partir, le jeune homme prend sa femme en flagrant délit, sa figure s'altère, il devient laid.

Première moralité : Nous sommes laids à cause de nos soucis.

Cependant le jeune homme, installé chez le roi, voit la femme du roi qui fait l'amour avec un palefrenier dans l'écurie. Alors, il se dit : « Si la femme du roi fait cela, à plus forte raison la mienne. » Ses soucis à l'instant se dissipent, et il redevient aussi beau qu'auparavant.

Seconde moralité : Le malheur des autres nous console.

Troisième moralité : Ne nous attristons jamais de ce qui vient d'une femme.

Là-dessus le roi et le jeune homme, « songeant qu'il n'est pas possible, en compagnie des femmes, de s'adonner aux occupations saintes », se retirent dans la montagne et obtiennent tous deux la sagesse de Bouddha. (*Contes et Légendes du bouddhisme chinois*, Bossard, 1920.)

U. R. S. S. 1935.

◈ Le communisme empruntant au capitalisme quelques éléments, c'est Walden, dans Thoreau, empruntant une hache pour construire sa cabane.

◈ La plupart des voyageurs français en U. R. S. S. ne font pas une enquête sur la Russie mais une enquête sur eux-mêmes. En vain projettent-ils et essayent-ils de décrire ce que les Russes pensent et font, bien vite les voici enfoncés à décrire ce qui leur plaît ou leur déplaît dans ce que les Russes pensent et font. Boomerang.

◈ Dans la bourgeoisie européenne, le communisme est vérité pour le moins-de-vingt-cinq ans, qui le vivra, et ferait bien de s'y entraîner dès maintenant; erreur (et horreur) pour l'homme de vingt-cinq à cinquante ans, qui le vivra mais ne pourra s'y adapter; et chose indifférente pour l'homme de plus de cinquante ans, qui ne le vivra pas. Vérité ou non selon la date de naissance, sans les astres.

◈ Les individus ne quittent pas leurs souliers; ce sont les souliers où ils sont à leur aise qui les quittent. Les peuples ne quittent pas leurs régimes politiques, ce sont les régimes politiques où ils sont à leur aise qui les quittent. D'où pleurs et grincements de dents aux chaussures neuves et aux régimes neufs.

◈ Je ne monte jamais la rue Pigalle sans une double émotion : devant la *Poste aux chevaux* — sur le trottoir de gauche, si attendrissante de passé —; et à l'endroit d'où m'apparaissent soudain dans le fond de la rue, d'une part le dôme du Sacré-Cœur, et d'autre part, posé au-dessus des toits par un jeu de perspective, un cavalier noir (qui est une des deux statues de bronze élevées sur le parvis de la basilique, et représentant je ne sais qui). Et je rêve au jour où le Sacré-Cœur, transformé en musée de l'Irréligion, dominera Paris de son dôme désormais bariolé de couleurs vives sur le modèle des églises russes, et où les deux cavaliers seront baptisés Tamerlan et Gengis Khan.

(*Nota :* Aragon, à treize ans, écrivait ou songeait à écrire un poème épique sur Tamerlan. Vocation...)

⟡ Le communisme régnera mille ans, et les « lendemains qui chantent » seront les chants de quelques aèdes repris en chœur par les masses. Jusqu'à la seconde Renaissance, qui recréera l'individu.

⟡ La propriété commence de démontrer son inutilité. Des Anglais, dit-on, démolissent leurs châteaux devenus trop onéreux. Nos paysans délaissent sur le marché leurs porcelets et leurs veaux, qui ne payent pas. Et la seule déraison nous arrête de jeter aux feu des actions qui ne rapportent rien. Beaucoup plus nombreux encore apparaîtraient les cas de cette espèce, si l'on ne mettait un soin vigilant à voiler ce déclin de la propriété.

⟡ Marc-Aurèle : « Ce qui ne convient pas à l'essaim ne convient pas à l'abeille. » Et, bien entendu, ce sujet tout en or pour thèse universitaire : « De Platon à Karl Marx. »

« Ce qui trouble les hommes, ce ne sont pas les choses mais leurs opinions sur les choses. » (Épictète.) Mais attention! Ce qui les sauve, ce sont aussi leurs opinions sur les choses, et même les imaginations qu'ils s'en font. Un intellectuel se dorera le communisme en pensant : « Après tout, je suis dans le monde de Platon. »

⟡ Si l'U. R. S. S. s'était reniée, avait été souple, l'Europe lui sourirait. Mais sa logique exaspère, et le fait sans précédent pour un régime philosophique, ou pour une religion, d'avoir maintenu sans composer.

⟡ Qu'on construise la société de façon capitaliste, communiste, etc., c'est l'affaire des hommes d'action. Tout homme peut l'être provisoirement, dans la mesure où sa vie morale ou matérielle (ou celle des voisins s'il est idéaliste) est menacée. Mais un homme qui est *toujours* homme d'action sur le plan social est probablement inintelligent, car le plan social ne satisfait pas l'esprit.

Antonin, mourant, donne pour mot d'ordre à l'officier de service : « Égalité d'âme. » Qu'on y réfléchisse un peu et on trouve que c'est magnifique. Devant les temps qui s'annoncent, je donnerais cependant pour mot d'ordre un mot un peu voisin : « Fermeté d'âme. »

J'en apprends plus avec mon valet de chambre, si je veux le gouverner vraiment, qu'en lisant les journaux.

Hommes et femmes, en tous points si semblables à des ministres dans une démocratie : toujours les mêmes, — choisis au hasard, — interchangeables, — ne faisant rien, — passant sans laisser de traces.

Les génies de second ordre sont quelquefois portés, non par leur valeur mais par l'inquiétude dont ils cherchent à se délivrer, à des résolutions extraordinaires, qui leur réussissent.

Le casoar a été inventé pour montrer que les officiers sont d'une essence surnaturelle.

Contre moi-même. — « L'action et la non-action se rejoindront dans l'éternité et elles s'y étreindront éternellement [1]. » Ce qui sera ou ne sera pas après notre mort ne nous concerne pas, mais la nécessité nous concerne, de réunir l'action et la non-action dans une vie complète. Si dans le vide logique ils se détruisent, ils sont néanmoins les charnières du conflit quotidien. *Aedificabo et destruam :* soit. Pourtant ne nous leurrons pas : à ce jeu, c'est le néant qui gagne. J'ai l'air de tenir la balance égale entre la vie et la mort, le mouvement et l'arrêt; mais il n'y a pas de balance éternelle, à la fin l'un des plateaux penche. J'abandonne sans réserve l'utilité selon le monde. Mais est-il *inutile* dans l'absolu, le service justifié par

1. *Service inutile.*

lui-même? (« Je n'ai que l'idée que je me fais de moi pour me soutenir sur les mers du néant. ») Alors le vrai sens d'*inutile* m'apparaît, qui abolit le service. Je ne tiens pas par-dessus tout à récupérer dans un autre monde ce qui a été perdu ici-bas; mais je n'aime pas à me payer de mots. Détruire pour reconstruire dans l'éphémère, et pour redétruire : ne risque-t-on pas de se faire illusion sur la portée de cette oscillation? Je me demande si la pensée grecque n'avait pas raison de tenir l'alternance pour l'équivalent du néant. Le néant est acceptable. Est-il besoin de lui donner un faux nom?

Pour moi, l'action couvre à peu près ce que l'Église appelle « le siècle ». J'en accepte les joies et quelques charges, les règles du jeu et le jeu sans règle, et dans cette dernière partie, Dieu sait si je m'en suis donné! Et puis reste à l'écart, au-dessus, à grande distance, « l'esprit critique qui est l'intelligence », — la contemplation égalisatrice, à une hauteur d'où s'efface le relief des choses, c'est-à-dire leur figure même.

Mais l'esprit critique ne peut-il jouer un rôle moins négateur de l'action? Cela dépend du moment où on le fait intervenir. Pour être plus libre et d'agir et de penser, je me jette dans l'action sans autre guide que l'humeur, ayant volontairement mis de côté toute idée préconçue, toute limitation intellectuelle. Ensuite vient le moment de réfléchir, de « retrouver le temps perdu ». Mais cette expérience de l'action, si libre et si sincère, est limitée, puisqu'elle n'est que la traduction de mes goûts et de mes instincts. Elle suffit à ceux qui n'espèrent recevoir du monde extérieur que quelque clarté sur eux-mêmes. C'est beaucoup, c'est d'un prix infini. Cependant, certains esprits ne renonceront jamais, à tort ou à raison, à sortir de soi. Pour ceux-là, au rebours de Gœthe, *die Tat ist am Ende;* pour eux l'action n'est ni utile ni inutile, elle est inévitable, elle est un achèvement. Ils agissent comme on expérimente, entre des hypothèses; pour eux l'action est la réponse, le juge de la pensée, la preuve du vrai. Ces gens-là me diront que la pensée, se contemplant elle-même et jouant au créateur qui détruit ce qu'il a fait, n'est rien; mais que leurs connaissances imparfaites, et le gouvernement de quelque royaume de nature, cela est quelque chose, un peu de vérité atteinte en dehors d'eux. La philosophie grecque tendait à faire de ces hommes, et leur espèce est encore nombreuse aujourd'hui.

Si je n'étais resté sans cesse en contact, et en contact étroit, avec les obscurs — en France, le peuple, en Afrique, les indigènes, — je serais misanthrope. Et je le suis si peu qu'à la parole de Rousseau : « Enlevez les hommes, et tout est bien », j'ai toujours répondu : « Enlevez les hommes, et tout n'est rien. » Mais le peuple a été monopolisé littérairement comme il est monopolisé politiquement. Il faut qu'on en soit (dit-on) pour en bien parler, et même pour avoir le droit d'en parler. Mais est-ce que des bourgeois — un Pierre Loti *(Mon frère Yves)*, un Daniel Halévy *(Visites aux paysans du Centre)*, un Pierre Champion *(Françoise au Calvaire)*, pour ne citer que des contemporains — n'ont pas parlé du peuple, inspirés par l'amitié, avec autant et plus de justesse que s'ils étaient sortis de lui ?

Le manque de sanction pour les coupables, le manque de bonheur pour les vainqueurs, la certitude peu à peu apparue que les guerres sont faites au profit d'intérêts privés, sans oublier la puissance accrue des moyens de détruire l'homme et l'objet, il sort de tout cela que la prochaine guerre sera faite (du moins par la minorité qui réfléchit, et en exceptant ceux qui aiment ça) avec un désespoir que la guerre de 14 n'aura pas connu. A la dernière, on pouvait croire aux promesses, donner un sens à tout cela, justifier son épreuve et sa mort; à la prochaine, on ne pourra plus. Et les mensonges auxquels les gouvernements devront recourir pour faire marcher leur monde seront bien plus dégoûtants encore qu'à la dernière; et l'esprit sera bien plus encore outragé.

Le Diable : encore un incompris !

Courageux, voire téméraire, au risque où je vais volontairement. Prudent, voire froussard, au risque qui me cherche malgré moi. Le premier m'exalte. Le second m'offusque : j'ai l'impression qu'on *me manque*.

B..., sur le boulevard, est prêt à aborder une femme. Mais elle s'arrête dans un cercle autour du chanteur sentimental, qui roucoule une romance bête à pleurer. Et B... — c'est plus fort que lui — s'éloigne. Quelque envie qu'il ait de cette femme, pour l'obtenir il ne se fera pas le complice, fût-ce en apparence, d'une idiotie.

Trente ans plus tard, B..., condamné à mort, préférera mourir à demander sa grâce à un chef d'État qu'il méprise.

Ce geste-ci était déjà contenu dans celui-là.

La femme derrière l'homme sur une motocyclette, agrippée à sa taille, comme ce crapaud vu par Burnet : collé sur le dos d'un poisson et l'enserrant — pour forniquer avec lui, — et qui peu à peu l'avait étouffé.

Un ouvrier s'arrête sur la route pour en retirer un fil de fer qui pouvait griffer un bas de femme ou une jambe nue d'enfant.

Hortensia : grosse boule un peu gauche qui fait penser à une bonne tête d'enfant ébouriffée; sain et innocent.

Toute la famille était honteuse de lui parce qu'il avait eu une vie vraiment chrétienne, parce qu'il ne s'était pas poussé. On disait : « Il n'est pas fort. »

Elle, elle passait pour une sorte de Louise Michel, parce qu'elle ne méprisait pas les pauvres.

7 septembre (1935). — *Récits* de Pouchkine. Absolument insignifiant. Autant que les *Ames mortes* ou le *Portrait* de Gogol.

9 septembre. — Devant le cataclysme qui approche [1], me maintenir en tant qu'individu.

Continuer à me dire oui à moi-même.

« Je déteste en l'américanisme l'essence même de l'Occident. » (Keyserling.)

20 septembre. — Au restaurant, des hommes disent : « Je pars le quatrième jour. »

Pendant ce temps, l'orchestre joue la rengaine allemande *Pupchen*, — sans savoir que cet air-là était à la mode à Paris, au printemps de 1914...

Propriété. — Le jour que je me remettrais à aimer les objets, je serais perdu.

---

1. Tension entre l'Angleterre et l'Italie.

Je baisse les yeux en passant devant les magasins des antiquaires, comme un séminariste en passant devant une boîte de nuit.

Académie française. — On dit qu'elle est une « consécration ». La consécration, on se la donne à soi-même : c'est le sentiment qu'on a, qu'on s'est accompli. J'allais dire : qu'on a conclu, mais *conclure* me cabre.

La femme, à l'hôpital, qui voudrait tant aimer ses compagnes souffrantes, et qui n'y parvient que le soir, toute lumière éteinte, quand elles sont devenues invisibles et silencieuses dans le sommeil.

L'empereur Antonin est loué par l'empereur Marc-Aurèle son fils, pour avoir été à la selle régulièrement.

28 septembre. — Qu'est-ce qui est le plus important, un homme qui fait 260 kilomètres à l'heure en motocyclette, ou un homme qui, pouvant se faufiler impunément hors de certaine obligation embêtante d'un contrat, y demeure?

Commencement de la propagande de guerre.

Une leveuse de jambes de music-hall, interrogée par un journaliste, ayant claironné qu'elle voulait « servir », j'ai pensé qu'elle servirait en effet à quelque chose, si elle me faisait réfléchir sur ce mot.

« Servir, c'est se réfugier dans ce qu'on sert », écrivais-je il y a une quinzaine d'années. Je songe à tous ces gens pour qui, servir, c'est pomper un peu de sa force à un objet plus riche qu'eux (force vraie ou fausse, car elle peut se réduire à de l' « importance » sociale). Ou bien couvrir de ce mot quelque malpropreté. Ou bien qui vont au service par un vieux pli héréditaire, du temps que leurs trisaïeux étaient valets. Car on ne peut faire qu'il n'y ait *serf* dans *service*, qu'aujourd'hui même le mot *service* ne désigne l'état de domestique. Toutes les fois qu'une voix lance le mot d'ordre : « Servir! », j'entends l'écho qui répond : « Monsieur désire le bifteck saignant ou bien à point? »

Quelle hâte chez les littérateurs à sauter sur le grand événement national pour avoir un prétexte à ne pas penser librement, — même chez ceux qui jusque-là s'y efforçaient plus ou moins! Écrire ce qu'on *leur dicte*, soudain quelle volupté! Ils s'aperçoivent que c'est de cela qu'ils avaient rêvé toujours.

Je me souviens de ce jour où j'avais chez moi Chateaubriant, Bernanos, Vallery-Radot, qui venaient me demander de faire partie du Comité de direction d'une feuille bien-pensante *(le Figaro)*. « Vous êtes une force », me disaient-ils. Et mon âme leur répondait en frémissant : « C'est une force que vous n'utiliserez pas. »

Les manœuvres pour pêcher les êtres, — pour les faire céder, — pour me débarrasser d'eux, — pour leur échapper, — pour les retrouver après les avoir balancés, — pour les balancer à nouveau, — ont occupé le plus clair de ma vie, et, par le temps qu'elles m'ont pris, m'ont empêché de faire une œuvre littéraire plus considérable, ce que je ne regrette pas du tout.

J'ai mis en elles tout ce que j'ai de volonté, d'énergie, d'habileté, de patience, d'audace. De ces vertus il ne m'est presque plus rien resté pour le reste. Mollesse ici, et tension là. L'une née de l'autre.

P. — Cette puissante marée de désir et de conquête l'a portée sur la grève, mais s'est retirée en l'y laissant. Maintenant la voici sur la grève sèche, comme un poisson qui agonise.

Plus ça va, plus elle est « brave », et même plus elle est jolie. Mais il n'y a rien à faire : je la connais trop; cela est physiologique.

« Vos idées sont aussi inactuelles que votre style. » Tant mieux, c'est ce qu'il faut. Aussi peu Français-1935 que possible; ce qui est certainement la meilleure façon d'être Français tout court.

Femme aux yeux cernés le jour de Noël : non pas forcément règles, mais insomnie du réveillon.

Pour la fin de cette année, grâces rendues. Que Dieu bénisse les corps qui m'ont donné tant de bonheur, et les âmes qui leur ont inspiré de me le donner!

Pour la nouvelle année, grâce demandée : Mon Dieu,

comme par le passé, protégez-moi de mes semblables! Sauvez-moi de la main orageuse des hommes!

De F... *(une jeune amie)* je dirai volontiers ce que dit Saint-Cyran, à un confesseur symbolique, d'une pénitente symbolique : « Si elle se tourne ailleurs, tant mieux; c'est signe que Dieu ne vous l'a pas destinée. »

Humilité. — Saint-Cyran, lettre à Arnauld : « Il a plu à Dieu de me faire cette miséricorde de désaveugler par moi le monde. »

Contre le travail. — C'est samedi, jour de loisir, que Jésus a guéri plusieurs malades.

Épitaphe pour François de Montherlant (qui a donné refuge à un émigré, et en a été guillotiné). — « Heureuse l'âme et heureux le corps de celui qui meurt par l'ordonnance de Dieu, pour avoir fait une bonne œuvre qui est la cause de sa mort. » (Saint-Cyran, *Maximes chrétiennes*.)

9 février (1936). — Départ pour Alger.
Devant l'employé qui nettoie les vitres du paquebot prêt à partir : « A quoi bon, puisqu'on doit couler? »
Tout mon pessimisme est là.

Ce prêtre, qui sur sa soutane exhibe en barrettes une dizaine de décorations, me fait pitié.

Je suis impressionné par cet adage des Anglais, qu'ils perdent toutes les batailles et finalement gagnent la guerre. Mais je suis impressionné aussi par ce fait : leur obsession de la paix, même dans la guerre. Les deux chansons de marche que je connaisse d'eux, l'une dit : « Je voudrais être rentré chez moi », l'autre : . . . .
. . . .
Le rôle que joue pour eux le repos dominical, l'importance un peu effarante (quand il s'agit de guerriers) de Christmas (Chamberlain : « Vous allez pouvoir fêter Christmas en parfaite tranquillité d'esprit »).

Bref, je suis un peu inquiet d'un tel allié. Car, pour bien faire la guerre, il ne faut pas la faire par devoir, il faut l'aimer.

Même remarque, probablement, en ce qui concerne les Américains.

Fécondité des temps troublés. — L'Ionie, d'où tout est sorti au VIe siècle, a découvert l'individu parce que la cité craquait sous les coups des Lydiens d'abord, des Perses ensuite. Je suis frappé de voir cela chez les premiers philosophes, et de ce que le destin tragique du pythagorisme en ait favorisé le développement : exilé de Samos, Pythagore s'installe en Italie du Sud, y fonde une école et presque un État; celui-ci et celle-là sont détruits par le feu; les survivants s'installent à Thèbes et en Béotie; on les en chasse et par Simmias et Cébès ils influent (plus qu'il n'a été dit) sur Platon. Que cela vaille au moins comme symbole, puisque c'est vrai de la poésie, des mathématiques, de l'histoire.

Les guerres médiques font naître Eschyle et plus tard Hérodote. On voit chez Thucydide un tableau du bouleversement intellectuel si fécond dont la cause fut la guerre du Péloponèse. Pour les temps de Philippe et d'Alexandre, les noms de Démosthène, Lycurgue, Hypéride suffiront.

Et c'est du grand bouleversement de l'époque hellénistique — la cité une fois morte — que les écrivains repliés sur eux-mêmes feront naître la littérature.

Les étendards de Lépante.

« Je pense à cette conception du monde qui permettra de ne pas se fâcher à cause de la sottise humaine. » (Tolstoï, *Correspondance.*)

Quelle sera cette conception? Ce pourrait être la charité. C'est elle aussi, sans doute, qui devrait permettre de ne pas se fâcher à cause de la vulgarité humaine.

Sur le paquebot, Alger n'est pas encore hors de vue qu'on a commencé de faire marcher un phono avec haut-parleur. Performances vocales et tentatives contre la montre (faire durer sa note le plus longtemps possible) de la chanteuse d'opéra, poncifs pathético-grotesques de la chanteuse réaliste, chœurs religieux qui hérisseraient ces mangeurs de curés, s'ils étaient chantés par d'autres que des nègres américains...

Tout cela dans le silence et le sublime de la mer.

Les passagers sont, paraît-il, des *congressistes.*

Un médecin de Menton, pondéré, patriote, homme de devoir, père de famille infiniment fertile, me disait : « Ma femme et moi nous avons fait une croisière où nous nous sommes trouvés en compagnie d'un groupement d'étudiants. Eh bien, une croisière analogue nous serait offerte aujourd'hui *gratis*, nous refuserions, si nous devions nous trouver de nouveau en compagnie d'étudiants. » Il en aurait dit sans doute autant des congressistes.

Le ver en eux est qu'ils n'ont pas payé. Ils ne fraudent pas, mais ce fait de n'avoir pas payé leur donne l'impression qu'ils fraudent, et cette impression remue en eux une joie ignoble. Le fait qu'ils ne payent pas est en eux une obsession : il est le principal attrait, que dis-je ? la véritable raison d'être de leur voyage. Ce n'est pas cinq ou six fois, c'est vingt fois que j'entendrai ces mots : « ...puisqu'on n'a pas payé ».

Surprise pleine de réprobation parce que je suis le seul à ne pas aller aux « petits chevaux ». Le seul Français; s'abstient aussi un couple d'Anglais. De tous les passagers du paquebot, trois réfractaires. Mais ne pas pouvoir dire à ces étrangers pour quelle raison on est *avec eux*.

On était en train de dîner. Soudain tous les dîneurs se lèvent en masse, et, les yeux hors de la tête, se pressent contre les hublots. Comme sur un mot d'ordre donné, *on doit* contempler le coucher du soleil. Et dire les phrases d'admiration adéquates. Et de nouveau les regards dont on foudroie les quelques dîneurs qui sont restés à leurs tables. Sens : « Vous n'aimez pas le Beau!... Vous êtes sans idéal!... » (Cela me fait penser au restaurateur à qui je disais que je quittais son restaurant à cause de son gramophone : « Vous n'aimez donc pas la musique! — « Mais si, c'est justement parce que je l'aime. »)

Ce paquebot va sur la mer comme un crachat emporté sur un courant d'eau pure.

Quand nous avons regagné le pont, le ciel flambait encore, quoique plus faiblement, et ces teintes passées qui se caressaient l'une l'autre évoquaient des étendards. Je songeai aux étendards de Lépante. Et je m'élançais vers une sorte de vie où le langage parlé par la noblesse du cœur serait compris de la majorité.

Mais ensuite mon élancement retomba, avec l'extinction du ciel. Il y a en moi (entre autres) Don Quichotte et Alceste : pour cette fois, Alceste triomphait. Quand vint la nuit, je ne songeais plus qu'à trouver cette « conception de la vie où on ne souffrira plus à cause de la sottise ni de la vulgarité humaines ». Précisons bien que ce « ne pas souffrir » signifie à la fois n'en être pas exaspéré, et aussi n'en subir pas de dommage.

Renoncer à tout, plutôt qu'à un acte de confiance.

Nous pourrions prendre tout le temps de nous venger à loisir, si nous étions immortels. Mais la vie est courte, et nous avons mieux à faire.

Certains m'accusent de changer trop souvent de plumage. Pour moi, je m'inquiète parfois de voir combien j'en change peu.

Les vieillards meurent parce qu'ils ne sont plus aimés.

Les grenouilles demandaient un roi. Elles demandent aujourd'hui « une mystique ». Du moins ce sont les penseurs qui le disent, dans les publications. Et chacun d'eux de présenter sa « mystique », avec le mode d'emploi.

Qu'il faille une mystique pour les peuples, peut-être. Mais laisser croire aux peuples qu'elle s'est formée dans leur cœur, voilà le BA ba de la comédie. Que les laboratoires où les penseurs élaborent la poudre à faire marcher les masses gardent donc leurs portes bien closes. Autrement, c'est le prestidigitateur qui dévoile son truc au public.

Ce fameux « goût de cendre dans la bouche », cher aux midinettes de tout poil (je veux dire : aux midinettes et aussi aux midinets leurs frères).

Dans un journal suisse je vois cité comme un exemple de « vices d'animaux » le fait qu'un mouton dévore une cigarette! Or, tous les moutons mangent des cigarettes. Cela en dit long sur ce que le monde traite de vice.

Mon idéal ne comporte pas qu'on puisse faire fond sur moi.

Nous ne savons rien de la plupart des questions, ou nous en savons si peu. Cependant il faut parler, opiner, briller. Si encore vous êtes un homme célèbre, vous pouvez vous taire dans une réunion; votre crédit n'en sera pas diminué. Mais si vous êtes un obscur et si on vous demande, par exemple, ce que devrait être notre politique à l'égard de l'Allemagne, répondez donc que la question n'est pas de votre ressort et que vous n'en savez rien : vous verrez de quel œil on vous regardera. Vous passerez ou pour un imbécile, ou pour un homme désagréable, ou pour un homme qui se désintéresse du destin de son pays. Vous sortirez vous étant fait des ennemis.

Il faudrait ne pas justifier la guerre, mais la mettre hors de cause, avec les accidents naturels.

Que de journaux avec le mot « action » dans leur titre! J'aimerais diriger une revue qui s'appellerait *Inaction*.

Le fait de ne pas réfléchir avant d'agir est loué sous le nom d'« esprit de décision ». J'ai manqué extrêmement, tout le long de ma vie, d'esprit de décision.

Sommeils.

◈ « Au large de la nuit, il est d'étranges îles. » D'ordinaire, c'est la nuit que je fais ma sensibilité, comme si la nature, désespérant de me dominer quand je suis lucide, profitait de mon inconscience pour me sauter dessus. Il m'arrive de me réveiller la nuit avec des larmes aux yeux. La nuit les verse, ces larmes, pour que le jour puisse dire : « Connais pas. » Mais sur quoi donc sont-elles versées, ces larmes nocturnes?

◈ S'il m'arrive de coucher, seul, au studio, j'ai des rêves (d'ailleurs non érotiques), alors que je ne rêve jamais quand je couche chez moi. On dirait que le lit est imprégné d'effluves amoureux, qui m'animent l'imagination nocturne.

◈ Il paraît que je dors sans bouger de toute la nuit, sur le dos, les bras allongés le long du corps comme les statues égyptiennes, signe sans doute de l'équilibre parfait de l'esprit, de la tranquillité parfaite de l'âme, de la satisfaction parfaite des sens.

◈ Les rêves sont de la vie sans souvenir.

◈ Heureux durant le jour, mais, nous réveillant au milieu de la nuit, mille raisons de malheur fondent sur nous, se massent sur ce petit moment de conscience comme des oiseaux de mer se posent en bande sur un îlot.

✧ Je ne peux, ni passer plus d'une heure ou deux au lit avec quelqu'un, ni moins encore dormir dans une pièce où quelqu'un me verrait dormir (prise de possession) et pourrait poser la main sur mon corps (offense infinie!...).

Je me demande si dans la vieillesse on désire perdre d'autant moins son temps que ce temps vous est davantage mesuré, ou si au contraire on accepte de le perdre plus qu'auparavant, parce qu'on a l'impression que les jeux sont faits, et qu'un peu plus ou moins d'*œuvre*... Par exemple : si à soixante-dix ans on paresse au lit le matin plus souvent qu'à quarante (étant supposé que n'intervient pas le facteur fatigue physique).

Rombières d'état-major ou d'hygiène, punaises « sociales », amazones à cuirs, à barrettes et à uniformes, avec vos beaux cheveux blancs à médaillon, vos doigts à chevalière, vos cous à guillotine, je vous connais bien. Et nobles, noblissimes ou noblaillonnes, de surcroît, je vous flaire à vingt pas, de mon nez aquilin (le nez aquilin est le suprême degré de la distinction, ne pas l'oublier). J'adore de vous voir vous installer au restaurant avec votre chauffeur (ô charité!), lui verser le vin (ô charité!), vous tenir pour sublimes de le faire, « connaître le peuple », « avoir des antennes », mais n'en avoir pas assez pour saisir qu'à trois mètres de vous, à une table voisine, j'écris ceci sous vos yeux, qui est pour vous dire que je ris de vous et que je vous emm...

Mon horreur des dupes n'a d'égale que mon espèce d'amour pour elles. Les déçus m'excitent.

On respecte la vieillesse des individus. Pourquoi ne respecterait-on pas celle des peuples?

Nos amis et nos domestiques sont espèces de même nature en ceci qu'elles ne nous sont pas dévouées

CARNET XXXI

PARIS : du 9 mars 1936 au 25 décembre 1936.

Le cœur, il en faut beaucoup pour aimer un peu.

M. X..., ayant oublié de donner à son domestique la clef de la resserre, celui-ci ne put aller à la resserre, dont M. X... lui voulut mortellement, si fort qu'il le sentît contre la raison, et bientôt le congédia, pour d'autres faits de ce genre, ne pouvant s'habituer à être sans cesse dans son tort à cause de lui.

15 mars. — Quand on songe à ceux qui sont dans les casemates en ce moment, cette humanité insouciante de Paris [1]... Ensuite on se dit que les garçons des casemates, s'ils n'y étaient par force, seraient ceux-ci mêmes qui s'en fichent à Paris.

Saint-Just : « Les circonstances ne sont difficiles que pour ceux qui reculent devant le tombeau. » On pourrait dire aussi : « Les circonstances ne sont difficiles que pour ceux qui reculent devant la honte. » Quelle force n'aurait pas celui qui penserait sincèrement : « La honte ? Ce mot-là n'existe pas pour moi. »

Déjà, pour certains, la valeur de la maladie est retournée. V..., toussant un peu, déjà bardé de certificats médicaux, comme d'autres sont bardés d'alibis (mais sans doute il va cumuler) : « Ah ! si je pouvais avoir une bronchite chronique ! »

En même temps, comme pour se montrer à soi-même qu'il n'était pas un lâche, il multipliait les imprudences de sa vie privée.

---

1. On craignait la mobilisation.

« Je ne me sens pas de base pour une conviction. » (Baudelaire.)

Voyant le peu d'indulgence que j'ai pour la France, je suis porté à croire que je l'aime, puisqu'on n'a pas d'indulgence pour ce qu'on aime.

Trois hommes de mars 36 (pour un roman?).

L'isolé. — Maintenant, il paye de ne s'être pas fait de relations. Il se retrouve exactement au point de 1914. Un fétu emporté. Ou la bête qu'on pousse à l'abattoir. Il ne sait pas parler, ne sait pas faire rire, ne sait pas convaincre, ni seulement établir la communication. Un enfant ignorant tout du monde. N'ayant ni autorité, ni crédit, ni leviers de commande, ni entregent, ni compétence en quoi que ce soit. Son orgueil de timide fait qu'il ne veut prendre conseil de personne.

L'engagé. — « Comment, vous, un bourgeois, pouvez-vous être engagé avec le communisme? Que vous a donc fait votre classe? Quels rebuts n'avez-vous pas dû en souffrir! Vous êtes un aigri, comme tous les révolutionnaires. » Ils ne peuvent pas comprendre, les malheureux, qu'il y a des actes qu'on fait par conviction, qu'on peut se battre et risquer de mourir pour une cause qui ne triomphera qu'à votre détriment, si on croit cette cause juste. Ceux de la nuit du 4 août, éternellement blâmés et moqués, parce qu'ils agirent dans un mouvement de générosité.

L'engagé restera suspect et mourra par un malentendu, simplement parce qu'il n'a pas une tête à ce que, dans la rue (et fût-il déguisé en ouvrier), l'ouvrier lui dise spontanément *tu*. Il mourra comme Auligny, tué par les Arabes pour l'amour de qui il allait renoncer à sa carrière [1]; comme François de Montherlant et tant d'autres, qui étaient, en fait, du parti de ceux qui les tuaient : « Et les siens ne l'ont pas reconnu. »

L'individu. — Il ne peut agir que pour des buts qui lui sont strictement et étroitement personnels. Les « causes »? Il ne marche pas. Non pas du tout qu'il soit lâche : les traces de couteau et de balles dans sa peau le montrent familier de la vie dangereuse. Mais il ne veut pas être dupe. Des trois posi-

1. *La Rose de Sable.*

tions qu'on peut prendre en mars 36 — à l'intérieur, pour le front national ou pour le communisme; à l'extérieur, pour la patrie, — aucune qui ne lui fasse hausser les épaules. On se fait tuer pour prendre une femme qui est gardée, pour tuer un homme qui vous a insulté, — non pour une cause.

Pour lui, la guerre, qu'est-ce que c'est? C'est : « Ils ne m'auront pas. » Ils? Qui? Les Allemands? Non, ceux qui demain, sous l'uniforme, vont être ses supérieurs hiérarchiques. La guerre, pour lui, ça consiste à leur échapper, par tous les moyens. La voilà, la grande lutte qui commence.

Comment se mutiler? Allongé dans son rocking, il tire des plans durant des heures.

Où tout le monde est content, il n'y a pas de délit.

Par exemple, on a prétendu que, durant la guerre de 1914, les articles que Barrès consacrait, dans *l'Écho de Paris*, à des œuvres de bienfaisances, étaient écrits par quelqu'un de ces œuvres, et que Barrès se contentait de signer. Or, s'il y eut une telle combinaison, tout le monde y était content. Barrès, qui empochait la rémunération de son article. Le comité de l'œuvre, parce qu'on parlait de lui. Les bénéficiaires de l'œuvre, parce qu'un tel article provoquait toujours des dons. Le directeur du journal, parce qu'il avait eu un article de Barrès. Et les lecteurs, qui ne voyaient aucune différence entre un article écrit réellement par Barrès, et un article écrit par un secrétaire de bienfaisance, sinon que l'article qui était vraiment de Barrès les faisait quelquefois tiquer, parce qu'il avait de la valeur, tandis qu'ils adoraient l'article du secrétaire, parce qu'il était bien plat. Je dis donc : vive une fraude qui fait tant d'heureux! Et il y en a d'autres.

Il ne faut être humble qu'à bon escient.

Être fier en songeant qu'on n'a jamais eu de scène de ménage avec les femmes avec lesquelles on couchait. Mais sourire en songeant que les seules scènes de ménage qu'on ait eues étaient avec celles avec qui on ne couchait pas (et qui voulaient coucher).

Il est fréquent que quelqu'un qui nous rend un service nous le rende si mal, qu'il nous cause un tort affreux. Par exemple : que celui qui a accepté de nous un dépôt qui était pour lui une gêne ou même un risque, le perde. La mixture de reconnaissance obligée et de fureur rentrée qu'il nous faut avaler à ce propos est une des purges les plus amères qui puissent nous être infligées.

Je ne vois pas pour qui je jouerais le beau jeu, sinon pour moi-même.

Un journal prête à une haute personnalité anglaise ce mot dit contre la France : « Nous sommes excédés de logique. » Dieu sait que je ne suis pas partial en faveur de la France. Mais je suis entièrement d'accord avec la position « juridique » des gouvernements français dans toutes ces affaires successives de violations de traités. Plus de civilisation si un traité n'est pas respecté.

Quant au style gentilhomme, si j'y succombe quelquefois avec vous, je ne le fais que pour vous prendre sur les nerfs. Mais vous savez que je suis voué à ce qu'on me pardonne tout.

O vie atroce! Nous aimons ceux qui sont dévoués, pour les services qu'ils rendent. Nous aimons l'égoïste pour lui-même.

La vie devient une chose délicieuse, aussitôt qu'on décide de ne plus la prendre au sérieux.

Gigolos 1936 : la gomina équivalent des chaussures bien cirées en Espagne. Ici, un gueux avec gomina, là un gueux avec bottines éblouissantes.

Bassesse sur Barrès. — C... à sa femme : « Quelle idée de vous plonger dans les *Cahiers* de Barrès. Je ne pense pas qu'il y ait beaucoup de profit spirituel à glaner dans ces *épluchures*. »

Elle dit que Barrès était triste. Lui : « Oh! c'est un genre que *ces gens-là* se donnent! »

Remarquer que C... est quelqu'un de droite, nationaliste, etc., tout à fait de ceux qui devraient soutenir Barrès, — de ceux que, si péniblement quelquefois, si vainement à la fin, il chercha à conquérir.

Rapprocher du mot de mon oncle Guy, directeur d'une compagnie d'assurances, gros bourgeois important, etc. : « Barrès ? C'est *un imbécile.* »

17 avril. — 6 heures moins le quart du matin. Allant à la recherche de J. B.

Les veilleurs de nuit rentrent. Sur l'asphalte déserte, les clous des passages luisent avec pureté.

Les courses à l'aventure, quand on rentre tué de fatigue à minuit. Mais à 5 heures 1/2 du matin on est de nouveau dans la rue.

Attendant sur le trottoir, on vous remarque moins, de 6 à 7 heures du matin, qu'à partir de 7 heures.

A l'heure où les petites filles vont chercher du lait.

A partir de 9 heures, plus personne ne sort de la maison. On dirait qu'elle a cessé de vivre.

Feutre cabossé, souliers pas faits, pardessus un peu fripé. Revenant avec ce butin de vie. Et j'ai réussi tout cela avec des souliers pas cirés !

C'est la prison qu'être hébergé chez les autres. Où l'on mange dix fois moins bien que chez soi, de crainte d'être impoli en mangeant trop. Où l'on n'ose donner un ordre. Où l'on est sans cesse à se gêner.

La bonhomie française du printemps 36. Le jeune marié dans le métro, tenant le peloton de fil de sa femme.

L..., traqué par ses ennemis, on lui offre refuge chez un Piccolomini. Mais il faut qu'il s'y jette tout de suite. L... cherche un dictionnaire pour faire une phrase au Piccolomini sur ses aïeux : qui diable étaient ses aïeux ? Le temps qu'il cherche le dictionnaire, on arrive chez lui, on enfonce sa porte, on le tue.

Lunettes noires. Elles attirent l'attention. Pourtant, sensation que l'on voit sans être vu. Tout ce que l'on dérobe en dérobant son regard. — Ses yeux pleins de danger donné et subi.

Ces gens qui ne vivent que pour la littérature. Ils font des articles sur les livres, des enquêtes, fondent des revues, se réunissent pour causer de choses littéraires, baignent et barbotent avec ivresse dans ce jus horrible. Moi, je vis, et puis je fais mes livres, c'est tout. Et faire mes livres m'est encore trop.

Putains qui font sortir l'homme derrière elles, parce que, s'il sort devant elles, elles craignent qu'il ne file sans payer.

« J'aurais été contente que tu viennes avec moi à Luna-Park. C'est toi qui aurais payé. »

Boulevard de Sébastopol, près de la Seine, un magasin d'*appareils de levage*. Oui, c'est cela qu'il faudrait : des appareils.

Le pli de toujours *expliquer* à ceux que j'emploie. Le sauvage de Papouasie, si j'avais à lui donner un ordre, je le lui expliquerais, je me justifierais de le lui donner.

Mur des Fédérés. — Aragon, souple, ondulant au-dessus du cortège, les cernes bleus de fatigue, comme s'ils étaient faits au maquillage, avec cette « grâce aiguë dans la violence » que Suarès prête au condottiere Gattamelata.

Les chevaux qui boivent à la fois goulûment et posément.

« Je finis ma lettre, sans finir de vous aimer. »

Le sillage de haine qui suit ce Saint-Cyrien, sur les grands boulevards.

La promptitude de R... à me trouver une faiblesse, et à jouir d'elle. Par exemple, quand je suis un peu inquiet, parce que l'autocar recule, dévalant la pente.

5 juin. — Grève générale. Affolement, etc.
Et nous, nous travaillons à la création littéraire d'un type de femme éternel [1].

---

1. Andrée Hacquebaut, des *Jeunes Filles*.

D... me demande de mettre la mention « archiviste paléographe » sous son nom, sur les enveloppes des lettres que je lui adresse, afin de le poser auprès de ses logeurs.

Il était soupçonneur, et malgré cela il n'était pas trahi.

L'ancien dieu slave Swiatowid avait quatre visages, pour regarder à la fois les quatre côtés du monde.

J'ai toujours pensé que le double visage était bien trop peu.

En faveur des annonces. — Mme C. me dit que son frère a épousé une de ses innombrables marraines de guerre d'après une annonce passée dans *la Vie parisienne.* « Ma belle-sœur est une femme charmante, intelligente, une mère de famille parfaite. » Et Mme C... est une personne assez sévère.

Femme de cinquante ans. Ce désir violent, sauvage, de saccager tout pour se retrouver libre.

Il y a des écritures, généralement de femmes du monde, si antipathiques, pointues, hautes, sèches, les lignes s'entrecroisant, que, même si la lettre est intéressante (ne fût-ce qu'à cause de sa bêtise), on renonce bientôt à la lire, tant l'écriture en est désagréable.

Ne jamais dire à quelqu'un qui vous donne un chèque qu'il vous devait, quelle qu'en soit votre stupéfaction ravie : « Oh! mais je vois que vous êtes très honnête! »

Un témoin de la première journée (à Barcelone) de la guerre civile espagnole écrit dans un journal : « Les gardes du gouvernement passaient à l'ennemi en prenant pour insigne leur mouchoir blanc qu'ils nouaient à leur bras gauche. Aucun témoin ne pouvait plus comprendre dans quel camp était tel ou tel combattant. J'ai vu un garde d'assaut qui changeait trois fois de parti dans la journée. C'est sans doute à la faveur d'une de ces volte-faces que le rebelles parvinrent à pénétrer dans l'hôtel pour s'y retrancher. »

Quand il y a très longtemps qu'on n'a menti et qu'on doit s'y remettre à l'improviste, on est comme un homme qui est resté vingt ans sans monter à vélo : gare la bûche!

Un homme qui avoue publiquement son ambition — être ministre de ceci ou de cela, directeur de ceci ou de cela — me cause la même gêne que la femme qui se « fait une beauté » en public.

La vie de tout homme est, pour le romancier, comme une pelote. Il tire le fil qui lui plaît et dévide, sans s'inquiéter des autres fils.

La toute petite chose qui suffit, parfois, pour qu'on s'attache à un être. La petite Lucienne B... qui dit en parlant d'elle-même : « Lulu. » Et c'est *cela seul* qui m'empêche de l'abandonner.

Agacement de C... quand des gens qui n'ont pas mangé depuis deux jours ne sont pas riants et gais comme lui.

On dit : « Il n'est pas sérieux », de quelqu'un qui ne prend pas au sérieux ce qui ne mérite pas de l'être.

On flétrit du nom de dilettante un homme qui aime tout ce qui mérite d'être aimé.

« Il y a de l'abus », scie d'argot qu'on croirait née d'hier, est dans Beaumarchais.

A. S... et E. J... ne sont, strictement, capables de rien d'autre qu'écrire. On raconte que, dans un déménagement, E. J... finissait d'écrire un manuscrit déployé sur une caisse, et commençait d'écrire un manuscrit déployé sur une caisse à côté. A. S... ne quitte sa table de travail que pour aller dans les musées, et E. J... que pour aller dans les salons. La vie? Connais pas. Veux pas connaître. Suis incapable de connaître.

Tout ce que les Français des XVIIe et surtout XVIIIe siècles ont fait de médiocre avec l'inspiration persane.

Dans la préface à sa traduction extrêmement médiocre de *Quelques odes* d'Hafiz, Nicolas écrit que le lecteur oriental leur donne un sens mystique ou sensuel selon sa disposition d'esprit dans le moment qu'il les lit, et ainsi « trouve dans la même page le poison et l'antidote ». Semblablement, chaque page d'un écrivain ne devrait-elle pas avoir le sens double ou plutôt les sens multiples qu'a toute chose dans la nature? Le lecteur n'y trouverait pas « le poison et l'antidote », mais les aspects différents d'une même vérité.

Djâmi, *Beharistan*, avec l'introduction d'Henri Massé.

81. Nouchirvân, un invité le vole, puis vient le voir avec des habits neufs. Nouchirvân lui indique qu'il comprend. L'homme sourit. Nouchirvân donne l'ordre de lui remettre cent pièces d'or.

80. Le calife Mâmoun avait un page. Or, une aiguière et un vase disparaissaient périodiquement. Un jour, Mâmoun dit à son page : « Ces aiguières et ces vases que tu enlèves d'ici, Dieu veuille que tu me les revendes ! » Le page répliqua : « Ainsi ferai-je. Achetez ce vase que voici. — Combien le vends-tu ? — Deux pièces d'or. » Mâmoun ordonna qu'on lui remît deux pièces d'or et lui dit : « Le vase sera-t-il ainsi en sûreté contre toi ? — Certainement », répondit le page.

J'adore ces histoires et leur moralité.

La conclusion de celle de Mâmoun me paraît cependant douteuse et rapetissante : « Ne sois pas avare de ton argent envers celui que tu achetas à prix d'or, afin que son âme atteigne ainsi ce qu'elle désire. Accepte de détruire ta fortune à cause de lui, afin qu'il ne finisse pas par détruire ta vie. »

« Dans ce jardin des êtres, mon cœur est aussi serré qu'un bouton de rose. » (Khayyam. Quatrain 201.)

« Que signifient ces mots : impiété, islamisme, péché ? Mon véritable but, c'est toi. » (Quatrain 126.)

Djâmi, *Youssouf et Zuleikha*, p. 19. — « Le loup, harassé par ses courses nocturnes, voit la brebis lui offrir sa queue pour y reposer sa tête. »

23 novembre. — L'inutilité d'être extrêmement gentil avec

quelqu'un si on ne l'aime pas *à fond*. Car il faut aimer quelqu'un à fond pour se satisfaire de rien d'autre que de lui avoir fait plaisir. Faire beaucoup pour quelqu'un se retourne toujours contre vous, car non seulement il ne vous en est pas reconnaissant (ce qui a peu d'importance), mais son plaisir n'est jamais aussi certain que nous l'attendions, et nous ne pouvons faire autrement que d'en avoir du dépit. De sorte que tout cela ne s'est élancé que pour retomber, et cette retombée n'aurait pas lieu, s'il n'y avait pas eu cet élancement. N'aurions-nous pas mieux fait de nous tenir coi ? Cependant nous recommençons.

De même, presque toutes les fois que nous rapprochons de nous un être (par exemple, par quelques jours de voyage ensemble), nous l'en éloignons. N'aurions-nous pas mieux fait de nous tenir coi ? Cependant nous recommençons.

23 novembre. — La décrépitude du premier étage de la tour Eiffel. On dirait la zone. Vieux appareils à jetons datant sans doute de l'inauguration. (1889.) Peinture partie, bois vermoulus. Les gardiens, des centenaires, se chauffant avec de minuscules morceaux de bois, comme des clochards. La sensation (que j'ai sur les paquebots français, qui m'empêcherait de prendre des avions français) de l'insécurité de tout cela. Entre l'incapacité intellectuelle, l'incapacité physique (il n'y avait pour gardien qu'un seul vieillard, centenaire, à l'Opéra, quand le feu y prit l'autre jour) et l'incapacité morale (le manque de conscience), on se dit que tout cela ne tient que par miracle, que toute la tour doit être, pour la solidité, ce qu'elle est pour la propreté.

Totalisme. — Gobineau : « Les Asiatiques ne cherchent pas généralement un état de vérité bien circonscrit, bien déterminé. Les antinomies ne les effarouchent pas, l'immensité des terrains les ravit, le vague des délimitations ou plutôt l'absence des bornes leur semble de première obligation. »

Combien moi-même ! Toujours un pied dans la tranchée d'en face.

Fuyant ses ennemis, réfugié chez des gens, B... me disait : « C'est lourd ! Ils ne sont pas intelligents. » Il leur devait son pain, sa liberté, sa sécurité, sa vie. Pourtant, nombreuses étaient les heures où cela ne comptait pas en regard de l'agacement qu'ils lui causaient, parce qu'ils n'étaient pas intelligents.

Joint à cela que plus tard, sans doute, il les liera au souvenir pénible de cette épreuve, plus qu'au souvenir de leur bonté pour lui, et les rejettera comme faisant corps avec cette épreuve.

Pozner, *Tolstoï est mort.*

P. 110. Tolstoï n'hésite pas à publier la *Sonate*, tout en sachant qu'on y reconnaîtra sa femme.

Sonia : « Pour lui, l'univers est ce qui entoure son génie, son œuvre. Il prend à ce qui l'environne uniquement ce qui peut servir à son talent et à son travail. » (Ceci *important.* Ailleurs, il me semble qu'elle dit qu'il « n'oppose à tout le reste que mollesse et indifférence », précision importante, elle aussi.)

P. 169. Tolstoï mourant. « Il promenait lentement sur le drap sa main droite, le pouce, l'index et le majeur pressés les uns contre les autres. Il écrivait. »

Gœthe mourant trace en l'air des signes d'écriture. On remarque qu'il *met les virgules.*

Ils meurent dans ce qu'ils sont. Magnifiquement.

Barrès, *Cahiers*, tome X. — Il se guinde chaque fois qu'il pontifie, et la bêtise de ce qu'il dit alors, et surtout du ton, contraste avec la qualité excellente, et souvent supérieure, de sa pensée et de sa rêverie d'homme privé. Sa lettre aux lycéens, p. 66, — sa lettre à Déroulède, p. 101. Il note les mots aimables qu'on lui dit : « Je me félicite de visiter un château si fameux. — Fameux, il le sera après votre visite. » A quoi mène *l'importance!*

Par contre, je ne crois pas qu'il faille retenir contre lui toutes ces lettres de félicitations qu'on lui envoie, publiées comme les attestations pour les Pilules Pink. Sans doute glissait-il ces lettres dans ses cahiers, comme il les eût mises ailleurs, sans intention de publication, et c'est faute de l'avoir senti qu'on les a publiées.

Faire dire à Costals : « C'est le souvenir du mal que je vous ai fait qui m'empêchera de souffrir en enfer. »

Secrétain, sur l'indifférence « stravorguinienne » de Costals. *Pitié*, p. 112, que Solange l'aime ou non, peu lui importe, — p. 65, que Solange vienne ou ne vienne pas au rendez-vous, il en est également content, — p. 135, « Andrée lui était indifférente, et de cette indifférence pouvait sortir n'importe quoi », etc. Mais est-ce bien là Stravorguine ?

Cet avocat me dit que, jeune, il n'aimait de défendre que les causes qui lui paraissaient justes; mais maintenant celles qu'il juge injustes.

Il me dit encore : « S'intéresser à des enfants, horribles quand ils seront grands; à des malades, horribles quand ils seront guéris; à des combattants, horribles quand ils seront redevenus civils; à des pauvres, horribles quand ils seront tirés d'affaire; à des inculpés, horribles quand on ne les persécutera plus. »

Au restaurant, le menu porte : « perdreau sur canapé ». — « Je ne veux pas de canapé », dit L..., très sérieusement.

Les simples croient toujours que l'on n'est pas « sincère ». Et puis, c'est une accusation en velours. Que répondre quand on vous dit que vous n'êtes pas sincère ?

Combien la douleur est stérile. Et combien de fois ne faut-il pas l'éprouver.

Mot étrange de Napoléon à un aide de camp qui, pendant la bataille, lui apporte une mauvaise nouvelle : — (avec colère) : « Voulez-vous donc me faire perdre mon sang-froid ? » Quoi ! de Napoléon, ce mot de faible ?

Cette maladie, de vouloir faire partager ses idées. Et ce fléau.

Il y a la réalité. Puis il y a le parti que les individus ou les clans tirent de la réalité : la déformation, c'est-à-dire une blague. Tout finit par une blague. Même un cadavre. Même beaucoup de cadavres.

Nombre d'hommes préfèrent périr par l'envie des autres, à feindre d'être malheureux pour désarmer cette envie.

Les petites gens confondent grossièreté et vulgarité. La grossièreté est puissance. La vulgarité, c'est eux.

— « C'est eux, facile à dire. Donnez-nous au moins un exemple de vulgarité. Faites-nous comprendre... »

— Un exemple de vulgarité ? Eh bien, par exemple, confondre grossièreté et vulgarité.

CARNET XXXII

NICE, PEIRA-CAVA : du 25 décembre 1936 au 21 février 1937.
PARIS : du 23 février au 22 juin 1937.

Nice, 6 janvier. — Oisiveté et bêtise de ces gens des palaces. Leur façon de tuer le temps. Sorte d'humanité indigne de tout : qu'on lui fasse du bien, qu'on l'élève, qu'on l'instruise, qu'on la désabuse.

Baptême des navires. Sans doute pour effacer les traces de leur péché originel.

Orange quand il a plu : gouttelettes en demi-cercle, comme un collier de diamants.

Même une chienne ou une chatte qui va se faire b... commence par faire beaucoup de grimaces.

12 avril 1937. — Café de Brest, gare Montparnasse. — Pour *la Rose de sable*. Toutes les fois qu'il avait levé une femme, M. de Guiscart, ensuite, seul, se saoulait. Se saoulait non par un repas raffiné, mais par un repas monumental. Se saouler à Alger lui coûtait 29 francs, à Paris 43 fr. 25. La façon de se saouler de M. de Guiscart consistait à manger et à boire jusqu'à ce qu'il perdît la conscience claire, et commençât à écrire avec la *graphie* de Louis XIV : une saoulerie grosse de pleins et de déliés. La notation, minute par minute, des moments de sa saoulerie, était le moyen par lequel le chevalier (M. de Guiscart) était censé, à ses propres yeux, conserver sa lucidité. Lorsque, dans un caboulot, on le voyait sortir son carnet, et écrire, avec un beau visage grave de magistrat, on pouvait être assuré que la saoulerie commençait de se répandre dans tout son corps. Voilà l'instant divin où l'on se dit : « Ce sont les jambes qui se prennent. » Il entassait les plats, jusqu'à ce que ses yeux se dilatent et que son seul regard

provoquât les dîneurs voisins, de la même façon qu'il entassait les femmes.

La voix évanescente dont il demandait : « Un couteau, s'il vous plaît. »

Le titre de chevalier, avec ce qu'il évoque : godelureau et maquereau.

Une vache et damnée saoulerie bovine.

Le voici au septième ciel, mais tout son effort est pour faire croire qu'il n'y est pas, ce qui est tromper encore une fois. Picorant dans sa tarte, mais picorant à côté. Fourrant le manger à côté de sa bouche, comme tout à l'heure il fourrera la clef à côté de la serrure en rentrant chez lui.

N'importe quoi qui remue votre vie, remue votre imagination, et de là influe sur ce que vous écrivez. Si, à la campagne, vous écriviez sur la grâce efficiente, et si vous allez faire un tour à la ville, l'excitation qui vous en naît pendant un jour ou deux vous irrigue sur la grâce efficiente. Avez-vous de surcroît un peu forniqué à la ville, au retour vous voici grand théologien.

L'hypocrisie n'est nullement un hommage du vice à la vertu. Ce n'est que reconnaître un état de fait (savoir, que la vertu inspire confiance).

Les grandes épreuves engendrent la paresse chez celui qui ne l'a connue de sa vie. A quoi bon s'éveiller pour agir sans espoir ? pour être conscient quand conscience est souffrance ?

18 avril. — Mariette Lydis, visitant Sainte-Anne, interroge une petite fille folle, aînée d'une autre petite fille, et d'un petit garçon, le cadet :

— Pourquoi battais-tu ta petite sœur ?

— Parce qu'elle ne voulait pas battre mon petit frère.

— Et pourquoi voulais-tu qu'elle batte ton petit frère ?

— Parce qu'il est petit et qu'il ne peut pas se défendre.

Ce dialogue me laisse à penser que la petite fille n'est pas folle du tout.

Que tout ce qui existe n'ait pas droit à l'attention, combien j'en suis pénétré. Mes ignorances étudiées. Mais sur le point donné où il faut savoir, savoir.

Dimanches, pleins de petits pétards que font éclater les enfants.

Il tremblait, et de son coude, sur la table, il faisait trembler les papiers sur la table.

« Est-ce que je me fais bien comprendre? » est la forme polie de « Êtes-vous idiot ? » « Nous perdons notre temps » la forme polie de : « Vous me faites perdre mon temps. »

M. de Guiscart, afin que le concierge ne vît pas venir que des femmes dans son appartement, passait quelquefois une annonce demandant des manutentionnaires ou analogues, qui défilaient devant la loge en le respectabilisant.

Nu à nue ce soir avec M... Elle ne se retourne plus de l'autre côté par froideur, mais, le centre de mon corps dans le centre du sien, les poings fermés enfantinement sur ses yeux, soit par pudeur, soit pour s'isoler dans sa jouissance, soit pour s'imaginer qu'elle est avec un autre que moi, elle joue des reins, respirant fortement et le front en sueur. J'ai vu naître et peu à peu prendre forme sa volupté, depuis le jour, il y a un an, où elle allait se plaindre à sa mère. Quelle chose importante!

Et j'en reviens toujours à ceci : le plus grand service qu'on puisse rendre à un être : lui apprendre de très bonne heure à savoir user de la vie.

Costals, reçu par un « directeur », s'assoit et se vautre dans le fauteuil directorial. « Il y a de quoi crever, dans votre tôle. » Il ouvre la fenêtre directoriale. Ostensiblement, il pose sa cigarette allumée à même le tapis, ou à côté du cendrier. Tout cela pour montrer que, même dans un lieu directorial, c'est lui qui garde le haut du pavé.

A tort ou à raison, je garde le souvenir que j'ai agi avec vous de façon magnanime. Il est bien probable que c'est là pure illusion. Mais je l'ai, et l'ai en toute bonne foi. De là, ma chère, cette pointe de rancœur contre vous.

Qu'ai-je été? J'ai été un aventurier. Non pas un aventurier

littéraire, se faisant photographier avec chameau ou chandail, mais le vrai aventurier, celui qui se cache de l'être.

Je cherche un mot qui rende mon sentiment devant l'imprévu qu'apporte, certains jours, la vie à un aventurier. Je tombe sur : *extase*. Je tourne ce mot et le retourne et je dis : oui, c'est bien cela. L'imprévu qu'apporte la vie, quand on la provoque.

(16 mai, après poursuite dans un marché, place d'Italie.)

16 mai. — Je reste assis sur ce banc jusqu'à l'instant précis où je me jette au danger, comme le boxeur *knockdown* qui attend, un genou en terre, que l'arbitre ait compté 9 pour se relever.

Je m'y jette. Est-ce que le parachute s'ouvrira ?

Il paraît qu'il y a dans l'avion un siège automatique, qui projette l'hésitant.

Les traits ajoutés sur épreuves (d'imprimerie) sont ceux auxquels on tient le plus.

Chats. — Les deux chattes ont eu des petits qu'on a fait disparaître. Depuis, elles sont devenues inséparables. Couchées sur le fauteuil dans les pattes l'une de l'autre, elles se lèchent et se pourlèchent. Elles sont si bien ensemble qu'elles en oublient de manger. Elles ont dédaigné leur lait ce matin, alors qu'on les avait portées jusque devant l'assiette. Et le mâle, le plus peureux et le plus sot des chats, n'ose pas boire tout seul.

Le mâle ayant disparu trois jours, les deux chattes sont demeurées ce temps sans manger.

Elle avait atteint l'âge où cela pèse à quelqu'un d'intelligent, d'avoir une vie trop claire.

Charlatiniser un directeur de journal, soit. Mais non charlataniser le peuple, qui ne peut se défendre par l'esprit.

Ce peintre, le ruban de la Légion d'honneur sur son chandail de travail.

La hargne du mâle contre le mâle qui a beaucoup joui ;

contre Casanova, traité de sot; contre Byron, traité de mufle; contre d'Annunzio, traité de fumiste; contre Restif, traité de hâbleur.

On ne cherche nullement, au Zoo, à irriter les singes. Mais voici que toute la cage est en tumulte, seulement parce que votre tête leur déplaît. Ainsi du public devant tel écrivain.

Quelqu'un qui a sa propre poésie n'a guère besoin de la poésie des autres, et quelqu'un qui a une vie intéressante n'a pas besoin d'aller au théâtre ni de lire des romans. Combien pâles nous apparaissent les sentiments d'un héros de tragédie dans l'instant que nous-même nous en vivons de semblables.

Nous n'aimons pas les mains blanches, et molles, et veules. Mais vienne quelqu'un que nous désirons et avons, et qui les ait telles, nous adorons ces mains blanches, et molles, et veules.

Au défilé pour Briand, le 13 juin, un homme porte une pancarte avec l'inscription : *Ligue des braves gens*. Mais il n'y a pas de délégation derrière lui, il est le seul. Quoi donc! si peu de braves gens!

Vigny, tout gourmé qu'il soit, comme Balzac, tout bourgeois, par éclairs il voit *l'autre face*. C'est lui qui a écrit que le personnage de l'histoire qu'il eût le plus souhaité d'être était l'empereur Julien (« l'*Apostat* »).

C'est lui qui a écrit (*Journal d'un poète*) que les seuls êtres qui suivaient les empereurs romains dans leur dernière fuite avant la mort (assassinat ou suicide), et leur restaient fidèles jusqu'au bout, étaient des humbles : des esclaves. Et il se demande, avec mystère, quels étaient donc les liens qui unissaient ces hommes à leur maître. Mais peut-être faut-il préciser. Ces fidèles sont généralement de trois sortes : des soldats, des gitons et des femmes. Les soldats, par loyauté militaire. Les gitons, par gentillesse, cette gentillesse qui glisse un rayon, de çà de là, dans la dureté du monde romain (dans tout Martial, l'unique poésie qui sonne l'émotion vraie est une épitaphe pour la tombe d'un giton; dans tout Pétrone, on ne trouve d'affection véritable qu'entre Eumolpe et Giton, qui s'attachent l'un à l'autre pour être unis dans la mort).

Les femmes, elles, participent moins souvent à l'aventure finale. C'est ensuite qu'elles viennent. Leur dévouement impénétrable reste collé à ce mort avec qui peut-être elles n'ont pas même couché, de qui peut-être elles ont même subi des affronts. Seules, inlassablement, elles entretiennent le culte autour d'une urne abandonnée et exécrée.

Certains hommes éloignent d'eux le tragique. Dans le petit et dans le grand. Cela va de l'écrasé dans la rue, qu'ils ne sont jamais là pour voir, aux bombes et aux mitraillades qui les entourent de toutes parts sans les toucher. Ils ne sont pas plus timorés que d'autres, et ne se mettent pas plus à l'abri. Au contraire, leur imagination peut avoir le goût et quelque désir de l'épreuve tragique. Rien à faire : le drame ne frappe pas où ils sont. Ils traversent la guerre et les révolutions sans avoir vu une seule fois un cadavre, sans savoir comment cela est fait. Incurablement préservés, et bourgeois malgré eux.

Cette brusque bouffée de vie lorsqu'un journal met votre nom, par erreur, sous une photo qui n'est pas la vôtre. Inondation de possibles! Combien de tromperies en perspectives! Et combien votre sécurité accrue!

L'humanisme véritable, qui est avant tout esprit de liberté, est rare dans ce monde convulsif, le nôtre, écartelé entre des mystiques grégaires, primaires et faussement absolutistes. Sans doute s'agit-il d'une simple variation d'humeur dans l'histoire de l'humanité. Mais ce climat du « hors mes idées, pas de salut » n'est guère propice à l'art, qui est magnifiquement neutre.

Croire que Costals est Montherlant témoigne de la même faiblesse d'esprit que confondre le désir de bonnes relations avec l'Italie avec une adhésion au fascisme, ou l'antibolchevisme avec le vœu que soit rompu le pacte franco-russe. Notre critique littéraire, comme notre politique, se laissent dépasser par l'étranger, parce qu'elles sont devenues primaires, et ne font plus les distinctions vitales, ce qui finira par causer la ruine de notre culture.

Un moment vient, pour le criminel de grande habitude,

où il a moins de goût à de nouveaux crimes, qu'à confesser à quelqu'un ses crimes passés.

Pourquoi, chez cet homme, de telles crises d'imprudente sincérité? Parce qu'il a trop menti, et trop longtemps.

La possession au secours de la bonne mort. — Regardant sa belle collection de meubles Empire, F..., à qui une mort prochaine épargnait des revers de fortune menaçants, disait : « Dieu m'a au moins donné de n'avoir pas eu à les vendre avant de mourir. »

Je ne m'intéresse qu'à ma vie privée, qui est mes relations avec les êtres que je désire, et à ma création littéraire.

Cette création même, et elle seule. Les rapports de cette création avec le public me sont presque indifférents. Pourvu que cela soit écrit... De là que j'ai tant de pente à ne pas publier des œuvres pourtant tout achevées, et même à envisager qu'elles ne paraissent pas de mon vivant (*Almuradiel*, achevé en 1928; *Moustique*, en 1929; *Un voyageur solitaire est un diable*, en 1929; *la Rose de sable*, en 1932). Aucun des à-côtés de mes œuvres littéraires ne m'intéresse vraiment : ni leurs traductions, ni leur mise au cinéma, ni leurs représentations si j'étais auteur dramatique, etc. Ces à-côtés se présentent d'abord à moi sous l'aspect du temps qu'ils vont me faire perdre.

Je crois que peu d'écrivains français vivants s'occupent moins que moi de la gestion et de la propagation de leur œuvre; esquivent davantage les occasions de se mettre en vedette; se montrent moins. Ce n'est pas vertu; il y a seulement que je n'y ai pas de goût.

C'est déjà bien assez que nous dépendions des êtres dans la question de savoir s'ils veulent ou non coucher avec nous, sans dépendre d'eux encore pour la bonne ou la mauvaise opinion qu'ils ont de nos ouvrages littéraires. Aussi les éloges de mes ouvrages ne me font-ils pas grand plaisir, les critiques ne m'en causent-elles pas grand-peine. Je sais que celles-ci comme ceux-là correspondent peu à ce qui est réellement. On imagine assez bien un tableau du quattrocento qui représenterait la bienveillance et la malveillance se mettant l'une et l'autre le doigt dans l'œil.

Changer quoi que ce soit dans les âmes, par mes écrits, m'est indifférent. 1° parce que je ne suis pas assez sûr que ce que je crois soit plus vrai que ce que croient les autres; 2° parce que, si j'y changeais quelque chose, ce changement risquerait de durer trop peu pour valoir ni beaucoup de peine ni beaucoup de considération. Je n'ai même nul désir sérieux de changer les êtres que j'aime, de les « modeler », comme on dit : modeler mes livres me suffit.

Je ne dis pas en public ce qui précède, par politesse. Et surtout pour n'avoir pas l'air trop singulier : j'aime de passer inaperçu, tant dans ma vie littéraire que dans ma vie privée.

Aussi bien, si je le lui disais, le public n'en croirait-il pas un mot. Et n'en croiraient pas un mot les intimes, qui se trompent sur vous autant que les autres, qui, après trente ans d'intimité, n'ont pas encore distingué votre essentiel de votre accessoire, qui vous « expliquent » ou vous « défendent » avec des arguments à vous dresser les cheveux, qui prévoient vos réactions à l'opposite même de ce qu'elles seront, etc. Car le monde, quoi qu'on fasse, ne comprend que ce qu'il est lui-même. En vain, par exemple, un quart de siècle durant, toute votre conduite « jure »-t-elle avec tel soi-disant honneur social, le monde croira que vous le désiriez au fond, mais les raisins étaient trop verts. Eussiez-vous tous les signes et toutes les preuves du fort argent, le public ne croira jamais que vous n'avez pas d'auto simplement parce que vous ne ressentez pas le besoin d'en avoir une. Il préférera croire, contre toute évidence, que vous n'en avez pas les moyens, à croire que vous dédaignez un objet dont lui il sèche d'envie.

Il ira même jusqu'à inventer des choses folles. On a répandu de quelqu'un qu'il avait une auto, mais voulait faire croire qu'il n'en avait pas, *par pose*. Et nous voici dans ce nouveau travers du monde : sa tendance à préférer l'explication la plus absurde, à l'explication vraie.

L'habitude de l'imposture est telle, autour de nous, que l'explication vraie donnée d'un acte éveille davantage la méfiance que la fable qu'on en ferait. Et il arrive que le pauvre véridique, sentant qu'il n'est pas cru, perde son assurance et bafouille, affermissant l'autre dans son refus de le croire (avis aux juges d'instruction et autres inquisiteurs). Quant à l'écrivain, s'il avoue par candeur, nonchalance, ou par grandiose simplicité (voulue), quelque trait de caractère que tout autre, à sa place, jugerait plus séant ou plus habile de n'avouer pas, il suffit : il sera accusé d'être *insincère*.

(Combien je suis fatigué de cette imposture générale, qui va du chef d'État au va-nu-pieds. Combien passionné de celui qui recèle le pli indomptable de paraître moins que ce qu'il est : socialement, intellectuellement, moralement.)

Chefs d'État, toujours dupeurs, toujours imposteurs, toujours sanglants. Et ils se font aimer!

Se tenir à l'écart *de tout* le plus possible.

Je me demande si on peut s'intéresser à l'âme d'une femme de qui les jambes sont trop courtes irrémédiablement.

Il a conçu pour moi une grande admiration du jour que j'ai refusé de lui prêter de l'argent.

Ces gens si occupés de haine, de vengeance, de complots, de parlotes, de « motions », de flétrissures, sont d'abord, à mes yeux, des gens qui n'ont rien à faire. On ne s'occupe pas de politique quand on a une œuvre à faire, qu'on sait qui vaudra sous tous les régimes. On ne s'occupe pas de sa patrie quand on a une œuvre à faire, qu'on sait qui sera bonne, et qui fera honneur à cette patrie mille fois plus que les haines, les vengeances, les complots, les parlotes, les motions et les flétrissures des agités politiques. Et qui sera encore, quand de toutes ces haines, ces vengeances, ces complots, ces parlotes, ces motions et ces flétrissures, il ne restera rien de plus que de l'agitation de l'écureuil dans sa cage. Car, ou le régime ne sera pas renversé, et alors peine perdue. Ou il le sera, et alors il le sera pour si peu de temps, pour dix ans ou pour un siècle, que mieux vaut de n'en pas parler.

On me demande pourquoi je répugne à me faire des relations : les gens intéressants que je laisse passer. Mais j'ai peur de me tromper, qu'ils soient sans intérêt, et de ne pouvoir les jeter aussi facilement qu'un mauvais livre.

Le dévouement s'use, comme le reste. Ne vous manquez pas à deux reprises quand vous voulez vous tuer. Personne ne vous cachera l'arme la troisième.

CARNET XXXIII

Paris : du 22 juin 1937 au 12 janvier 1938.

On m'imagine comme un homme qui aime la lutte. A cause, sans doute, du sport, de la guerre, des taureaux. Mais le sport, la guerre, les taureaux étaient de la lutte recherchée en tant que jeu. La vraie lutte, celle à laquelle on est obligé par la nécessité, je l'ai en horreur, et la définition simpliste, que « la vie est une lutte », en horreur également. Et quelqu'un qui connaîtrait ma vie verrait que je manœuvre autant que je peux en vue d'éviter toute lutte. Sauf dans certaines lignes bien définies, et peu nombreuses, au premier obstacle qu'on m'oppose je renonce (sans parler de ce à quoi je renonce sans même lui faire de charge). Peut-être parce que, le plus souvent, la peine me paraît hors de mesure avec l'enjeu. Une chose ne vaut pas d'être obtenue si elle est payée trop cher. Et quelquefois si elle doit seulement être payée du tout.

Écrivains. J'aime mieux ceux qui ne lisent rien, que ceux qui ont besoin d'un livre-tremplin pour se lancer.

A travers quelle nuit les hommes s'appellent l'un l'autre, comme les ramoneurs qui s'envoient leur « ohé » d'un bout à l'autre du noir tunnel de la cheminée.

Propriété. — « L'homme le plus évolué est le plus détaché de l'accumulation financière. Ainsi la limitation du droit de propriété individuelle, par la régulation sociale, ne frapperait douloureusement que les plus arriérés dans le domaine affectif. » (Allendy.)

Nationaux. — Le gosse qui porte une cocarde tricolore, mais *sous* le revers de son veston. L'homme qui prend la parole dans les réunions P. S. F., mais pas sous son nom.

Tout fils a des fins de mois gentilles.

Le cloaque des reptiles sert ensemble à l'urine, aux matières fécales, à la fécondation et à la ponte.

Oui ou non, cela est-il susceptible d'agrandissements philosophiques ?

Vertu sainte, qui a nom impartialité.

« Démon de midi. » Mais, pour moi, ç'a été midi toute ma vie.

Vérine, *La Mère chrétienne.* — « Faire l'éducation sensorielle de mes enfants sera encore pour moi faire du thomisme. » Et son interlocuteur de s'écrier : « Tu m'éblouis ! »

(Il me semble que « Tu parles ! » serait plus indiqué.)

Cafard au moment où vos livres paraissent. Se mettre en avant, interviews, discussions sur des points intellectuels dénués de toute importance, tout cela tellement éloigné de la véritable vie. Cafard.

A deux heures du matin, ces jours d'août, si tristes, j'entendais toujours une clochette. Une clochette de conte fantastique. Le visiteur nocturne. Jamais je n'entendais cette clochette dans la journée. (Peut-être quelqu'un qui rentrait chaque nuit à cette heure, dans la maison d'en face, et dont je n'entendais pas la sonnerie le jour, à cause des bruits de la rue.)

On a tellement, et depuis si longtemps, enfoncé dans la tête des gens qu'il était distingué de croire en Dieu ! Ils ne croient pas, mais ils bavardent de Dieu, par bon ton, et c'est pour une part ce bavardage qui maintient en vie l'idée de Dieu. Ainsi des poètes, notoirement athées, apostrophent dans leurs vers le Seigneur, parce que cela est censé faire partie des sentiments sublimes; des hommes d'État, notoirement athées, posent leur carte de visite à Dieu dans leurs discours des heures graves. Il faudrait tenter de découronner l'idée de Dieu, de même que celle de souffrance, comme on a tenté de découronner celle de guerre (et probablement avec autant de succès !).

Les mots scientifiques, médicaux, les plus précis et les plus réalistes sont employés couramment dans des ouvrages de vulgarisation tirés à quinze ou vingt mille exemplaires, répandus partout, que n'importe qui peut acheter. Pourquoi les mêmes mots, employés dans un roman, suffiraient-ils à le faire passer pour une œuvre grossière et répugnante ?

Mabel Dodge Luhan, *Ma Vie avec Lawrence.* — Intéressant pour l'analogie avec le couple Tolstoï et avec mes livres des *Jeunes Filles.*

Lawrence, parlant de sa femme : « Vous ne pouvez imaginer ce que c'est de sentir sur vous la main de cette femme quand vous êtes malade. Personne ne peut savoir. »

96. « Dès les premiers jours, je me rendis compte que Frieda, très consciemment, s'appliquait à ne jamais permettre que ses relations avec Lawrence se déroulassent dans le calme. Dès qu'elle le sentait s'assoupir dans l'accoutumance, elle lui lançait une bombe. Elle faisait en sorte qu'il ne l'oubliât *jamais.* Ce besoin d'une attention perpétuelle... Si dans une journée il n'avait pas fait particulièrement attention à elle, le soir elle en arrivait à l'insulter. »

130. « Comme Lorenzo paraissait se suffire à soi-même en se séparant de moi ! Pourtant, il paraissait avoir besoin de puiser quelque chose en moi pendant les trois mois qu'il avait passés avec nous » (tout à fait Mme Tolstoï).

136. La femme punit l'homme tout en ayant besoin de lui. Besoin de faible et méchanceté puérile. Ex. : l'auteur écrit : « Nous cessâmes tous rapports pendant plusieurs semaines. Puis je me dis que je l'avais suffisamment puni, suffisamment blessé, et j'espérai que je pouvais maintenant le revoir : *j'avais tant besoin de lui.* » Et elle le relance. Lorsqu'il lui répond qu'il veut rester seul : « Il voulait être seul ? Je ne le croyais pas. Il voulait me faire croire qu'il se trouvait heureux seul. » Grotesque.

(...) « Je me souviens du jour où il était assis au milieu du studio de Brett, tandis que je m'affairais fièrement autour de lui, taillant et arrangeant sa barbe rouge. Il se tenait sur sa chaise, docile et gentil comme un petit enfant. » (Ah ! voilà ce qu'il leur faut.) « J'adorais lui tailler la barbe. » Et voici l'aveu final, magnifique : « La vieille légende selon laquelle l'homme perd sa force en même temps que ses cheveux doit contenir une part de vérité. »

J'ai cité dix fois, en le nommant, André Suarès, que personne ne cite et que personne ne nomme. Or, Suarès, me citant, dit « On ». (« On a dit que la gloire posthume était le coup de pied de la postérité. » *n. r. f.* du 1er mai 1936.)

19 août. — Il est exquis de la regarder aller et venir en sachant maintenant qu'elle sera à moi, alors qu'il y a une heure rien n'était sûr. Quel sera son visage quand je l'embrasserai? Quelle sera l'odeur de ses cheveux? Ce moment où l'on a la certitude que ça aura lieu, sans savoir comment c'est quand ça a lieu, est peut-être ce qu'il y a de plus exquis dans toute une liaison, ça, et la « première fois ». Se dire : « Elle est à moi », sans qu'elle le soit, tout en l'étant pourtant.

« Il est impossible que des hommes qui ont renoncé à penser ne s'émerveillent pas devant les aéroplanes. » (Tolstoï.)

Tolstoï sur *les Frères Karamazov :* « Comme tout cela manque d'art! C'en est tout le contraire. Les personnages font précisément ce qu'ils ne devraient pas faire. Cela finit par devenir banal : on sait à l'avance que les héros ne feront pas ce qu'ils doivent faire et ce que nous attendons. C'est un manque d'art extraordinaire. Et tous parlent la même langue. »

Mme Tolstoï : « Léon Nicolaïevitch a rarement acheté lui-même un livre. La plupart de ses livres sont des envois. »

Chaque fois que quelqu'un me dit : « Vous êtes généreux! » je songe à ce *graeculus* ou esclave d'un roman « antique », qui dit immanquablement : « Tu es généreux, César! » à je ne sais quel patricien, chaque fois que celui-ci lui flanque le pied au cul.

Quand j'atteignis dix ans, mes parents me mirent au collège, afin que j'apprisse au moins l'onanisme, qu'ils pensaient que je ne saurais découvrir seul. Ils en furent pour leurs frais : je n'ai jamais donné dans cette fantaisie.

V..., au restaurant avec moi, voit entrer un personnage qui risque fort de lui chercher querelle. Je lui désigne la bouteille sur la table :

— Vous avez au moins la bouteille... (sous-entendu : comme matraque).

— Pensez-vous! Il y a la moitié du vin dedans.

Il préfère être assommé à perdre le prix d'une demi-bouteille.

J'ai souvent fait lire un bon livre de guerre à quelque adolescent, ou l'ai emmené voir un film de guerre. Et chaque fois, j'ai ressenti le même trouble, qui pouvait aller jusqu'à l'angoisse, lorsque, le livre rendu, ou bien sorti du ciné, le moment fut venu de dire quelques mots sur ce qu'il venait de lire ou de voir, et si possible d'en tirer la leçon. Était-il bien de « déshonorer » aux yeux de ce garçon quelque chose qu'inéluctablement il devra vivre, et qu'alors il devra vivre pour le mieux et de la communauté et de lui-même? Et, d'autre part, comment avoir le courage de lyriser cette horreur? L'expression honnête et précise de ma pensée serait : « Tu verras cela. Il y a là dedans beaucoup de mal; et, pour certaines natures, du bien. Peut-être seras-tu de ces natures, peut-être non. Tâche donc, quand tu seras dans la guerre, d'en tirer du bien. Et tâche surtout de ne pas t'y faire tuer, ce qui est toujours, de quelque façon qu'on le considère, duperie pure et simple. » Voilà ce qu'il faudrait dire, mais cela est bien nuancé pour une tête de quinze ans.

On nous conseille, à juste raison, de nous lier seulement avec ceux qui ont le même état de fortune que nous; sinon, richards ou misérables, leur commerce nous mettrait dans une semblable gêne. Mais je dirai aussi : nous ne devons fréquenter que les gens qui ont le même degré d'intelligence que nous. Plus intelligents, ou moins intelligents, ils nous accablent. (Plus intelligents, on s'en tire par un silence gros de prétentions; moins intelligents, par la plaisanterie, ou, quand cela est possible, en couchant avec eux.)

Filatures.

Immobile, les yeux rivés sur une porte (dans une surveillance), toujours quelqu'un qui vous demande du feu, ou la direction d'une rue, au risque de vous faire manquer tout.

La personne qu'on file qui disparaît puis reparaît dans la foule comme un bateau, vu de loin, semble s'enfoncer et disparaît quand la houle se soulève, puis remonte et reparaît quand la houle s'abaisse.

Qui n'a pas filé une femme dans un grand magasin — elle touche à tout, essayant à n'en plus finir des formes de chapeaux, tripotant des « coupons », revenant sur ses pas quand elle était pour sortir, et cela inlassablement, et cela sans jamais rien acheter, — ne peut imaginer le mélange d'exaspération et de nausée qu'on en reçoit. Heureusement, j'aime aussi ce qui m'agace et ce qui me dégoûte.

Dans une surveillance, debout pendant des heures, et me berçant à dodeliner du corps et des jambes, comme les Russes quand ils chantent sur une scène de théâtre, et à chantonner leurs chansons de marche.

Le chat avec un lézard agonisant. Il donne le coup de patte — toc ! — et aussitôt se jette en arrière, comme le canon recule aussitôt son coup parti. Comme j'aime sa petite peur ! (précisément, sa peur de la riposte).

Cruel et froussard : on connaît ça.

Quand on a posé un lapin à une femme, il ne faut jamais s'en excuser d'abordée lorsqu'on la revoit. Car peut-être elle aussi vous l'a-t-elle posé. Si on la laisse parler la première, c'est elle qui s'excuse, on peut se lamenter de l'avoir attendue, lui demander une compensation exquise, etc.

On croit que la femme marche accrochée au bras de l'homme parce qu'elle est tendre. Mais non, c'est parce qu'elle ne tient pas sur ses jambes (à cause de ses souliers et de sa jupe impossibles) et, à la lettre, a besoin d'un appui.

On croit que le grison aime les petites filles par un goût physiologique de l'âge. Mais non, c'est que, devenu moche, il craint les rebuts des grandes, que les petites osent moins.

A propos de la phrase précédente, où la position du dernier *que* semble indiquer qu'il s'applique à *grandes*, alors qu'il s'applique à *rebuts* : certaines incorrections grammaticales, dans un style solide, ont le charme un peu pervers d'une pointe de strabisme dans un joli visage.

« Je m'engage... » dit Barrès en août 1914. Les bravos couvrirent la suite de la phrase, qu'on n'entendit pas, et qui était : « Je m'engage à écrire, la guerre durant, un article par jour à *l'Écho de Paris*. » D'où un long malentendu.

La phrase précédente, qui est de mon cru, est le type de ces saillies *mousseuses*, *parisiennes*, qui... Qu'aurait fait Barrès, en s'engageant? Un geste, un simple geste clinquant de marionnette, profitable pour lui, tout inutile au bien public (il avait cinquante-trois ans, n'était pas vigoureux, et n'avait jamais fait de service militaire). C'était s'engager qui était l'acte *facile*, et c'était ne pas le faire qui était l'acte méritoire. Et c'est reprendre sempiternellement cette critique contre lui, qui est une petitesse.

Son système de l'article quotidien, il s'y est résolu pour deux motifs. 1° Vanité : désir d'imposer sa présence sans relâche, de s'identifier ainsi peu à peu avec la chose nationale, et 2° amour sincère de cette chose nationale, préférant servir à la petite semaine, parce que cela lui paraissait plus pressant, au grand service de faire à l'écart des œuvres plus durables.

Exhibitionnisme des singes encagés, qui ne s'accouplent que lorsque quelqu'un les regarde.

Fauves : Désir. Peur. Indifférence.
Les hommes-fauves : Désir. Peur. Indifférence.

De toutes les prières exprimées jamais par des écrivains, aucune, je crois, ne me touche autant que celle de Tolstoï, dans une page de son journal de jeunesse : « Mon Dieu, donnez-moi la simplicité du style. »

Tous les régimes politiques sont bons, puisque tous les gouvernements, quel que soit le régime, satisfont en définitive aux besoins vitaux de leur nation; il n'est pas si facile d'entraîner un peuple dans une direction contraire à ses besoins. Tous les régimes, d'ailleurs, chevauchent l'un sur l'autre, assouplis qu'ils sont par les nécessités. Il faut avoir la tête d'un jeune homme, qu'on en ait ou non l'âge, je veux dire : il faut donner trop d'importance à l'abstrait, pour croire à l'excellence de telle forme particulière de gouvernement.

Octobre (37). — Un inconnu vous menace de vous tuer. On retourne le lendemain, armé, au lieu public où on l'a rencontré, pour le retrouver. Mais *on ne parvient pas à se sou-*

venir de son visage. Et vous voici à un mètre derrière un homme — puis un autre, — puis un autre, — vous demandant de chacun d'eux : « Est-ce celui-là ? » Situation étrange. Un tel manque de mémoire visuelle paraît invraisemblable, et cependant nous avons vécu cela.

On tâtonne pour trouver son mode de vie. Votre vie se met en place à petits coups, comme un chien en boule s'y reprend dix fois avant d'être à l'aise et de s'endormir.

— Monte sur le buffet et saute en bas, ordonne M. Lévy à son petit garçon.

— Mais je vais me faire mal !

— Monte et saute ! As-tu, oui ou non, confiance en moi ?

Le gosse saute, tombe et se fait mal. Alors son père :

— Cela t'apprendra à n'avoir confiance en personne.

Les superficiels peuvent traiter cette historiette de simple « histoire juive ». Elle va loin et profond.

La vulgarité d'être empressé sur l'argent. Quelles folies m'a fait commettre le goût ou plutôt la volupté de refuser de l'argent...

« Le maréchal Foch connaissait mieux que personne l'aphorisme de Clausewitz : « *Anéantir* les forces ennemies est le « principe primordial de la guerre. » Or, il savait bien que les armées allemandes n'étaient pas détruites, puisque, le 3 octobre 1918, il déclarait : « Nous pouvons continuer la guerre si l'ennemi le désire, jusqu'à la défaite *complète*. » Et cependant il a conseillé de signer l'armistice. Pourquoi ? J'y ai bien réfléchi et actuellement je suis persuadé que, s'il a commis cette erreur, c'est parce qu'en tant que chrétien — et il l'a dit, d'ailleurs — il trouvait qu'il y avait eu assez de sang versé ! C'est, m'a-t-on dit, ce que lui avait conseillé, d'ailleurs, en octobre 1918, certaine personnalité ecclésiastique, en laquelle il avait toute confiance. » (Général Mordacq, *L'Ordre*, 12 décembre 1937.)

De rapides notes nécrologiques ont expédié Élie Faure, — même, m'a-t-il semblé, dans cette gauche à laquelle il appartenait.

Je ne l'avais jamais vu. Nous n'avions jamais correspondu.

Je n'avais nul besoin de le connaître. Les écrivains, ce sont leurs œuvres.

Mais lorsque, il y a quelques années, un journal du soir demanda à des auteurs quels étaient, à leur avis, les plus beaux livres (français) de guerre, j'en nommai cinq, et parmi eux, sans hésiter, *la Sainte Face*.

Aucun des « échos » nécrologiques que j'ai lus ne citait seulement *la Sainte Face*, qui est un grand livre, dont les idées frappent juste, dont le ton sonne juste, dont certaines pages (le père qui va à l'attaque avec son fils, la femme et l'aspirant dans le métro) ont tout ce qu'il faut pour devoir être dans toutes les mémoires, — et qui sont connues de trois mille personnes.

Je souffre à cause des hommes qu'on ne met pas à leur place. Quoi qu'on dise, il y en a quelques-uns, dans les lettres françaises d'aujourd'hui. En même temps, on voit toujours clairement les raisons de ces dénis de justice, mais elles sont toujours si basses. Je demandais à un confrère : « Pourquoi ce silence sur Élie Faure ? » Il me dit : « Il a un très mauvais caractère, et puis, il ne veut voir personne. » Est-ce donc ainsi qu'on mesure les hommes, et faut-il être un héros pour juger une œuvre en se mettant simplement devant elle, et en oubliant si son auteur est « sympathique » ou non ?

Mais je crois deviner le mot de l'affaire. Élie Faure devait être un homme indépendant. (Novembre 1937.)

La notion du *sage* n'existe plus aujourd'hui en Occident. Ne pas souffrir — idéal de la sagesse — y est tenu non pour vertu, mais pour vice (« C'est un égoïste »), et aussi pour une infirmité, une déficience morale.

Hugo, Tolstoï, Wagner illustrent cette pensée éclatante de Nietzsche, que l'homme de génie, pour *se protéger du public* — qui hait en lui le génie, — doit prendre le ton de pitié, simuler la vénération devant tout ce qui souffre, devant tout ce qui a vécu bas, méprisé, etc.

C'est également pour *se protéger* que de grands artistes individualistes, à partir d'une certaine heure de leur carrière, n'ont plus osé cheminer qu'accrochés à une *cause* : Byron, Barrès, d'Annunzio, etc.

Tout cela, d'ailleurs, ne vaut que depuis le XIXe siècle.

Les créateurs littéraires aiment de présenter les critiques littéraires comme des parasites des créateurs. Mais les créateurs, de qui les œuvres se nourrissent, croissent et prospèrent dans la renommée par les études que leur consacrent les critiques, alors que ces études elles-mêmes sont bientôt oubliées, les créateurs ne sont-ils pas eux aussi, en quelque mesure, les parasites des critiques ? En d'autres termes, le critique qui meurt ne laissant rien, parce que sa substance a passé dans la renommée des créateurs, est-ce lui le parasite ?

Phèdre, regardant Hippolyte s'exercer au stade, et attendant qu'il la rejoignît, par nervosité perçait des trous avec son épingle à cheveux dans les feuilles d'un myrte. (Pausanias.)

Qu'un tel trait ait dû paraître *trivial* aux yeux des grands hommes de Versailles !

Tout ce que nous donnons nous manquera un jour.

Un sage, voyant que sa sagesse le faisait mépriser, exerça contre soi des violences pour forcer le respect. Ce fut le premier ascète.

L'homme de la rue ne donne l'impression de penser que lorsqu'il résout des mots croisés.

Le Penseur de Rodin, qui pense avec trop d'emphase pour n'être pas un pense-petit, résout de toute évidence des mots croisés.

19 décembre (37). — Ed... Cette inoubliable demi-heure quand elle marchait sous la neige fondue. L'odeur fade de ses cheveux filasse pleins de paillettes de neige dans la pièce belle et obscure. Ses yeux fermés, sa bouche ouverte, son visage à la Mantegna, névropathe et vieillot, son passionné visage, son silence absolu. Les taches de rousseur sur ses reins.

Lamennais *(Paroles d'un croyant)*, s'adressant aux jeunes filles : « Quand nous vous voyons et que nous sommes près de vous, il se passe en nos âmes quelque chose qui n'a de nom qu'au ciel. » Combien cela est touchant, et surtout quand on sait que Lamennais était pédéraste.

Nuit : ce grand manque de lumière qui faisait le vide dans le ciel.

25 décembre. — En regard de tant d'inconvénients, la vie dangereuse a cet avantage qu'à chaque épisode ou chaque année qui se clôt (un domicile dont on change, une ville que l'on quitte), au lieu de se dire : « Encore une page tournée... La vieillesse qui vient, etc. », on se dit : « Encore une aventure menée à bien... Encore une année où je suis passé au travers... » L'ennui que cela soit fini disparaît dans l'émerveillement que cela soit fini sans encombre. On ne dit pas : « Hélas! » On dit : « Ouf! »

C'est surtout quand on feuillette les quittances de loyer d'une de ses garçonnières qu'on se dit : « Qu'y ai-je acquis d'heureux? »

Départ de la rue du L... — Départ des domiciles d'amour, quand le concierge (hostile) doit « faire visiter », quand il faut lui laisser les clefs, et auparavant faire disparaître tous les objets compromettants. Que de tracas! Mais combien ils étaient compensés par la joie de quitter un de ces domiciles sans y avoir subi d'accroc (malgré ceux évités de justesse), tout bien réglé avec tout le monde, sans qu'il y ait la moindre possibilité de me remettre la main dessus : enfin, en style de commerce, une affaire liquidée, ou, en style de justice, une affaire classée.

Et d'ailleurs, je ne regrette rien de ces tracas. Chaque fois que j'en avais un peu d'humeur, il me suffisait de me dire : « Mon plaisir valait-il la peine d'être ainsi payé? », et je me répondais : « Oh! que oui! » d'un tel élan!

Il est admirable qu'un corps puisse faire sans dommage et même sans fatigue tant d'excès adorés, et qu'il ait la névralgie pour avoir assisté une heure, passivement, à une réunion d'imbéciles.

Aborder un vieux monsieur pour lui demander du feu, voir son haut-le-corps, voir ses doigts qui tremblent quand il vous tend la cigarette. Sur quelle fourmilière ai-je mis le pied ?

Andrée Hacquebaut. — Je ne puis regarder, sur les sapins, cette immense quantité de pollen qui brunit et se dessèche, sans que mon cœur se serre.

CARNET XXXIV

NICE, PEIRA-CAVA : du 13 janvier au 21 février 1938.
PARIS : du 22 février au 5 juin 1938.

Il n'est pas horrible, pour l'amour, que la beauté des êtres passe si vite. On descend « prendre » le soleil d'hiver, qui ne dure que pendant une demi-heure : on ne s'en prive pas parce qu'il ne dure qu'une demi-heure. On mange la cerise quand elle est à point, sans imaginer ce qu'elle serait pourrie.

Cicéron veut que Coriolan se soit tué. La raison qu'il en donne, c'est que cette fin lui paraît plus convenable au héros. Voilà qui ne sent pas bon, à mon nez. Atticus vient à la rescousse : « On permet aux rhéteurs de mentir pourvu que l'art y gagne. »

Si les interviews de Socrate prises à son lit de mort par Platon sont aussi fidèles que celles qu'on prend de nous!

L'auteur réputé misogyne est la tête de Turc de certains quotidiens. Mais les journalistes de ces quotidiens, qui donnent *systématiquement* dans le plus bête et le plus bas, et vous expliquent en s'esclaffant — je les ai entendus — que « c'est pour la clientèle féminine », se rendent-ils compte qu'ils ont un mépris de la femme que n'a pas l'auteur réputé misogyne?

Un personnage de notre XVIIe siècle, dont le nom m'échappe, a écrit : « Il faut aux armées des hommes pour s'y faire tuer. »

Quand je lis, de Gœthe : « Une grande personnalité se trouvera un jour inévitablement face à face avec les sciences », je m'amuse beaucoup à voir Gide ne pouvoir se promener, au Tchad ou ailleurs, sans un herbier en bandoulière qu'il nous ouvre à tout propos, comme M. Cryptograme [1] lui-même, à voir Barrès consacrer ses derniers jours à écrire trois cents pages illisibles, et *illues* de quiconque, sur les *laboratoires de France*, pour lesquels il est fait autant que je suis fait pour jouer du saxophone. Allons, allons, mes chers confrères, inutile d'en remettre, car tout le monde le sait depuis longtemps : l'un aussi bien que l'autre, *vous êtes Gœthe*. L'un aussi bien que l'autre, votre vieillesse est *gœthéenne*.

Gœthe en *éléphant blanc*, ainsi que le voyait Barrès; Barrès en lama, noir et même extra-noir, puisque teint au cirage; et Gide en « M. Cryptogame », ne voilà-t-il pas de bonnes silhouettes pour un journal amusant?

Gœthe accuse Hugo d'écrire pour gagner de l'argent, comme Gide en a été accusé (il m'a montré les lettres) après le *Retour d'U. R. S. S.*, comme j'en ai été accusé après *les Jeunes Filles*.

Chacun n'est devenu tout à fait soi-même que le jour où ses parents sont morts.

En repensant à l'*Hôtel des Facultés*, d'Alger. Tout passe : l'immeuble a été abattu, la femme est morte, l'amour que j'avais pour elle s'est dissipé, et la chaude-pisse qu'elle me fila est guérie.

Un artiste pur peut supprimer de son art tout ce qui n'est pas neuf. L'artiste qui veut agir prend tout ce qui fait flèche, même les matériaux de seconde main.

Dans la montagne, l'air est tellement pur qu'on devine à son odeur (à sa mauvaise odeur) un homme distant de soi d'une vingtaine de mètres qui arrive sur la route, et qu'un tournant vous cache.

Matisse, qui a une magnifique volière d'oiseaux de toutes les contrées du monde, me dit que les oiseaux d'Europe sont plus fins, plus intelligents que ceux des pays exotiques.

Il me dit qu'il a établi une hiérarchie des malheurs, et que

1. Personnage d'un album illustré de Töpfer.

le plus grand des malheurs qui pourrait lui arriver, serait de n'avoir plus envie de travailler.

Je lui réponds : « Et le travail des autres? Cela vous donnerait le temps de l'étudier et de le goûter dans ce que vous n'en connaissez pas, qui, pour vous, comme pour chacun de nous, reste sûrement considérable. *Nulla dies sine linea*, « Je hais les paresseux qui lisent » (Nietzsche) : Dieu sait si je me suis gouverné selon ces principes. Mais gare à ce que cette noble, cette magnifique et salvatrice passion du travail ne devienne pas un peu une manie. A partir d'un certain âge, une toile de plus ou de moins... un livre de plus ou de moins... Alors qu'il serait grave que cette passion de notre travail nous eût frustrés d'une part importante de la création des autres. »

Il me dit : « Quand j'étais pour crever, j'ai dit à ma femme : « Regarde comme j'ai bien fait de me faire plaisir en ache- « tant ces oiseaux. »

Je serais un malheureux si j'allais sur le terrain du public, au lieu que ce fût le public qui vînt sur le mien.

Peira-Cava, 16 janvier. A l'hôtel (de montagne), la comtesse. Ses extrémités éternellement glacées — les neiges éternelles, — son sang bleu, son air transparent. Ce n'est pas assez qu'elle noie d'eau son vin — eau minérale, bien entendu, — de cette lavasse elle laisse encore dans son verre : on est distingué ou on ne l'est pas. D'ailleurs, nous ne l'avons vue qu'une fois à la salle à manger : une personne d'une telle distinction ne peut prendre ses repas que dans sa chambre, ses repas qui sont surtout — toujours la distinction — des repas de spécialités pharmaceutiques...

Venue ici pour respirer l'air, puisqu'on n'y vient que pour cela, elle descend de sa chambre à midi, fait trois pas chancelants sur la neige, de ses pieds cambrés de comtesse, et remonte dans sa chambre, d'où elle ne descendra plus avant le lendemain midi, et dont les fenêtres sont constamment closes. Tu parles d'une cure d'air. Quelles sont ses maladies? La constipation sans doute, et puis les vapeurs, le rang, le conformisme, le christianisme. — Qu'elle meure!

J'entends crier dans la rue : « Nouvelle loi sur les passions! » Diable! Mais non, c'est *pensions*. Ouf!

Les écrivains qui se plaignent de ne pouvoir travailler à Paris. C'est une question de volonté et d'organisation. Comme de suivre une règle d'hygiène à Peira-Cava. Et ceux qui ne peuvent travailler à Paris sont de la même espèce que les gens qui ne peuvent guérir en montagne : l'espèce où l'on ne sait s'astreindre qu'à demi.

L'égoïsme, la colère, la violence, les contradictions de l'être, tout cela est traité de *faiblesse*. Mais c'est qu'on en a peur : il faut bien le calomnier.

A Lyautey, comme à Barrès, je reproche de n'avoir pas mangé le morceau. Qu'ils pontifient et bêtifient avec les officiels tant qu'ils n'ont pas obtenu la pacotille qui leur fait envie, l'un son bâton, l'autre son bicorne, passe encore (quoiqu'il y ait une autre race...). Mais ensuite! S'ils avaient été de vrais grands hommes, alors s'ouvrait pour eux le temps de ne mentir plus. Seulement, voilà, on commence par : « Ne me faites pas rire », et on finit par les airs pincés : « Rire? Qu'y a-t-il donc là de risible? »

La femme d'un éditeur américain, à qui je disais que je recueillais des notes pour un livre sur les enfants, sur les questions d'éducation, etc., me dit : « Pourquoi ne faites-vous pas plutôt du cinéma? Ça, au moins, c'est *la vie*. »
Aujourd'hui, une femme (française), parce que j'ai donné dans un journal un article qui, pour une fois, a trait plus ou moins à l'actualité, me dit : « J'aime vous voir vous mêler *vraiment* à la vie. »
Si on demandait aux gens : « Qu'entendez-vous précisément par *la vie?* » on serait effaré de la plupart des réponses.

Il est, je crois, des plus rares de rencontrer un homme à qui il soit *absolument* égal d'être dédaigné ou méprisé. Je n'ai jamais cessé d'être cet homme, et, s'il arrive qu'on me prête des singularités qui n'en sont pas, celle-là en est une authentique.

Durant les années 36-37, craignant l'invasion de guerre, ou des troubles sociaux, je n'achetai plus d'antiques. A la mort de d'Annunzio, je vis dans une gazette qu'à Paris, en septembre 14 — quand les Allemands étaient à Compiègne, — il achetait des vases persans. Cela me fut une leçon, j'eus honte, et, la première belle antique que je vis (qui était un marbre romain), je m'en fis cadeau.

Combien dépaysé dans les quartiers riches : les Champs-Élysées; l'horrible XVIe (où l'on me donnerait une maison, que je la vendrais, mais n'y vivrais pas), le sinistre quartier Villiers, place Wagram, aux avenues interminables, sans une boutique, mais avec à chaque immeuble un médecin pour gens cossus, dans appartement cossu ou plutôt faux-cossu (à seule fin de justifier les beaux honoraires). Les quartiers sans âme, sans petit peuple, *sans rue :* vides et fermés comme ceux qui y vivent.

Dans un quartier bourgeois, une rue populaire : la seule excitante du quartier. L'étonnante rue du Dragon dans le quartier Saint-Germain-des-Prés.

Une passante aperçue par temps gris et froid à tel endroit de la rue où il semble qu'elle doive être souvent, je reviens quelques jours plus tard à ce même endroit dans l'espoir de la rencontrer à nouveau. Mais aussitôt que j'y suis, prenant conscience qu'il fait soleil et chaud, j'ai l'intuition que je ne la retrouverai pas (et en effet).

Nul n'est de bon conseil en toute affaire et tous les jours.

Pour don Fadrique.

Traqué à mort, soudain, ouvrant un bahut, il y aperçoit, à un mètre de lui, une souris qui l'embêtait depuis très longtemps. Elle reste figée de saisissement, et lui, devant elle, si près d'elle, figé. Ils restent ainsi un moment à se regarder l'un l'autre. Puis il songe qu'il est traqué, lui aussi, comme elle. Et il referme la porte du bahut.

Fadrique, apprenant d'Indalecio que Carralafuente est mort — et mort décapité, — a un tel élan de joie qu'il tend les deux mains à Indalecio. Celui-ci ne les prend pas, soit qu'il n'ait pas compris le geste, soit que ce geste lui ait fait horreur.

Il faudrait montrer, au long des actes III et IV, que Fadrique périt à cause de sa peur de montrer qu'il a peur. Il ne veut pas demander asile dès la première menace, par crainte de passer pour pusillanime. Afin qu'on ne voie pas qu'il a peur, il ne prend de précautions qu'au dernier moment, quand il est trop tard et qu'elles sont devenues vaines.

Expliquant à Indalecio ce qu'il est obligé de faire pour se cacher de ses ennemis, qui veulent sa mort, il voit les yeux d'Indalecio aller à droite et à gauche : Indalecio n'écoute pas. Fadrique, brusquement, se tait, comme s'il était — déjà — frappé à mort.

Quand il voit le parti de ses ennemis approcher du pouvoir, il se transfigure intérieurement; il ne veut plus être seulement quelqu'un qui cherche à garder sa vie sous un pouvoir hostile; il veut avoir une place dans ce pouvoir; il veut le plus pour se délivrer du moins. Il se transmue d'homme traqué en homme avide, de la défensive à l'offensive, et par l'audace, la beauté et la difficulté de ce jeu, il se restitue à ses propres yeux.

A sa prudence, je vis qu'elle avait navigué, et naviguait encore.

Quand j'ai une minute de paix, de détente, après avoir tué une souris, j'évoque brusquement cette même minute d'euphorie, après avoir tué mon premier Allemand, à la guerre de 14. Cette euphorie est effrayante, comme c'est un peu effrayant aussi, ce rapport entre une souris et un homme. Mais je dis ce qui est.

Combien j'admire ces gens, surchargés d'affaires, de rendez-vous, de responsabilités, et qui n'ont *jamais l'air pressé*, qui vous accueillent, surpris à l'improviste, avec affabilité, ne vous font pas sentir que la conversation a assez duré, etc. Grande vertu sociale, qui me manque au plus haut point.

L'Espoir, de Malraux.

On entend dire sur ce livre des choses *monstrueuses*.

« C'est du journalisme. »

« C'est mal composé. » Toujours la nostalgie de *la Princesse de Clèves*, qui est détestablement mal composée, mais qui, on ne sait pourquoi, représente dans l'esprit des Français le roman-composé-à-la-française, c'est-à-dire « bien composé » (note : 16 sur 20).

« C'est mal écrit. » Monstrueux. Mais... toujours la nostalgie de *Salammbô*.

On lui reproche des « dissertations ». Ils appellent dissertations tout ce qui est intelligent et profond, et surtout les entretiens des personnages. A ces entretiens, je reprocherais plutôt de friser parfois l'invraisemblance. Une armée d'intellectuels, comme dans ces pièces d'avant-guerre où tous les personnages sans exception avaient « de l'esprit ». Hélas! Malraux, comme nous tous à la guerre, a dû avoir des mess qui n'étaient pas drôles. Mais il a fait le silence sur les cons, alors que c'est un des drames de la guerre, qu'on la fasse toujours côte à côte avec des imbéciles (drame qui me l'empoisonnerait, aujourd'hui, et jusqu'à détruire, je le crains, tout sentiment autre que l'impatience de cette imbécillité), ou du moins avec des compagnons qui ne se battent pas pour les mêmes raisons que vous (abcès qu'il faut préserver, ou bien ouvrir?).

L'attention chez Malraux. C'est une règle, que la beauté de l'art descriptif provient en grande partie de la précision, c'est-à-dire de l'attention. Est-ce qu'il notait? Et est-ce qu'il notait sur le moment même? Sa précision dans le détail. Exemple : la ligne de miliciens qui avance (p. 50), les camions (p. 76).

L'absence de littérature. En cela, fait songer souvent à Tolstoï (exemple de simplicité tolstoïenne, cette fin de chapitre, p. 18). Répugnance pour la pédale. Pour la phraséologie : presque pas de proclamations de foi (et plût au ciel que toute notre littérature antifasciste eût pareille horreur de la rhétorique!).

Pas d'ironie.

Rien de local : l'Espagne un accident. Préfigure des guerres de l'avenir, où il ne sera pas question de nations, sinon pour la frime : la lutte de classe camouflée en lutte patriotique, à l'usage des attardés, comme les Arabes d'aujourd'hui, pour intéresser l'Europe, camouflent en passion nationale leur vieille passion uniquement religieuse.

Inoubliable : la main sur le mouton (p. ...), la sueur sur les moustaches (p. 63), les pendules (p. 105), la musique du tercio qui joue sur la grand-place tandis qu'on se bat encore dans Tolède (p. 179). Les pages sur les fusillés (p. 184) sont le comble de l'art d'écrire. Mais personne ne s'en aperçoit. « Du journalisme! »

Le vieil intellectuel dans Madrid, quand les Maures vont arriver et le fusiller. Ne pas bouger. Hauteur, dignité et fatigue. « Non, ces gens-là ne me feront pas courir. » Il y avait de tout cela dans la complaisance à se laisser tuer des nobles de 94.

(Je relis et je vois que le personnage le dit à peu près : « Vous vous laisseriez tuer par indifférence? — Pas par indifférence. Par dédain... »)

En Malraux se réconcilient l'intelligence et l'action, fait des plus rares.

Jusqu'à quel point croit-il? Si tout cela est jeu, c'est un jeu bien caché : *vere Deus absconditus*.

Plat avec ses ennemis, hautain avec ceux qui lui faisaient du bien.

1er juin. — Je voyais, dans cette nuit d'été, les fenêtres lumineuses des grands immeubles le long de la Seine, et puis au-dessus les étoiles. Et je me disais que, si merveilleuses que fussent les étoiles, j'aimais encore mieux les lumières des hommes.

Si nos vertus ne sont ni reconnues ni appréciées de personne, pourquoi les avoir, alors qu'humainement elles ne nous causent que du tort? Pourquoi du caractère? Pourquoi de la délicatesse? Pourquoi du désintéressement? Pourquoi toujours renoncer à quelque chose, toujours faire le mauvais marché? — Pour n'avoir pas honte de soi; la réponse est si simple et pourtant, à de certaines heures, elle semble si folle...

Comme ils veulent tous une vieillesse protégée et douillette! L'ouate avant le linceul.

« Faites court », dit-on à l'homme qui écrit sa défense pour sauver sa tête.

Femmes amoureuses ou seulement sentimentales, qui se jettent sur le stylo ou sur le téléphone comme le drogué se jette sur la seringue, — ne peuvent un seul jour s'en passer.

J'adore cette anecdote lue dans un auteur militaire. C'est au siège de Sébastopol. Soudain, un grenadier russe sort de sa tranchée, grimpe sur le parapet, et se met à danser à la mode de son pays. En face, dans la tranchée française, charmé de son culot, on rit et on applaudit. Le Russe plonge, mais, après quelques instants, ressort et danse à nouveau. Léger froid dans la tranchée française. Encore quelques minutes, nouvelle sortie et nouveau début d'entrechat : d'un seul mouvement, sans s'être concertés, les Français tirent et le tuent. La morale est qu'il faut savoir s'arrêter à temps.

Huit fois sur dix, la personne qui demande conseil indique dans quel sens elle voudrait que le conseil lui fût donné : « Vous pensez, n'est-ce pas, que... ? » Et huit fois sur dix, par manque de caractère, ou seulement par légèreté, l'interrogé opine dans le sens qui lui est indiqué. Alors même qu'il eût opiné dans l'autre, si la question lui avait été posée honnêtement : « Que pensez-vous : que... ou que... ? »

Ces idiots politiques, mais infiniment alertes sur leurs propres intérêts, serins ici et renards là, me font penser à ces domestiques qui nous accablent par leur stupidité dans notre service, mais, en combines et friponneries dans ce qui les concerne, sont maîtres à s'agenouiller devant.

« Il fut un temps où certaines couleurs, spécialement l'indigo, passaient pour maléfiques. D'après les chroniqueurs anglais, le roi Henry IV d'Angleterre aurait été empoisonné au moyen d'un manteau de velours bleu, teint à l'indigo, qu'introduisit traîtreusement, dans la garde-robe du souverain, le fils du duc de Montherlant, dont le père avait été massacré sur les ordres d'Henry, par le shérif d'York. » (Dr Cabanès, *Dans les coulisses de l'histoire*, p. 89.)

Un « coup de vieux ». L'horrible expression pour désigner le vieillissement subit chez quelqu'un. Des hommes l'appliquent à leur père. Je n'aime pas ce manque de respect français pour la vieillesse. Ce manque de respect français pour la jeune fille prolongée. Ce manque de respect français pour l'enfance. Les Français ont plein la bouche de la « personne humaine », et ils la traitent ignominieusement.

A..., rencontrant B... au bras d'une grue voyante, lui en veut, parce que, dans l'idée qu'il se faisait de lui depuis vingt ans, il y avait que B... ne fréquentait que des femmes du monde. A... lui en veut de déranger l'idée qu'il se faisait de lui, bien qu'il l'ait blâmé souvent de ne fréquenter que les femmes du monde.

Les services rendus desservent une demi-amitié, parce qu'un moment vient où l'on se ralentit d'en rendre.

Une femme étonnée et curieuse est une femme à demi tombée. Tombée sur un genou comme le boxeur qui reste sur un genou jusqu'à ce que l'arbitre ait compté neuf.

Une femme qui t'aime, ô mâle stupide, donne moins la mesure de ton pouvoir, comme tu le crois, que la mesure de sa grandeur.

Toujours la tauromachie. — Pendant cette longue période où elle hésite, réfléchit, recule, calcule, malgré tout son effort elle est condamnée à venir où je l'attends, comme le taureau, quels que soient sa vaillance, les chevaux et même les hommes qu'il ait étripés, est destiné fatalement à mourir. Et il y a dans cette défense vaine (et si sincère) quelque chose ensemble de touchant, de ridicule, de pitoyable, et de grandiose.

Un vieux journal espagnol qui me tombe sous la main. Quelle pitié que cette vue petite que donne la fureur politique. Un parti politique, cette pauvre chose qu'est un simple parti politique, verse des larmes de crocodile sur « la honte », le « déshonneur », l'« humiliation » du général (du parti adverse) qu'il a fait dégrader par ses tribunaux. Comme s'il y avait la moindre honte et le moindre déshonneur à être outragé par une « justice » qui n'a rien à voir avec la justice, qui n'est qu'une façade hypocrite de la passion et de la haine! Il n'y a pas plus de honte, en temps de guerre civile, à être condamné par la « justice » du parti adverse, qu'il n'y a de honte, sur le champ de bataille, à être blessé par l'ennemi.

Au soulier beau, on reconnaît la courtisane. Mais moi, ce qui m'allume, c'est le soulier fatigué.

Femmes, à 3 heures, pressées à la porte de l'imprimerie de *l'Intran*, pour avoir tout frais le canard. Elles se jettent sur le bas de la dernière page (les annonces), sans un seul coup d'œil aux nouvelles plus ou moins sensationnelles de la première, ni même aux photos. On en voit se mettre à l'écart sous une porte-cochère, afin d'y lire fébrilement ces petits messages des îles Fortunées : « *On dem.*, *On dem.*, *On dem.* ». Et puis, dare-dare vers le métro : il s'agit d'arriver la première chez l'éventuel employeur (ce galop des femmes vers l'homme à sous).

On comprend toutes les raisons pourquoi ces pauvrettes, souvent jeunes et agréables, répugnent à faire plutôt la courtisane. Sauf exception, un homme qui n'est plus un jeune homme est un objet dégoûtant (et les jeunes gens qui ne sont pas dégoûtants sont eux-mêmes une minorité). Avoir ça sur le ventre, poils, tabac, bouche, gomina, quel calvaire. De là, que ce fut une idée sublime en certaines sociétés antiques, de faire de la prostitution une chose religieuse. Non seulement plus de honte pour la dame, mais — tout étant affaire d'imagination — son dégoût transfiguré par le caractère sacré de l'acte qu'elle accomplissait.

C'est en sortant de l'hôpital que bien des femmes, jusqu'alors sages, sautent le pas, se font courtisanes. Elles connaissaient de tout temps la misère, mais, à l'hôpital, elles l'ont réalisée sous une forme atroce qu'elles ne connaissaient pas encore.

« Il y avait là une blonde... » « Louis a couché avec une brune formidable... » En somme, l'homme ne sait discerner dans une femme que si elle est brune ou si elle est blonde.

Le stylo coule. On n'y fait rien, et après quelques jours il cesse de couler. Je suppose que les maladies doivent quelquefois se guérir de la sorte, et les affaires difficiles de la sorte se dénouer.

En permettant aux uns de duper les autres, la naïveté est un élément trop capital du bonheur humain, pour qu'on ne lui doive pas de l'indulgence.

Le sentiment de régénération qui nous vient, à décider de ne pas faire une chose qui nous ennuie, devrait à lui seul nous convaincre que nous sommes là dans la vérité.

Je connais très bien tous les défauts des hommes, parce que je les étudie en moi.

La plus noble fonction de l'esprit, et qui engage le caractère, est de rendre à chaque idée et à chaque être ce qui lui est dû.

V... vida son sac à W..., le concernant, un jour qu'il était irrité non contre lui, mais contre Y... Un boqueteau qui brûle allume le boqueteau voisin.

L'admiration du public dévie la fumée montant de notre œuvre. Mais l'indifférence du public la laisse monter de son mouvement naturel, qui la mène vers le ciel.

Mes œuvres brillent pour certains êtres d'une jeunesse éternelle, alors qu'elles sont mortes dans mon cœur, comme ces troncs d'arbres qui ont l'aspect d'une masse de mousse verdoyante, mais au-dessous ne sont qu'écorce sèche.

Quelquefois il semble que notre pensée se meuve sans que nous y ayons part. Il pense en nous comme il neige sur la campagne.

Croyez-vous sincèrement que sous un régime socialiste ou communiste il y aura des médecins et des infirmières, dans les hôpitaux français, qui traiteront les humbles avec conscience et respect, des administrations et une armée françaises qui ne les brimeront plus, des orphelinats pour leurs enfants qui seront autre chose que des prisons, etc. : en un mot, qu'*ils seront traités, sans argent, de la même façon que s'ils en avaient ?* Il y a chez nous quelque chose à changer de plus profond qu'une structure sociale et des lois, c'est la qualité de l'homme. Or, rien n'indique que ce changement se prépare, même à la plus lointaine échéance. Au contraire, c'est une aggravation de l'inhumanité qui se prépare.

Les personnalités aux contours les plus accusés sont les plus grossières, comme ces cartes de géographie barbouillées par les enfants, où tout l'intérieur du pays est informe, mais où les côtes, cernées vigoureusement de crayon bleu, sont le seul tracé ferme du dessin.

Nous nous déshabillons avec une telle hâte que je jette sur

le tapis, pêle-mêle, toutes les pièces de mes vêtements, tandis que je l'entends, elle, qui déchire une des siennes.

— Pourquoi êtes-vous quelqu'un de propre ?
— Par esprit de contradiction.

Une fille comme J... m'incline par sa braverie, durant tout le temps de notre liaison, à une conception du monde où les qualités morales sont comptées en premier. Quand elle sera sortie de ma vie, je reviendrai à ma pente naturelle, de faire passer en premier la capacité.

Dans le discours d'un homme de lettres sur la tombe d'un de ses pareils, je lis cette phrase : « C'est à peine s'il leva les bras quand le flux d'une nouvelle génération submergea ceux de la sienne qui attendaient encore quelque chose de l'avenir. »

Et j'admire comment la piété sait expliquer qu'on n'a pas eu de talent.

Cette métaphore marine, banale au premier abord, ne manque pas, à mieux voir, de grandeur. « Les générations des hommes sont comme les feuilles des arbres. » Oui, mais notre orateur a raison, elles sont aussi comme les vagues de la mer.

C'est émouvant de voir naître à l'horizon, comme des vagues, ces générations des derniers venus. Cette vague qui s'enfle sera-t-elle moins haute que les autres ? Au contraire, va-t-elle rattraper la précédente, l'écraser et la distancer ? Laquelle, sur la plage, apportera un trésor ? Et laquelle des épaves ? Et laquelle ira le plus loin ? Cependant nous la suivons encore, et déjà, derrière elle, est née une nouvelle vague, elle aussi pleine du désir de croître et de conquêter. Sur la grève, les citadelles éternellement menacées et indemnes regardent ce qui vient mourir à leur pied.

Passe ça à ton voisin, ou : *Entre eux.*

Stendhal, sur Chateaubriand : « Notre grand hypocrite national. »

Barbey d'Aurevilly, sur Stendhal : « Un Tartufe intellectuel. Il commença par jouer sa comédie aux autres, et devint, comme tous les Tartufes, son propre bonhomme Orgon à lui-même. »

Fontanes, sur Lamartine : « C'est un talent hypocrite, une fausse harmonie. Tout cela est calculé; il n'y a pas d'inspiration » (à Chênedollé).

Lamartine, sur Chateaubriand : « Je le voyais à la messe l'autre jour; figure de faux grand homme; un côté qui grimace. »

Chateaubriand, sur Lamartine : « Quel grand dadais! » (à Mme Récamier).

Gœthe, sur Hugo : « Maintenant M. Hugo écrit pour gagner de l'argent. »

Hugo, sur Gœthe : « Je ne l'ai pas lu, mais j'ai lu Schiller. C'est la même chose. »

Sieyès, sur Chateaubriand : « Je vous rends le fatras à prétentions philosophiques de M. de Chateaubriand. Quel charlatan! Est-ce que vous avez pu le lire jusqu'au bout? » (à Rœderer).

Je pourrais, s'il le fallait, donner les références de toutes ces citations.

A noter que c'est le plus souvent d'hypocrisie que s'accusent ces messieurs. Car, quand le talent est indéniable, de quoi accuser? Accuser d'insincérité, qui est jouer sur du velours, puisque la sincérité ne se prouve pas.

(Et encore : « Bossuet, parlant de Fénelon devant l'abbé Ledieu, disait que c'était un talent hypocrite. » Sainte-Beuve)

« Avoir une foi! » clament les jeunes gens bien stylés. « De l'enthousiasme! » clament les punaises idéalistes. « Aimer! » clament les chrétiens. « Servir! » clament les patrons. « Mourir! » clament les gouvernements. Au milieu de toutes ces invites, celui qui veut voir les choses telles qu'elles sont reste froid. Car les choses telles qu'elles sont sont trop impures, je veux dire : ont trop d'interférences les unes dans les autres, pour qu'on puisse se passionner pour aucune d'entre elles exclusivement. Cet esprit pondéré est, bien entendu, suspecté puis haï. Il lui faut vivre au milieu des excités simples d'esprit comme le Père de Foucauld au milieu des sauvages : à la grâce de Dieu. Jusqu'au jour où, comme le Père...

Un correspondant inconnu m'envoie cinq pages de citations de J.-J. Rousseau, pour me montrer leur parenté avec ce que j'ai moi-même écrit. Je repêche ces deux-ci, les seules que je retrouve; j'avais d'abord jeté le tout, mais, après réflexion, ne le juge pas indifférent.

(Dans ma jeunesse)... sans cesse occupé de Rome et d'Athènes, vivant pour ainsi dire avec leurs grands hommes...

(*Les Confessions*, livre 2, p. 11.)

... Je dépenserais tout mon revenu sans chercher à l'augmenter... J'adore la liberté. J'abhorre la gêne, la peine, l'assujettissement...

(*Ibid.*, p. 56.)

... Cet amour des objets imaginaires et cette facilité à m'en occuper achevèrent de me dégoûter de tout ce qui m'entourait, et déterminèrent ce goût pour la solitude qui m'est toujours resté depuis ce temps-là.

(*Ibid.*, p. 60-61.)

... On m'a imputé de vouloir être original et faire autrement que les autres. En vérité je ne songeais guère à faire ni comme les autres ni autrement qu'eux. Je désirais sincèrement de faire ce qui était bien. Je me dérobais de toute ma force à des situations qui me donnassent un intérêt contraire à l'intérêt d'un autre homme, et par conséquent un désir secret, quoique involontaire, du mal de cet homme-là.

(*Ibid.*, p. 84.)

Je suis en racontant mes voyages comme j'étais en les faisant : je ne saurais arriver.

(*Ibid.*, p. 263.)

...quoique né homme à certains égards, j'ai été longtemps enfant, et je le suis encore à beaucoup d'autres.

(*Ibid.*, p. 267.)

...je sentais en dépit de moi-même une prédilection secrète pour cette même nation que je trouvais servile et pour ce gouvernement que j'affectais de fronder... Je raillais les Français de leurs défaites, tandis que le cœur m'en saignait plus qu'à eux.

(*Ibid.*, p. 279.)

...mais je n'aimais pas être obligé de me rendre à mes leçons ni que l'heure me commandât.

(*Ibid.*, p. 291.)

...et moi qui avais tant de peine d'être à mon aise avec les nouveaux visages...

(*Ibid.*, p. 325.)

...forcé de me loger à leur voisinage, en chambre garnie, dans un quartier assez cher, et payant un autre loyer à l'extrémité de Paris, tout au haut de la rue Saint-Jacques, où, quelque temps qu'il fît, j'allai souper presque tous les soirs.

(*Ibid.*, p. 184.)

Ma chambre ne désemplissait pas de gens qui, sous divers prétextes, venaient s'emparer de mon temps. Les femmes employaient mille ruses pour m'avoir à dîner.

(*Ibid.*, p. 223.)

Je jetais mes livres dans le public avec la certitude d'avoir parlé pour le bien commun sans aucun souci du reste. Si l'ouvrage était rebuté, tant pis pour ceux qui n'en voulaient pas profiter : pour moi je n'avais pas besoin de leur approbation pour vivre.

(*Ibid.*, p. 280.)

X... me dit, le plus tranquillement du monde, que le critique littéraire de... [1] n'a pas consacré de feuilleton à *l'Espoir*. — « Pourquoi ? Parce que c'est d'un adversaire politique ? — Oh ! non, non. Je crois que (le critique) n'a pas pensé que cet ouvrage en valût la peine. Mais si, *vous*, vous vouliez écrire un article sur *l'Espoir*, nous le prendrions bien volontiers. » Ainsi, un journal fait le silence sur une des grandes œuvres contemporaines, mais est prêt à en publier un éloge, bien que l'auteur de cet éloge et l'objet de cet éloge soient tous deux de ses adversaires politiques, parce que cet auteur a « un nom ». Tout cela ahurissant.

L'accueil fait à *l'Espoir*, qui n'a pas été en proportion de sa valeur, a pour source le désir qu'on a d'empêcher Malraux de prendre une trop grande place. Je le flairais, et on me l'a confirmé.

Mlle X..., dont je suis excédé, me téléphonant, discernant au téléphone ma voix excédée : « Vous avez des ennuis ? Vous avez l'air embêté... » Là-dessus elle répand dans Paris que j'ai des ennuis, — quand c'est *elle qui m'ennuie*.

---

1. Grand journal réactionnaire, dont X... était le directeur.

CARNET XXXV

Paris : du 5 juin 1938 au 3 septembre 1938.
Londres : du 4 au 8 septembre.
Lorraine : du 24 septembre au 3 octobre.
Paris : du 4 octobre 1938 au 10 janvier 1939.

Nietzsche pense convulsivement; il souffre jusque dans la joie.

Son mécanisme, auquel il finit par être habitué, de lever sans regarder à fond. Ensuite c'est, par exemple (ayant horreur des cafés et des thés), le ciné, c'est-à-dire un profil dans la nuit. Puis des trajets en auto, « à côté de », où il regarde mal. Puis l'accouplement dans l'ombre. De sorte qu'une ou deux rencontres ont lieu, sans qu'il s'aperçoive qu'il s'est monté la tête sur, et a embrassé avec amour, quelqu'un de moche. Et même ne le réalisant parfois qu'au tirage d'une photographie.

En France, si on a cessé presque complètement de confondre intelligence et instruction, intelligence et mémoire, on confond encore trop intelligence et spéculation.

Et se réveille parmi les oiseaux sonores, à la pointe de la matinée.

La mise en train de certaines actions particulièrement difficiles demande l'afflux d'une force qui peut devenir excessive quand l'action est bien amorcée, et ne trouvera alors sa décharge que dans des cris. (Et s'il n'aboyait pas, c'est qu'il n'était pas chien.)

Avec l'accent de Marseille : « Si je la prends, tellement je la prends, coquin! je lui troue le cœur. »

Les boulevards qui se vident pendant l'heure du dîner, qui s'apaisent, respirent.

Le chat joue avec son derrière.

J'ai donné rendez-vous à une femme, mais je ne veux pas la faire aujourd'hui, parce que je n'en ai pas envie. Je vais au rendez-vous et la contremande. A peine est-elle partie que j'en ai envie (Raymonde).

Si on frôle une femme audacieusement, dans un lieu public, lui marcher un peu sur le pied dans le même temps et lui demander pardon, pour voir ce qu'elle dira. Ou bien grognement et tête détournée. Ou bien un sourire : « Oh! ça ne fait rien! » Et poursuivre ou non, selon.

Parents, si vous voulez que vos enfants ne se prostituent pas, donnez-leur un peu d'argent de poche. Pas *rien*.

Laisse-moi te faire du bien durant le temps que je t'aime. Cela ne durera pas toujours.

Titre : *les Mémoires d'un faune*.

Nous sommes sans cesse entre les mains des gens.

S'il m'arrive d'avoir une contrariété à fond d'humiliation, il n'est pas rare que, la nuit suivante, elle se transpose dans le domaine tauromachique, rejoigne ces poignantes humiliations que je ressentis, à quinze et seize ans, non seulement à être brocardé par le public pour tuer mal des taurillons, mais à y prendre conscience de mon incapacité. Deux fois, en 1932 et 1938, j'ai eu des contrariétés avec « complexe d'infériorité ». Les deux fois, la nuit suivante, rêve tauromachique. Mon premier rêve, simplement le calvaire du matador qui ne parvient pas à tuer son taureau. Mon second rêve, une corrida tragico-burlesque, où mes *peones* avaient des moustaches, où l'on avait oublié mon épée, où la course avait commencé en avance, et où je criais au président : « Il n'est pas trois heures! » Dans les deux cas, par-dessus vingt-deux et vingt-sept ans de passé, mon déboire de la journée allait chercher ces grands déboires de mon adolescence, et entrait dans la forme de vie qui fut — avec le plaisir sexuel — la plus violente passion de ma vie. (Nuit du 30 juin au 1er juillet.)

30 juin. — Bremer [*Allemand, mon traducteur en allemand*] me dit que nous n'aurons pas la guerre avant trois ou quatre ans.

Bataille de pigeons. Ils s'approchent, se provoquent, se soulèvent en l'air, à trente centimètres l'un de l'autre. Et vingt fois le même manège. Oh! quels tourbillons! quels claquements d'ailes! Mais pas une fois ils ne se touchent du bec. — En vérité, c'est une terrible bataille. Une de ces batailles de condottières, où le fin était que personne ne fût tué.

24 juin, attendant Ch. de Bordeaux. — Le supplice de surveiller, du trottoir d'en face, et d'un peu loin, la porte cochère d'où est censé devoir sortir un objet charmant. A une heure, on croyait que tout irait bien : la rue presque déserte. Mais à 2 heures moins le quart, à 2 heures!... Alors, *la moitié du temps*, la vue de la porte cochère est bouchée par des autos, des passants. C'est en de telles circonstances qu'on réalise à fond que tout être humain qui n'est pas désirable est un salaud.

Cette attente liée à l'image que voici. Le reflet du soleil dans la vitre d'une auto qui passe fait voler le long du mur de *son* immeuble un grand oiseau de lumière. Puis une autre auto. Et à chacune s'envole un autre grand oiseau solaire. L'un après l'autre, comme des pigeons s'envolant des boîtes, au Tir aux Pigeons.

Encore un endroit de Paris marqué pour moi à jamais. Cette ville qui sans cesse s'enrichit de tous les endroits où j'ai levé, ou b..., ou attendu, comme une campagne en soi insipide peu à peu se pathétise à mesure que les obus y creusent leurs entonnoirs.

Journée de *desperado*, où il n'y a plus d'espoir que dans le litre de blanc dont on se tapera la tête à dîner. Se retrouver ensuite à sa table de travail, c'est rentrer dans l'humain.

Si nous sommes véridiques, — si nous ne discutons pas, — si nous ne marchandons pas, — si nous nous laissons marcher sur les pieds, ce n'est pas par vertu, c'est pour ne pas perdre de temps.

Il est parfois moins digne d'un homme de tirer (de son revolver) que de se retenir de tirer.

Les Parisiens, au restaurant, réclament, appellent le garçon, mais si timidement qu'on se dit que l'important, pour eux, est d'avoir réclamé, non d'avoir obtenu. Quand ils ont frappé débilement sur leur verre, même si, d'évidence, le garçon ne les a pas entendus, ils se tiennent pour satisfaits.

9 juillet, pour *la Rose de sable*. — Il lui arrivait, quand il hésitait s'il fallait lever une femme, parce qu'elle ne lui plaisait pas beaucoup, de demander à Caccavella (son domestique) si ça en valait la peine : « Qu'est-ce que tu en penses ? »

16 juillet. V. R. — La vie d'un aventurier, c'est l'accordéon : une contraction de prudence, et une détente d'imprudence. L'Alternance, toujours.

Partant à l'aventure, veiller à être impeccable de vêtements, pour si la journée finit chez le commissaire. (Notre défense sera celle d'un idiot, si nous sentons que notre pantalon est fatigué.) Mangeant un croissant : « C'est ce qu'on retrouvera dans mon corps à l'autopsie. »

Revolver : le déloyal serviteur (toujours prêt à s'enrayer).

Je ne parviens pas à comprendre qu'un homme qui aime la vie comme je l'aime la risque ainsi de gaîté de cœur. Vraiment, il y a là quelque chose qui me dépasse.

Toujours avoir de la monnaie sur soi. D'immenses choses manquées parce que, dans un moment où il ne fallait pas perdre une minute, on n'avait que des billets de mille sur soi.

Attention ! les sergents de ville se déplacent, les monstres. Vous les repérez à tel endroit, bien en faction, vous semble-t-il, vous vous dites que vous les retrouverez là en cas de pépin. Mais, repassant, vous voyez qu'ils ont disparu, et que si vous aviez eu besoin d'eux...

Quand l'alerte s'est montrée vaine, le monde nous est rendu (du moins un certain monde; car c'était aussi un monde intéressant que celui de l'homme traqué). Auparavant, c'était être aux aguets, se cacher, louvoyer, c'était la perspective de devoir mentir, de construire un système, un blockhaus de défense et s'y incruster sauvagement. Maintenant, quelle respiration! Liberté et insouciance absolues. Les êtres qui cessent d'être un danger... On vole dans les airs. On marche sur les eaux.

Ciel nocturne, laiteux, comme une prairie pâle de givre.

Mon mystère n'est pas leur mystère.

22 juillet. — Des êtres qu'il faut avoir pendant six mois; au-delà, ils sont devenus affreux. Si cela est « horrible », se rappeler qu'on descend prendre le soleil d'hiver, qui ne dure qu'une demi-heure. On ne s'en prive pas parce qu'il ne dure qu'une demi-heure.

Aventure. — Il aime et mène une vie pour laquelle, nerveusement, il n'est pas assez solide.

28 juillet. — Résistance de Violette. Rêve d'elle dans la nuit suivante. Quelle est cette sorte de sentiment? Pas le désir, pas la tendresse, pas l'amour. Une espèce de crispation de l'imagination et de la sensibilité, qui bondissent et s'exaltent sur cet obstacle comme une vague sur un récif.

Sa bouche entr'ouverte comme le Méléagre du Vatican.

Extrêmes « contradictoires ». Mêlés ensemble comme sont mêlés ensemble, à la mer, le vent frais et le soleil chaud.

Une vie est usée moins par ses grandes tragédies que par ses petits ennuis et pertes de temps. Ce sont moins nos ennemis qui nous usent, que nos amis, ou plutôt ces demi-amis, ces indifférents qui désirent sans cesse de nous rencontrer, quand ce désir n'est pas réciproque.

A ceux qui me vantent le mariage, comme à ceux qui me vantent l'Académie Française, ou quelque mirifique voyage-aux-frais-de-la-princesse, je réponds simplement que ma destinée n'est pas là, et que c'est bien assez de se donner du mal pour ce qui vous fait envie, sans s'en donner encore pour ce qui ne vous en fait pas.

Pas plus que les gouvernements, les lois ne vont contre l'opinion : tout cela n'est que de l'homme. Les dictionnaires consacrent les usages du parler; les lois, les usages des mœurs.

Idylle. — Square des Arts et Métiers, je souris à une fille de seize ans. « Vous me trouvez belle? — Oui, assez... — Alors, payez-moi des cacahuètes. »

Le droit est le jugement de valeur qu'une force porte sur une force moins forte qu'elle.

La titillation des critiques littéraires est de convaincre le public, et, plus encore, de convaincre les auteurs, que les critiques littéraires connaissent beaucoup mieux les auteurs que ceux-ci ne se connaissent eux-mêmes.

« Les femmes d'onze heures du soir. » Celles qu'on fait quand on n'a rien levé de la journée. Les souverainement moches.

Je dis à G. G. : « Ne t'occupe donc pas de ton avenir, puisque tu seras tué dans un an à la guerre. — C'est ce que me dit ma mère », me répond-il.

C'est toujours durant le bouche à bouche que votre estomac délicatement gargouille, ou que vous avez envie de renifler.

J'aime mieux ma réalité que mes rêves.

4 août. — Ce soir, où j'étais si triste, alors l'orage, la pluie nocturne d'août, et l'espérance qui renaît. Car je connais ma destinée.

L..., son argent lui permet de ne rendre de services que d'argent, qui sont les moins pénibles, quand on en a.

Le peu d'intérêt et le peu d'intelligence que les gens

apportent à la lecture de ce que vous écrivez, pourraient désespérer votre vie, si votre vie n'était pas ailleurs que là.

La nuit chaude, posée sur les toits.

Je m'arrête devant l'être humain et je me dis que c'est une belle chose. Le voici qui a trop b..., mais un bon repas le restitue. Le voici qui a trop bu, mais une promenade le restitue. Le voici qui a trop marché, mais une bonne nuit le restitue. Le voici qui est effondré par l'épreuve, mais en quelques jours il a tout oublié. On dirait toujours qu'il est au fin fond, et puis il remonte, et il remonte par les moyens *les plus simples*. Toujours il trouve un système philosophique qui le couvre; toujours il retombe sur ses pieds; toujours il tire profit de tout. Lorsqu'il est normal et sain, il est prodigieusement résistant, au moral et au physique.

Quant à ses faiblesses, ses défauts et ses vices, la voix publique elle-même reconnaît que c'est cela qu'il a de plus sympathique. (11 août.)

Un homme — et une nation — se préfèrent à leur expérience. Quel que soit le risque, ils préfèrent à la leçon de leur expérience le plaisir qu'ils éprouvent à s'abandonner à leur tempérament.

Chatinières, dans le *Grand Atlas marocain*, p. 5. — Le caïd El Bahlouli, à Gouraud : « Je suis un vieux soldat. J'ai servi toute ma vie à la solde de plusieurs maîtres, les servant et les trahissant tour à tour, quand ils avaient cessé de me plaire ou de servir mes intérêts. »

« Apprenez à faire travailler les autres. C'est un des grands secrets de la vie. » Un secret que je n'ai pas connu, et que je ne voudrais pas connaître.

Une femme jeune reproche à sa vieille mère qui est dans une maison de retraite :

— Tu penses toujours à toi...

— A quoi veux-tu que je pense?

Comment on se trahit. — Apprendre le nom du type qui a été votre prédécesseur dans l'aimoir, par sa signature mise au bas de l'inventaire.

Femme à qui on a mis la main quelque part, et qui la repousse doucement comme un chat vous repousse de sa patte.

Il faut se garder des raisons de n'aimer pas les gens, pour le jour qu'on les perdra.

Une pensée prisonnière de son expression n'est pas de la pensée. Cette pensée-là est néanmoins — comme de juste — celle que produit le plus naturellement un écrivain.

Il n'y a pas d'anomalies dans la nature.

British Museum [1].
Trajan sans front du tout. Un visage de lutteur.

La délicatesse exquise de la tête de femme nº 1987.

Le taureau nº 1254, bas-relief de la décoration de la scène au théâtre d'Éphèse, ressemble à mon père. Même œil rond et caverneux et même parti du nez.

Les jeunes gens à poil qui passent le conseil de révision devant Artémis, l'un exactement derrière l'autre et se touchant l'un l'autre l'épaule. Bas-relief nº 2155.

Rembrandt me féconde.

Œuvres d'art. — Il faut être difficile.
Et quand on est difficile pour les contemporains, que reste-t-il d'eux ?

Le soin pris pour que tout soit facilement compréhensible du visiteur : des écriteaux qui lui expliquent tout. Tandis qu'en France l'administration d'un musée a toujours l'air de vouloir vous faire comprendre qu'il faut acheter le catalogue.

Dans la salle babylonienne, sensation d'être dans une caverne pleine d'or. On est hébété de toutes ces richesses.

---

1. La plupart des notes prises au British Museum ont été détachées de ce *Carnet*, en vue du catalogue d'une collection d'antiques.

Dans cette salle, un chat de bitume, d'argile et de paille, tirant un petit bout de langue en jaspe rouge, comme un sandwich tire sa langue de viande.

Le tout petit lécythe protocorinthien (700 ans av. J.-C.) avec une inscription grossièrement dessinée au couteau : « Je suis la bouteille de parfum de Nataïé. Quiconque me volera deviendra aveugle. » C'est le « Que le bon Dieu m'aveugle les yeux si je commets telle faute » des Nord-Africains d'aujourd'hui.

Et l'Afrique du Nord, encore, avec ce petit bronze étrusque de 460 av. J.-C. environ, représentant un négrillon en train de nettoyer une chaussure.

Combien rare me semble ce petit vase étrusque en forme d'urne cinéraire (Tc G 213). Un homme (banquetant) est étendu; une femme est étendue au-devant de lui; il la tient de sa main ramenée sur sa hanche. Elle, elle tourne vers lui la tête, et ils se baisent sur la bouche. Or, dans la lascive antiquité, les représentations du baiser sur la bouche, ou seulement du baiser, me semblent des plus rares.

Combien l'homme à qui (depuis *Quo Vadis?*) l'évocation d'un cirque romain a toujours fait battre le cœur, est ému par cette plaque de marbre provenant de la porte Portese à Rome (vitrine 57 de la salle *Greek and Roman life*) et ainsi conçue : *Circus plenus. Clamor ingens. (Januae clausae?)* Il s'agirait d'un *game board.*

J'imagine que la sensation se rapporte à quelqu'un qui est à l'extérieur du cirque. Je la trouve bien plus émouvante pour moi ainsi — émouvante jusqu'à la chair de poule, — l'ayant éprouvée telle en Espagne.

Même salle, vitrine *Reading, writing, painting;* une tablette à écrire en bois (n° 675) recouverte d'une écriture en grec à l'encre. Les trois quarts d'une ligne sont effacés. Ce raturage m'émeut comme le squelette de l'homme préhistorique, au Muséum d'Histoire naturelle, émouvait Barrès : « O mon parent! » Je dirai comme lui : « O mon parent! » de celui qui, il y a tant de siècles, déjà se corrigeait en écrivant...

Salle égyptienne. — Devant les photos des momies, devant les portraits peints des momies de l'époque romaine (IIIe siècle) (où l'on retrouve tout l'art du portrait des Romains), je songe à leurs orgasmes, car je sais bien que c'est cela seul qui fut important dans leur vie.

Que ce soient les estampes de Rembrandt ou les miniatures persanes, ce qui me frappe, c'est l'honnêteté professionnelle de l'artiste. Quelle différence avec nos illustrateurs français contemporains !

Et l'honnêteté professionnelle de ces Anglais conservateurs du British. De ce point de vue, celui qui « conserve » devient l'égal de celui qui est conservé.

Sous vitrine, lettre de Voltaire à un Anglais en 1760 : « De toute façon, vous ne pouvez être aussi bas que nous le sommes. La pauvre France en ce moment n'a ni flotte, ni argent, ni gloire, ni esprit. Nous sommes au plus bas. »

Importance de la rigolade dans la religion grecque, la seule qui ne se prenne pas constamment au sérieux. Aussi est-elle calomniée; ceux-là mêmes qui prétendent admirer le génie grec font une exception pour sa religion. Et il est trop aisé de ridiculiser ces dieux débonnaires qui se laissent ridiculiser, sans impiété, par leurs contemporains, les auteurs dramatiques grecs.

L'intelligence est la faculté qui fait que l'on s'abstient.

Les gens, dans de telles circonstances, aiment de parler des actualités, pour se soutenir mutuellement. Moi, j'aime de n'en parler à personne. Dans ces circonstances, plus que jamais, je tiens à ne « voir » personne [1].

24 septembre. — Comment apprendra-t-on la mobilisation? Quand, à mon réveil, j'entends dans la rue une femme qui rit, je me dis que ça n'y est pas encore.

---

1. Les dix jours passés en Lorraine, au moment de la mobilisation qui précéda les accords de Munich, ont donné lieu à des notes qui ont été recueillies dans *l'Équinoxe de Septembre*. On n'en trouve donc ici qu'un très petit nombre.

Mon esprit est auprès des Tchécoslovaques, auxquels on a arraché leur guerre.

Nous qui savons que ces fraternités sans lendemain n'ont pas d'importance.

30 septembre. — La guerre civile, c'est l'inconnu, je ne me sens pas capable de la dominer. Mais la guerre nationale, c'est une vieille chose que l'on croit que l'on saura maîtriser.

2 octobre. — Il semble que sous cette futaie flotte un vague murmure de cloches, comme si les arbres chantaient.

Un reste de pluie tombait.

Entendu dans la rue : « Je n'ai jamais beaucoup cru à la guerre. Je *savais* qu'Hitler ne marcherait pas. »

La France est belle. Mais il y a ailleurs beaucoup de beautés aussi belles. Ni les paysages ni les œuvres de l'art ne sont uniques ici ou là.

Un Français-1938 ne dit pas : « C'est bien », « C'est beau. » Il dit : « C'est pas mal. »

Quelques chemins battus de la Grande Niaiserie : « L'affreuse mélancolie de l'homme de quarante ans. » — La croyance que toute personne sans exception a des besoins d'argent. (Jean Prévost.) — « Pour être heureux, il ne faut pas rechercher le bonheur. » — Le suicide de celui qui prend conscience qu'il est homosexuel. — « J'ai pleuré et j'ai cru. » — « Tu te mets en colère, c'est l'aveu que tu es dans ton tort. » — « J'ai enfin compris cet homme le jour où j'ai compris qu'il était malheureux. » — Qu'un auteur ne doit pas lire trop, parce qu'il subirait des influences, etc. (Les lieux communs s'avancent l'un derrière l'autre comme des canards.)

Le délit n'est pas plus grave, d'être bigame, que d'avoir oublié d'allumer un feu rouge à son vélo.

L'important n'est pas d'être différent des autres, mais d'être différent de soi.

Le livre d'Antongini sur d'Annunzio, le seul livre que je connaisse, d'un secrétaire sur son patron, qui rende le son de l'amitié vraie. Combien différent des ouvrages français écrits sur des écrivains par leurs perfides employés.

A ajouter sur la liste des patriotes qui, à certain moment, se sont retournés contre leur patrie. — Quand Giolitti fait bombarder d'Annunzio dans Fiume, d'Annunzio s'écrie : « O vieille Italie ! garde ton vieux, il est digne de toi. Nous, nous sommes d'une autre patrie, et nous croyons aux héros. » (Antongini, p. 620.)

J'ai honte d'avoir trop écrit. Dans les listes « Ouvrages du même auteur » de mes volumes, je réduis le plus possible le nombre de mes ouvrages, en omettant de signaler les tirages restreints.

Combien j'aime en elle ce goût si spontané et si ingénu du bonheur, cette conviction que la vie est faite seulement pour qu'on y soit heureux, et que tout ce qui n'est pas bonheur est horrible. Comme — à seize ans ! — elle envisage déjà avec épouvante le temps où sa mère, vieille, sera à sa charge ; vingt-cinq ans à l'avance, elle en frémit. Comme elle répond posément et gentiment, quand je lui dis, la voyant si désœuvrée : « Tu pourrais chercher un peu à rendre service », « Je n'aime pas rendre service. » Avec quelle énergie, jaillissant de sa mollesse, elle repousse la pensée d'avoir plus tard un enfant, à cause des soucis qu'il lui causerait, ou seulement le moindre travail. Elle n'a pas appris cela dans des livres ni par des conversations. Cela est naturel en elle comme le vouloir vivre est naturel chez une bête ou dans une plante.

Je pense que les petites filles françaises du XVIIIe siècle, que les petites maîtresses de Casanova devaient être ainsi.

23 décembre. — J'ai écrit dans l'*Équinoxe* sur la belote, jeu national français. Je ne croyais pas si bien dire. Je vois aujourd'hui annoncé dans le journal : « Grand concours national de belote organisé sous le patronage de la Société mutuelle

de retraite des anciens combattants de..., et avec le concours de la Société anonyme française X... » On peut dire que tout y est. La belote, qui est « nationale », comme j'avais l'honneur de le dire. Le patronage d'une marque d'apéros, institution également nationale. Le patronage des anciens combattants, que j'aurais été étonné de ne pas rencontrer dans une telle affaire. Il ne manque même pas que la firme étrangère (italienne) se publie pour française. Quand je vous dis tout cela, vous riez. Moi, je n'ai pas envie de rire, car, de rire en rire, jusqu'où ne descend-on pas?

23 décembre. — Il y a des années que j'empêche de venir jusqu'à moi — comme je sais empêcher les choses de venir jusqu'à moi — la guerre civile espagnole. Parce que je m'y mettrais trop. Le petit doigt entré, tout l'être y passerait. En avril dernier, Aragon me dit que le gouvernement espagnol souhaitait que j'allasse faire une conférence à Barcelone. J'étais grippé à ce moment. Mais, même valide, j'aurais refusé, pressentant qu'une fois là-bas on me ferait faire un tour aux tranchées et alors, ce serait plus fort que moi, je prendrais un fusil et y resterais. Or, il est plus important que j'écrive *les Garçons*.

Ce soir, dans un restaurant de la rue Tronchet, un appareil de radio transmet un chant andalou. Chant totalement incompréhensible pour un Français. Le pays de la force et du sérieux. Ici la petite femme; là-bas, la femme. Et me revient en mémoire un mot dit ce matin par L. V... : « Voulez-vous aller en Espagne? J'aurais pour vous une merveilleuse occasion. » Je lui ai répondu : « Dans le même esprit où Lyautey disait : « Qu'on ne me parle plus du Maroc », je vous réponds : « Qu'on ne me parle plus de l'Espagne. »

La Renaissance rappelle aux hommes que chaque homme dans la vie est seul.

Pourquoi cet aviateur français a-t-il tenté son raid avec une telle impréparation qu'elle le vouait à l'échec, qui en effet n'a pas manqué? Simplement parce que la *coupe* importante qui était en jeu devait être gagnée avant la fin de l'année et qu'on était en décembre : dans quinze jours, plus question de fric; alors, risquons tout au petit bonheur, y compris les vies des mécanos. Tel autre traverse l'Atlantique, mais emportant une robe du grand couturier, objet d'une combine publicitaire.

18 décembre. — Rien ne vaut, pour un homme qui vient de ressentir la première pointe de la jalousie, comme d'avoir tout de suite à défendre sa vie. Cela fait ponction d'un autre côté, comme lorsque vous vous pincez à côté d'une écorchure.

On me dit : « En 1935 vous écriviez : « Les hommes ne « sont pas si méchants. Je les en remercie », et maintenant : « J'ai trop vu les hommes. » Je réponds : « J'ai trop vu leur bêtise et leur bassesse, non leur méchanceté. Je persiste à ne les trouver pas trop méchants. »

Patrie. — Gœthe contre sa patrie. D'Annunzio (plus haut). Schopenhauer : « En prévision de ma mort, je fais cette confession, que je méprise la nation allemande à cause de sa bêtise infinie, et que je rougis de lui appartenir. »

Que tout est *faux* à Paris. — Le boy-scout dont la photographie figure à la première page de *l'Almanach des Éclaireurs de France* n'était pas un vrai boy-scout, mais un garçon habillé en boy-scout pour la circonstance. Le garçon qui, en costume de footballeur, symbolise le parfait footballeur dans *Paysage des Olympiques* n'a jamais joué au football de sa vie. Etc.

La vie littéraire à Paris est comme la course de primes au vélodrome, où les copains s'arrangent pour que chacun des leurs gagne sur un tour (et gagne donc la prime) à tour de rôle. Nos confrères nous tirent durant quelques années, puis nous laissent tomber et en tirent un autre, puis un autre. Après quelques années, c'est nous qu'ils tirent à nouveau, pendant plus ou moins de temps. Il faut aimer ce rythme et s'y prêter spontanément, et cela est aisé quand, autant que le bruit, on aime le silence, la retraite et le travail.

Il faut le dire : la somme de connaissances que nous donne l'épreuve n'est pas proportionnée au mal qu'elle nous fait.
Eh bien ! il faut le dire encore plus fort. Contre le dolorisme, contre le christianisme, contre vents et marées, il faut dire que non ! non ! et non ! qu'il ne naît rien de bon de

l'épreuve; qu'elle n'est que temps perdu, gaspillage de force, usure irrémédiable de la vie, fatigue pour l'éternité.

Et le seul bien qui en naisse peut-être, qu'elle nous fasse compatir à l'épreuve des autres, disparaît avec elle, car à peine sommes-nous sortis d'elle, la source de cette compassion est tarie.

La vie n'a qu'un sens : y être heureux. Si vie n'est pas synonyme de bonheur, autant ne pas vivre.

Et je dirai bien plus encore. Je dirai que le moindre effort, la moindre contrainte est elle aussi temps perdu, gaspillage de force, usure irrémédiable de la vie, fatigue pour l'éternité. Et que d'avoir recousu soi-même un bouton, parce qu'on n'avait personne sous la main pour le faire, est à *déduire* irrémédiablement de votre journée, de votre année, et, à l'heure de votre mort, à déduire irrémédiablement de votre vie.

Si tu ne hurles pas, personne ne croira que tu as mal.

Combien mon développement a été banal. J'ai eu d'abord l'étape lyrique *(la Relève du matin, le Songe)*, puis l'étape « objective » *(les Célibataires, les Jeunes Filles)*, puis l'étape « moraliste ».

De même pour les lectures. *Comme tout le monde*, je suis à l'âge où l'on ne s'intéresse plus qu'aux mémoires.

Ce sont ceux qui nous sauvent qui nous perdent. Parce que les vertus du cœur et celles de l'esprit vont rarement de pair. Ils nous sauvent par leur dévouement, puis nous perdent par leur légèreté ou par leur sottise.

J'ai toujours remis au lendemain de faire les choses ennuyeuses et m'en suis toujours bien trouvé, la nécessité de faire ces choses ayant une fois sur deux disparu entre temps.

J'ai sur ma table une petite boîte ronde, en bois des îles odorant, dont le couvercle a été peint à la fin du XVIIIe siècle. Un bel arbre, une rivière, un pont en dos d'âne, un pêcheur, une « fabrique ». Et cependant, malgré la finesse de la peinture, malgré l'admirable lumière dorée qui baigne tout le paysage, cette composition me laisserait assez indifférent, s'il n'y avait aussi, s'engageant sur le pont, un jeune homme et une jeune femme. Si petits — moins d'un centimètre de haut, — et pourtant, grâce à eux, tout est transfiguré. C'est le couple, c'est l'amour, c'est l'embarquement pour Cythère. Dans ce triste décembre, je regarde longuement ma petite boîte, qui éclaire ma table de travail, et il arrive — mais oui! — que je la serre sur mon cœur. Je crois encore, j'espère encore : ô Dieu! tout est encore possible... Je souris à mon avenir et à mon passé.

Avoir une pente à prendre la défense des gens peut être affaire moins de cœur que d'intelligence : on comprend toujours leurs raisons.

Aux yeux des Anglais, l'aisselle de l'homme est un endroit obscène. Les coureurs à pied des autres nations qui, partout, courent avec des maillots laissant les aisselles découvertes, doivent emporter des maillots à demi-manches quand ils vont courir en Angleterre.

Michelet : « Molière ne connaissait pas le peuple. Mais *que connaissait-il?* »

En annonçant de bonnes nouvelles, on se rend aimable. En en annonçant de mauvaises, on se rend important. Choisissez.

Le talent ne manque pas, dans les milieux littéraires français, ni l'intelligence, ni même le courage. Ce qui me paraît manquer au plus haut point, c'est la générosité. En langage plus simple, c'est qu'on y ait *bon cœur*.

C'est une épreuve saisissante, de voir que toutes les questions qui nous sont posées dans les enquêtes des journaux sont des questions auxquelles il est préférable de ne pas répondre. Ou elles sont trop frivoles, et ne valent pas qu'on y réponde; ou elles sont trop extravagantes, et il est impossible d'y répondre; ou elles sont trop graves, et on y répondrait soit légèrement, ce qu'on ne veut pas, soit gravement, et nous n'avons pas à réfléchir, toutes affaires cessantes, sur n'importe quel point donné qu'on nous propose, pour les mêmes raisons pour lesquelles nous n'avons pas à nous expliquer, toutes affaires cessantes, lorsqu'on nous attaque sur tel point donné de notre conduite ou de notre caractère : nous n'avons pas à nous détourner de notre chemin. En outre, je l'ai maintes fois répété : 1° il n'y a pas lieu de penser à propos de tout; 2° nos pensées mûries, nous n'avons pas à les dire toutes.

Le silence de Jésus devant Pilate. — La nécessité peut révéler à l'improviste, en mettant aux prises deux êtres que le trantran social faisait se frôler sans heurts, une différence si profonde de nature entre eux qu'elle n'est pas plus profonde entre un homme et un animal. Celui qui est de meilleure qualité n'a plus alors qu'à se taire devant l'autre, avec le risque de défaite que cela contient. Cette révélation est toujours assez effrayante, parce qu'elle montre quels malentendus nous permettent seuls de vivre; parce qu'elle montre au-dessus de quel abîme on navigue avec insouciance, et la très petite inclinaison qui suffisait pour qu'on fût engouffré.

Quelqu'un de mal élevé, dans la bourgeoisie, me cause le même dégoût qu'une limace.

CARNET XLII

Paris : du 1er janvier 1942 au 5 mai.
Grasse : du 6 mai au 14 juin.
Paris : du 15 juin au 31 décembre 1942.

Elle priait en bâillant.

Le sérieux provincial. Ces maisons de province où une femme se gêne *vraiment* pour faire des restrictions d'électricité. Le respect que j'ai de cela.

Brusquement, cette question inquiète : « Quel visage ? » Mais le miroir refléta un visage calme, pâle, presque beau encore. Rassurée pour un soir.

(Le lendemain, même heure, même endroit, elle se trouvera laide !)

Ce lit qui ne lui rappelle pas une heure de tendresse, ou seulement d'abandon.

La Chimère me laissa glisser de son dos et disparut.

Femmes. — Bien des jeunes filles, averties par leur instinct, luttent avec une épouvante d'animal contre l'idée du mariage.

« Dans la guerre si malheureuse dont ils (les Français) sortent, j'ai vu leurs auteurs et leurs philosophes soutenir la gloire du nom français, ternie par leurs guerriers. » (Rousseau, *Confessions.*)

Dans des époques comme la nôtre, un écrivain, à chaque phrase qu'il écrit, doit se demander en la relisant : « Est-ce qu'elle paraîtra ridicule dans dix ans ? » Il le fait, se jure que ça va, — et se trouve ridicule un an après.

Pouvoir se retrouver devant la page qu'on a écrite hier sans rougir...

Pour montrer qu'on est puissant, on fait croire qu'on a obtenu par l'intrigue une faveur qu'on doit au hasard, voire même à sa capacité.

Dans les temples du Shinto il y a un miroir uni, partie essentielle de leur ameublement. Les Japonais expliquent cela à leur façon. Pour moi, j'entends : l'homme va chercher Dieu, et ce qu'il trouve, c'est, se regardant dans le miroir, soi-même, qui est le Dieu qu'il cherchait.

Ces moments où il y a trop de monde dans notre vie. L'écriteau « Complet ». A ces moments, on fait barrage à un nouveau venu, si sympathique soit-il, simplement à cause de ce « complet ». Bien plus, pour y voir clair, autant que pour pouvoir nous donner suffisamment à nous-même, il faut expulser de notre vie des êtres. De même que, de temps en temps, on fait des coupes dans ses papiers, dans sa bibliothèque ou dans ses bois. Leur étonnement. Comment leur expliquer que l'on n'a rien contre eux, qu'ils étaient seulement en surcharge ?

Oui, mais la vérité trompe mieux.

Vous voulez entrer au ciné sur les talons d'une charmante, mais au guichet vous n'avez pas la somme juste, vous perdez une demi-minute pendant qu'on vous rend la monnaie. Et alors vous voici dans la salle, la cherchant des yeux, vous retournant, vous faisant remarquer, changeant de place au petit bonheur et en vain, maudissant le film dont les images ne cessent d'être sombres (tandis que, d'autres jours, ce que vous maudissez, ce sont les « clairs » excessifs de l'écran, sans parler de l'éclaircissement subit de la salle quand quelque chose cloche dans le déroulement du film), attendant le fumeur qui, au mépris des lois divines et humaines, fera flamber une allumette.

Pouvoir de la bonne conscience. — Si un homme va à un rendez-vous dangereux, à seule fin d'y refuser de faire l'acte délictueux qu'on attendait de lui, il y va sans peur, parce qu'il y va la conscience tranquille, bien qu'il sache que le seul fait d'aborder l'homme du rendez-vous peut suffire pour le faire pincer, sans qu'on tienne le moindre compte de ses affirmations que son but était pur.

Il fait très froid; nous n'y prenons pas garde. Successivement, deux personnes nous abordent avec un : « Quel froid! C'est horrible! » Nous frissonnons.

J'ai aimé infiniment de montrer aux êtres que je pouvais me passer d'eux.

Un véritable homme de lettres, à la pensée de sa mort, est triste, moins de mourir, que de ne pouvoir concevoir sur la mort ne fût-ce qu'une seule pensée originale.

Mes grands-oncles de Gourcuff ont pour devise : *A la parfin (enfin), vérité vainc.* J'ai vu cette devise citée dans un dictionnaire historique. Mais une coquille, ou peut-être un prote philosophe, avait changé le *c* final en un *e*. *A la parfin, Vérité vaine :* on rêve là-dessus. Cela me rappelle le proverbe marocain : « Ni un mensonge ne vaut d'être fait, ni une vérité d'être dite. » Qui lui-même me rappelle Mgr Darboy, que j'ai déjà cité : « Votre erreur est de croire que l'homme a quelque chose à faire en cette vie. »

On est consterné quand on voit tel dramaturge de Versailles avoir besoin de s'inspirer de pas moins de quatre auteurs (Sapho, Théocrite, Euripide, Virgile) pour décrire le sentiment de l'amour (chez Phèdre), que toute femme de chambre ressent spontanément, sans devoir s'inspirer de personne.
Et consterné encore quand on voit l'opinion française le vénérer éternellement pour cette description, où rien n'est de lui.

Quand nous voulons être gentil avec quelqu'un dans une lettre, nous lui décrivons nos maux moraux et physiques, véritables ou même imaginaires : nous présumons qu'il en a de semblables, et que les savoir partagés lui fera du bien.

Ai-je rêvé que Barrès a écrit qu'à partir de quarante-sept ans un auteur n'a plus rien à dire, et ne fait plus que tirer des moutures de ses écrits anciens?
(En quelle année a-t-il eu quarante-sept ans?)

On peste contre la puce. Mais que Robert fredonne : « Une puce gentille... » (c'est une fable apprise à son école), voici le picotement pucin qui prend quelque chose de sympathique, analogue à l'embêtement sympathique que vous cause une jeune femme ou un enfant. Qu'une puce puisse être « gentille »...

Il y a aussi le « piqué par la puce du désir » de tel Persan, qui rend à la puce tout son honneur.

Inceste. — « En Perse, sous les Sassanides, les mariages entre frère et sœur, père et fille, fils et mère sont non seulement communs, mais hautement recommandés et même glorifiés. Le Denkard décrit la splendeur divine qui accompagne un mariage entre frère et sœur, et la force d'exorcisme qu'il contient. Qu'une telle institution ait pu exister durant bien des siècles, favorisée par la religion, sans avoir une influence pernicieuse sur la population, cela semble prouver que les raisons sanitaires qui ont rangé l'inceste parmi les grands crimes dans le droit et la morale chrétiens et mahométans, sont quelque peu illusoires. » (Arthur Christensen, *Les Sassanides*, p. 53.)

E..., en 1925, quand j'avais vingt-neuf ans, et elle vingt-deux, dans l'orgasme me jetait : « Papa ! » Et toujours, interrogée pourquoi, disait ne le savoir.

Passer d'une femme à l'autre. — « Les polythéistes (chez les Arabes d'avant l'Islam) tenaient si peu à leurs dieux, que ceux d'entre eux qui adoraient de simples pierres les abandonnaient sans cesse, paraît-il, pour d'autres plus belles. » (Farès, *L'Honneur chez les Arabes avant l'Islam*, p. 175.)

Farès, p. 22. Avant l'Islam, il n'y a rien de pareil chez les Arabes à la chevalerie européenne. Énumération des différences.

Je sens profondément en moi ce pli qu'on prête aux Anglais, de ne pas accepter qu'on me presse. De faire lentement, au moment qu'il conviendrait de faire vite, et quelles qu'en puissent être pour moi les conséquences. (Le « Premier »

Anglais qui joue au golf à l'heure critique.) Qu'est-ce? Orgueil? Ou seulement un peu d'apathie?

Je regarde une paire de ciseaux sur ma table et je songe au jour où, infirme et couché, je les regarderai de mon lit comme un paradis inaccessible, attendant indéfiniment que quelqu'un vienne pour me les donner.

Règle de politesse : ne pas se plaindre devant un tiers (parce que nous le forçons à feindre de compatir; donc, le gênons).

Malgré mon cœur, contre mon cœur, j'observe avec persistance qu'on se hâte toujours trop de rendre le service qu'un tiers vous a demandé. Le temps qu'on lui rende ce service, il a cessé d'en avoir besoin. Nous avons perdu notre temps et notre peine.

« Je suis heureux de mourir, parce que je vais cesser enfin de me tromper. » Quelqu'un disait cela, qui me touche extrêmement.

Quand Charles-Quint apprend que François Ier a été fait prisonnier à la bataille de Pavie, il se retire un instant dans sa chambre à coucher et s'agenouille devant un tableau de la Vierge. Il interdit toutes réjouissances.

Cette incohérence, de désirer la gloire, tout en méprisant ceux qui la donnent, vaut celle de n'avoir pas peur de la mort, tout en considérant que la vie est le seul bien. Là, folie par trop de faiblesse; ici, par trop de force.

Y..., s'empressant de passer une après-midi à faire pour moi une course, par pur dévouement, j'en conclus qu'il n'a rien à fiche, et l'en dédaigne.

Cette nuit, éveillé, j'ai voulu faire le compte de mon âge et j'ai trouvé que j'avais deux cent neuf ans. J'en ai été content. Au réveil, j'ai recalculé, et n'en ai plus trouvé que quarante-six. N'importe : c'est mon calcul de la nuit qui était le bon. Eh bien, à deux cent neuf ans, je n'ai pas fini d'en apprendre et de m'étonner. Mais, ce qui m'étonne, et ce par quoi j'en apprends, c'est presque toujours en moi-même que je le trouve. Autrui n'en est que la mince occasion.

J'admets qu'un homme supporte d'écouter l'éloge d'un de ses talents. Mais l'éloge de son caractère!

Il y a de la volupté à vieillir, comme il y en a peut-être à mourir, en de certaines circonstances.

Lorsqu'on parle le langage de l'intelligence, on déçoit toujours quelqu'un : le passionné, le sensible ou le sot.

L'absence de scrupules se marque tout de même par l'empiétement et par l'accommodement, comme la faiblesse physiologique se marque tout de même par l'altruisme attendri et par l'égoïsme forcené.

Si vous exercez une influence, feignez au moins de l'ignorer.

La lecture des « grandes œuvres », ou prétendues telles, vous porte à croire qu'on peut les dépasser. La lecture des autres, qu'on peut s'en passer.

5 mars. — Je regarde ces grands athlètes — Allemagne, Angleterre, Japon, Russie — échanger de terribles coups, sachant que, quel que soit le résultat final, le salut, pour moi, est en moi, ne peut venir que de moi.

Ma concierge ne m'aimait pas, mais s'est mise à m'aimer du jour qu'on m'a coupé le gaz, voyant que j'étais quelqu'un qui subissait comme les autres.

Nul n'ignore que j'ai été élevé dans un collège de Jésuites. — Or, je n'ai jamais été élève des Jésuites.

J'ai lu la lettre d'une jeune femme qui racontait m'avoir vu à Athènes, en galante compagnie; elle disait par le menu mes gaffes, mes inconvenances. — Or, je n'ai jamais été à Athènes.

Un de mes amis est réintégré dans l'administration, dont il avait été démissionné. On lui dit, *en haut lieu*, que c'est grâce à moi, et le nom du personnage à qui j'ai écrit, paraît-il, une lettre pressante. — Or, je n'ai jamais écrit à ce personnage, que je n'ai vu de ma vie, je n'ai jamais levé le petit doigt pour la réintégration de mon ami, qui ne m'avait pas demandé de le faire.

Vers 1928, et les années qui suivirent, le bruit courait avec insistance, en Algérie, et jusqu'à être recueilli dans la presse, que j'étais Israélite. Cela était dit couramment, me rapportait-on, dans le bureau du Gouverneur général. On donnait jusqu'à mon nom : je m'appelais Meyersohn. Je démentis dans cette même presse, avec preuves à l'appui. *Sept* ans plus tard, je pouvais lire encore, dans un journal d'Alger, un écho me donnant pour Israélite. — Or, ni dans ma ligne paternelle, ni dans ma ligne maternelle, ni directement, ni par alliance, je n'ai un millième de goutte de sang juif [1].

Ce qui se passe ainsi pour nous se passe de même pour les autres. Tous les êtres sont jugés sur des sentiments qui ne sont pas les leurs, des actes qu'ils n'ont pas faits, des paroles qu'ils n'ont pas dites, de prétendus rapports entre eux et le monde qui n'existent nullement. Témoignent-ils, ne croyez pas que leurs témoignages les protégeront. Un écrivain peut répéter durant trois cents pages : « Ceci est noir », il y aura des gens pour publier qu'il a répété : « Ceci est blanc. » Le monde n'ira pas voir et croira ces gens.

Ce qui se passe ainsi pour les êtres se passe de même pour les événements, pour les problèmes, pour tout. A la façon dont on nous juge, connaissons comme tout est jugé. Tout est jugé sur des racontars, des confusions, des malentendus, des approximations, de l'invérifié.

Mais le monde ne veut pas renoncer à avoir des opinions sur tout, si dérisoire que soit le fondement de ces opinions. Il veut continuer de tuer et d'être tué pour des illusions. Il nous y tue nous-mêmes, nous qui savons.

« La Tour et l'Épée cheminant d'un seul morceau. » (Claudel, *Soulier de satin.*) Ce sont là mes armes.

Les artistes sont comme les vieilles filles : ils se dessèchent et meurent quasi si on ne les loue pas, et refleurissent quand

---

1. Depuis, le président de la Croix-Rouge de Beauvais m'a dit qu'on montrait, à Beauvais, la maison où j'aurais vécu « quatre mois » et où j'aurais écrit *les Bestiaires.* — Or, je n'avais jamais été à Beauvais — ne fût-ce que quelques heures — avant la date où il me disait cela.

on verse sur eux l'eau du moindre compliment : se dessèchent et refleurissent non seulement dans leur disposition *mais dans leur talent.* « Comme j'aurais plus de talent si on me disait davantage que j'en ai! » soupire l'artiste. Et la vieille fille : « Comme je deviendrais plus jolie si on me disait que je le suis un peu! »

Le critique insulte l'auteur : on appelle cela de la critique. L'auteur insulte le critique : on appelle cela de l'insulte.

La situation d'épuisement vers laquelle va la France est celle de l'Espagne sous Philippe IV (1621-1665).

Dans les coups durs, les hommes se saoulent. P..., lui, mangeait beaucoup; pour se caler, pour n'avoir pas l'impression qu'il vivait sur ses nerfs. Cette grosse mangerie le poussait au sommeil. Et quelle victoire, que n'avoir jamais si bien dormi que la nuit succédant à un coup dur!

7 mars. — Nouvelle loi : « Seront internés administrativement tous les individus non pas seulement convaincus de pratiquer l'avortement, mais simplement suspectés par une série de présomptions graves et concordantes de s'y livrer. » Interné pour être « simplement suspecté ».

18 mars. — Il n'est pas d'éditeur ou de directeur de journal qui ne se croie autorisé à traiter à hue et à dia un écrivain, quelle que soit la situation morale de celui-ci. Quelle que soit sa situation matérielle, à tout bout de champ on lui offre de l'argent, avec un je ne sais quoi qui laisse entendre que cela est sans réplique et répond à tout. (Et, dans notre pays, quiconque refuse de l'argent, offense.) On croit pouvoir lui commander des sujets de livres ou d'articles, on lui présente des sommaires de revues futures où il voit, prévu jusque dans son titre, l'article qu'on attend de lui. On lui demande d'écrire des textes publicitaires pour un restaurant ou pour un parfumeur. On l'invite à venir faire une conférence à 500 kilomètres, dans huit jours, comme s'il n'avait que cela à faire, et en crevait d'envie; en l'invitant ainsi, on lui dit : « Nous vous engageons », comme s'il était un clown. On lui envoie des manuscrits sans lui demander s'il est dis-

posé à les lire, on vient le voir sans avoir pris de rendez-vous. Etc. — Je ne sais qui a pu donner aux Français cette conception indéracinable que les auteurs de leur pays sont des croquants ou des valets. Je repousse l'idée, bien entendu, que ce soient les auteurs eux-mêmes. Cela reste donc bien étrange.

Chez un être peu reconnaissant de nature, mais à qui l'on a rendu un service immense, la reconnaissance peut devenir une passion.

« Quelle sotte chose qu'un vieillard abécédaire ! » s'écrie Montaigne. Mais quelle belle chose qu'un vieillard de soixante-seize ans (F...), qui s'efforce d'avoir de l'énergie !

Il faut choisir ou sa paix, ou de dire toute la vérité, et j'ai choisi : je n'en dirai qu'une partie (qui suffira à me valoir beaucoup d'ennuis). Sur les plans métaphysique, politique, social, sur le plan des idées et sur celui des mœurs, les vérités que j'aurais à dire, et qui sont évidentes pour quiconque est doué de raison — mais voilà, ce « quiconque » est la rareté même, — sont si à rebours de l'opinion générale, et je dirais presque universelle, si explosives en un mot, que ma vie privée serait atteinte par les éclats retombants. Je ne sacrifierai pas ma vie privée. Je tiens à elle plus qu'à mon œuvre.

Est-ce là être lâche ? Non, car je suis trop convaincu que l'expression de la vérité non seulement ne serait pas accueillie par la société, mais ne lui causerait que de l'indignation. Ne nous mêlons pas d'éclairer le monde, qui ne veut pas l'être. « Si ta bouche contient une vérité, garde ta bouche close » (proverbe persan). Il faut être raisonnable pour soi seul. Je crains même que nous ne risquions beaucoup en voulant à toute force éclairer ceux que nous aimons.

L'amertume est de songer aux quelques centaines d'esprits libres, dans une nation, qui penseront de moi : « Quoi, cela seulement ? » Mais il le faut avaler.

LE MARÉCHAL VISITE UNE EXPOSITION QUI LUI EST CONSACRÉE. — Vichy, 5 avril 42. — « Après avoir inauguré, samedi après-midi, les expositions de l'aviation et de l'armée nouvelles, le maréchal Pétain est allé voir, en fin de journée, une troisième exposition qui lui est tout entière consacrée. Elle se compose de photos, d'images et de souvenirs évoquant, de façon saisissante, la vie et l'œuvre du Maréchal.

« Elle sera ouverte au public dans le salon d'honneur de l'Hôtel de Ville à partir de demain 14 heures et on pourra la visiter jusqu'au mardi 7 avril à 14 heures.

« Cette exposition essentiellement mobile se déplacera à travers la France. » *(Les journaux.)*

Nous autres chevaliers du moyen âge. — Lu dans une vieille chronique : « Je promets ce paiement en ma foi et parole, quand sera venue une meilleure disposition des temps, et lorsque Dieu me donnera le pouvoir de satisfaire à mes engagements. »

Pundonor. — Gonzalve de Cordoue, ne pouvant payer la solde de ses troupes, celles-ci lui crient : « Prostitue ta fille : tu auras de l'argent ! »

Le mot charmant de Louis XIV sur Villars jeune (vingt ans), au siège de Maëstricht : « Il semble, dès que l'on tire en quelque endroit, que ce petit garçon sorte de terre pour s'y trouver. »

La Comédie-Française, créée censément pour conserver pur le goût français, fausse ce goût en maintenant au répertoire des « dessus de pendule » exécrables, modèles de sottise et de médiocrité, tels que *Gringoire*, *le Passant*, etc.

L'heureuse habitude (heureuse pour les juges d'instruction) qu'ont les gens du peuple de garder interminablement dans leur portefeuille les lettres reçues. Une sorte de fétichisme. Il faudrait mettre les psychiatres là-dessus.

Je parle très cruellement à une femme sensible et qui m'aime. A ma grande surprise, elle ne pleure pas, conserve son sang-froid, n'a pas l'air de s'en faire trop. Je l'en admire, et m'adoucis. Elle a presque regagné ma sympathie en me montrant qu'elle ne tenait pas tant que cela à moi.

Certains parlent de « démission des élites » parce qu'un homme a l'honnêteté de ne pas prendre parti sur des questions qu'il ne connaît pas.

22 avril. — Antiques, au Louvre. Bien qu'on n'en ait laissé qu'une sur dix environ, et les plus médiocres, impression de beauté telle qu'elle m'accable. Oui, la sensation que m'a donnée la beauté est toujours celle d'un désarroi accablé. (Cf. *Fontaines du désir*.)

Le bout de son nez toujours brûlant, au contraire des chiens en bonne santé.

Balzac a écrit que le sentiment le plus puissant au monde était l'amour de la femme pour la femme.

Nous sommes tellement vains, que notre grand ennui, lorsque nous avons tué, est qu'on ne sache pas que c'est nous.

César Franck : « Je n'ai mis dans cette partition que des tons dièses, afin de rendre l'effet lumineux de la Rédemption. » (Le fa dièse majeur représente le Paradis.)

Les peuples esclaves. — Locmân, Épictète, Ésope, Plaute sont esclaves. (Expliquer Épictète, notamment, par cette condition ?)

La femme qui vous téléphone sans avoir rien à vous dire, parce qu'elle est « nerveuse », « pour entendre votre voix ». Et toujours pendant que vous êtes à table, ou au lit, ou au lavabo, ou avec une autre.

Bruyant éveillé, bruyant endormi. Qui rote ronfle.

Tout ce qui est vie est insaisissable. L'art ne le fixe qu'en trichant.

Il n'y a pas des gens prudents et des gens imprudents, mais des gens qui sont prudents ici, et imprudents là. Tel prudent épouvante par sa témérité tel autre prudent. Leurs lignes de prudence ne coïncident pas.

Un artiste qui ne veut pas être enchaîné par des femmes, des enfants, un parti, des idées, etc., ne veut pas être enchaîné non plus par une de ses œuvres. Il abandonne cruellement ses ouvrages, une fois écrits, les laisse courir leur chance comme ils l'entendent et à la grâce de Dieu, refuse de consacrer à améliorer leur carrière un temps qui serait pris à l'élaboration d'une œuvre nouvelle.

Pauvres gens, si totalement nuls, il faut bien qu'ils prennent où ils le peuvent leurs prétendus avantages. Couper la viande en tenant le couteau entre le pouce et l'index seuls; lever le petit doigt quand on hausse le verre, etc.

Grasse. — Chien écrasé. Les hommes jettent un regard et *passent. S'arrêtent :* les femmes et les enfants. *Restent :* quelques femmes, harponnées. Quand on a mis une bâche sur le chien, la soulevant pour le regarder encore; appelant d'autres femmes pour qu'elles viennent le voir. (Cela me rappelle ce gosse à l'abattoir de la Villette, regardant les moutons agoniser, avec la main qui bougeait dans sa poche.) La résistance des hommes à leur plaisir, qui serait de s'arrêter eux aussi.

Le chat qui lape le sang, cauteleusement.

La puérilité d'admirer les attaques de théâtre où se dévoile d'emblée un caractère (Tartuffe, Andromaque). Comme si, dans la vie, ce n'était pas à petits coups que se présentait un caractère! (s'il y a des caractères).

Grasse. — Je voyais ces fourmis traînant des fétus gros quatre fois comme elles, — avec quelle ténacité! Et je les admirais. Mais bientôt je remarquai qu'elles allaient, revenaient sur leurs pas, repartaient dans un autre sens, revenaient encore, manifestement sans rime ni raison, et ne sachant ce qu'elles faisaient. Toute leur agitation était stérile, et toute leur peine. Aussi bêtes que les hommes. (A moins qu'elles n'aient fait du sport!)

Chaque fois qu'il y a une guerre ou une révolution, il y a quelqu'un qui monte sur un cadavre, et le piétine, pour parler de plus haut.

La fausse générosité, verbale ou écrite, est le propre des hommes politique est des hommes de lettres. Mais, venant des hommes politiques, elle ne dupe personne; des hommes de lettres, beaucoup s'y laissent prendre. On y fait carrière.

Les cailloux blessent le ruisseau quand il passe sur eux, et il fait alors un petit gémissement.

Un rayon d'humanité parmi les horreurs de la Bible. — Ézéchias, malade, Isaïe lui annonce sa mort. Alors il tourne son visage contre le mur, invoque Jéhovah, et pleure. Jéhovah lui dit : « J'ai entendu ta prière. J'ai vu tes larmes. Voici que j'ajoute à tes jours quinze années. »

Ad nauseam. — Cocteau me dit qu'Hugo, sur ses listes d'invités à la première d'*Hernani*, avait noté aussi l'endroit où chacun d'eux devait applaudir.

Dans Eschyle, Clytemnestre faisant une offrande aux mânes d'Agamemnon, qu'elle a tué, a la même saveur que Mme B... conservant sur sa cheminée le buste de son mari, assassiné par elle.

Espérance. — Agamemnon, dans *Agamemnon* : « Tous, dans l'urne du sang, ont déposé contre Troie un vote de ruine et de carnage. L'autre urne, où dormait l'espérance, est restée vide. Nul n'y a porté la main. » Voici réduite à son sens réel, très concret et très simple, cette « espérance restée dans l'urne où nul n'a mis la main », qui nous faisait rêver un peu trop.

Dans l'antiquité grecque, avant les philosophes, dogme proclamant la dignité de l'élément féminin. Ce sont les philosophes qui ont fait de l'élément féminin et passif le principe du mal dans la nature.

Le soleil brille autour de ses fossettes comme autour des creux d'ombre de la mer tranquille.

La vie est belle. — Sollicité par une œuvre de bienfaisance de lui envoyer un livre dédicacé, je remets de jour en jour de le faire, par flemme, jusqu'à ce que je reçoive de l'œuvre une lettre de remerciements, sans avoir rien envoyé.

Étudiants. — « A la Bienvenue Universitaire, de nombreux étudiants déjeunaient par petites tables séparées. Invités : M. André de Fouquières, président de l'Union générale des Étudiants; M. Trébor, directeur du Théâtre de la Madeleine; la pétillante Parisys, Édith Piaf et le joyeux Milton. » (*Petit Parisien*, 31 mai 1941.)

Exemple typique de la déformation et de la cucuterie françaises : les jeunes gens d'un « Mouvement de jeunesse » qui, de divers points de France, se rassemblent pour participer à un « débat en commun sur la Force »!

14 août. — Si justifié que je sois de m'étendre quelquefois, ayant sept éclats d'obus dans les reins, je ne sais pas vaincre mon malaise à travailler étendu, pendant que mon homme de chambre fait le ménage. Être étendu, tandis qu'il vouste.

Un homme se savait timide. Il prit l'habitude de dire : « Moi, qui suis un grand timide... » On cligna de l'œil : « Roublard, va! », et l'admira.

Par l'intelligence et le caractère, par sa prudence, sa sagesse, son courage, son sang-froid, on écarte de soi les drames. Puis on s'attache à un être qui n'a pas ces vertus, et tous les drames rentrent dans votre vie, parce qu'on prend à cœur les siens. Toute votre valeur personnelle a été inutile : le cœur, perméable, a tout laissé échapper. Il faudrait suivre jusqu'au bout les sages, qui disent qu'enfin il ne faut pas aimer.

J'aime que le drap de notre suaire soit celui même qui a contenu les plus exquises délices de notre vie. Être enterré dans ce qui justifia pour nous la terre!

Quand je songe au peuple et à la bourgeoisie, je songe à cet apologue persan. Le sage dit : « La putain est ce qu'elle paraît être. Mais toi, ô religieux, es-tu ce que tu parais être? » C'est ce qu'il faut se dire en faveur du peuple — son naturel, — quand on en a un peu marre qu'il en ait trop.

La tante de Mariano Andreu, mourante, on lui met un cierge dans la main : « Récitez les prières des agonisants. » Elle dit : « *No! no!* », et laisse tomber le cierge.

Il faut être aussi prêt à abandonner une civilisation, qu'il faut être prêt (selon les philosophes et les religieux), à abandonner sa famille et ses biens. Et puis, soyons francs : que m'importe qu'une civilisation disparaisse, quand moi je dois disparaître!

Le plus grand sacrifice que puisse faire un perfide est de voiler sa perfidie. Un meurtrier, de voiler son meurtre.

Personne ne nous a jamais fait voir la différence entre fermeté et opiniâtreté. On dit fermeté quand l'homme est sympathique, ou quand de se roidir lui a réussi; opiniâtreté s'il n'est pas sympathique, ou si son raidissement l'a fait échouer.

Tel est redouté de ses pairs, qui, si sa blanchisseuse lui répond un peu vivement, reste coi.

La rue où s'entrecroisent, comme des rayons dans une éprouvette, les désirs, les envies, les volontés et les abrutissements.

« On ne comprend rien à la vie tant qu'on n'a pas compris que tout y est confusion. » *(Les Célibataires.)*

La haine de la femme qui fait la soupe contre la femme qui fait l'amour.

— Il n'est pas dangereux.
— Un être humain est toujours dangereux. Quand ce n'est pas par sa méchanceté, c'est par sa bêtise. Quand ce n'est pas par sa bêtise, c'est par son intelligence.

De la grâce dans le triomphe. — Quand l'adversaire avoue : « Il m'a bien eu », garder le visage clair, ne pas insister et noyer si bien le poisson que nul ne puisse croire à votre perfidie. D'autant qu'il y a encore l'avenir à ménager.

Quand tout se brouille. — Je ne me souviens plus où j'ai capturé cette jeune femme.

Son souffle *frais* sur ma main, — par 28° de chaleur.

Ces grenouilles empaillées, de mode comme bibelots d'étagère au temps du romantisme, dressées sur pied, vaguement habillées en hommes et en femmes, et qui nous rappellent si bien ce que nous sommes (leurs grosses têtes et leurs gros ventres de bourgeois de Daumier) qu'on les dirait des réductions de corps humains obtenus par des procédés analogues à ceux dont usent certaines peuplades sauvages pour réduire à une petite dimension les crânes de leurs ennemis tués.

Hugo, *William Shakespeare.*

32. Curieuse énumération des œuvres de Shakespeare, montrant quels événements historiques se passaient, en chacune des années où Sh... faisait un de ses chefs-d'œuvre.

37. Sh... a trois de ses pièces suspendues par la censure.

41. Sh... dit beaucoup, dans ses sonnets, qu'il est insulté. Comme Molière, il cherche à s'appuyer sur le maître. Aussitôt mort, il entre dans l'obscurité, et tout le monde tripatouille ses pièces.

175. Tumulte athénien pendant les pièces d'Eschyle. « Plus tard, quand Eschyle sera mort ou exilé, on fera silence. »

La montre qui s'arrête sur vous, à cause d'une profonde émotion.

Le duc de l'Infantado blesse de son épée un alguazil qui a touché seulement la bride de son cheval. (1538.)

Il avait toujours dans un tiroir de son bureau des enveloppes de pneumatiques tout écrites et affranchies, pour décommander R...

Triste destinée des hommes politiques. Aujourd'hui, seigneurs superbes, ils passent des revues, on leur présente les armes, etc. Puis on ouvre son journal et on lit : « M. X... ne fait plus partie du gouvernement. » Un point, c'est tout. Les voici paillassons, tous s'y essuient les pieds. C'est alors qu'on mesure — une fois de plus — l'état paradisiaque que c'est de ne valoir que par ses œuvres, de ne dépendre de personne, de ne pouvoir *être renvoyé* par personne. « Bien heureux est qui rien n'y a. »

Je suis trop vieux pour qu'on me loue. Il faut laisser les louanges aux hommes jeunes, qui en ont tant de plaisir. A quoi bon me donner ce dont je n'ai pas de plaisir? (29 septembre.)

Un homme courtois, cultivé, « honnête homme », sitôt entré dans un emploi public, où il se sent puissant, couvert en haut, et en bas défilé par ses bureaux, il peut être ce qu'il est presque impunément. Et du jour au lendemain on voit ce qu'il est : un goujat et un salaud.

Mme D..., parlant de l'occupation allemande : « Moi, je trouve ça amusant. »

Il y a des adversaires qu'après la victoire on relève, à seule fin de pouvoir à nouveau les terrasser.

Un homme que je sais se réconcilia avec son ennemi, quand celui-ci fut proche de mourir, pour avoir ses entrées à son lit de mort, et pouvoir jouir de son agonie.

On n'a pas de haine pour celui qu'on méprise, quand il a une petite situation. Mais oui, s'il en a une grande. Alors le mépris s'adresse à ce qu'il est, et la haine à ce qu'il a usurpé.

On met sur le dos des « restes de l'esprit d'hier » (de la République) les tares qui sont inhérentes au peuple français; sur le dos des Juifs toutes les tares du Français moyen.

XVIIIe siècle français, siècle de la femme. Et c'est dans ce siècle que la nation s'efféminе. (Montesquieu.)
Le style mêmement. Voltaire, Montesquieu, Rousseau, Diderot n'ont pas ce style si fort de Pascal, Saint-Simon, La Rochefoucauld, Bossuet, voire La Bruyère et Vauvenargues.

Peut-on parler de « l'égoïsme monstrueux » d'une femme, quand cette femme *donne* un tel plaisir charnel à un homme, que la vie de celui-ci en est transfigurée? Même si elle est égoïste en tout le reste.

Les gens disent qu'ils ne comprennent pas telle pensée, parce qu'elle est « trop subtile ».

Mais non. Ils ne la comprennent pas parce qu'elle est *trop logique*.

Je donne une obole à un pauvre, ne m'étant pas encore suffisamment pénétré de l'opinion, aujourd'hui prêchée, sinon reçue, que cet acte est immoral et répréhensible. Il insiste pour que je prenne en échange une de ces petites feuilles où vous est prédite votre destinée. Je la prends, pour lui montrer que je ne le méprise pas. Je lis : « La plupart des entreprises échouent parce que l'on commence à les exécuter dans le moment même qu'on en conçoit le projet. »

Ma stupéfaction! Quelque chose qui est profond! Et qui est écrit en bon français! Au style de cette phrase, on ne peut s'y tromper : ces petites feuilles sont la simple copie de quelque almanach du XVIIIe siècle ou peut-être même du XVIIe siècle. Et rien n'est plus étrange — et d'une étrangeté d'autant plus prenante qu'elle n'est connue pour telle que de vous seul, — dans le Paris de 1942, que cette voix inopinée, apportée par un clochard, qui sort du temps de Louis XIV ou de Louis XV pour vous soumettre une pensée qui impose la réflexion.

J'ai continué la lecture de cette petite feuille. Une dizaine de lignes de galimatias (car le galimatias est de tous les siècles) puis j'ai trouvé ceci : « Le danger et la magnificence d'une destinée sont liés comme les deux figures de l'avers d'une monnaie. »

Alors j'ai songé à la destinée de la France, telle qu'elle pourrait être encore, si les Français le voulaient. Et je me suis dit : « Le pauvre est l'envoyé de Dieu », qui n'est pas une parole de l'Évangile mais d'Hésiode, lequel vivait neuf siècles avant Jésus-Christ. Car il y eut quelques bonnes choses, même avant Jésus-Christ.

Un grand écrivain est celui qui écrit des phrases inoubliables. Hugo sur Ézéchiel : « Son art a un sourire profond de démence. » On peut bien dire si l'on veut que La Bruyère est un écrivain de second ordre. Celui qui a écrit : « Né fier, ambitieux, et se portant bien comme il faisait [Jules César], il ne pouvait mieux employer son temps qu'à conquérir le monde », et, plus encore, sur Lauzun, l'inoubliable : « Il n'est pas permis de rêver comme il a vécu », celui-là est un grand écrivain, du moins par feux.

« Il n'est pas permis... » Le soir, étendu, avec cette phrase comme un long lis qu'un roi gisant tient sur sa poitrine, et que je me baisse un peu pour respirer.

Ma vie, qui fut une retraite perpétuelle, tantôt dans le travail, tantôt dans le plaisir.

Ne perdons pas le fil. — Il avait toujours devant lui, sur son bureau, un feuillet de bloc-notes où étaient tracés, pour mémoire, les mensonges qu'il lui fallait répondre, si, *ex abrupto*, on l'attaquait au téléphone sur telle affaire délicate.

X..., assis, étalé, à la table d'un café littéraire : une horrible éponge gonflée de fiel et de néant.

La danse du scalp de Robert d'Harcourt — homme si digne d'être estimé et admiré en tant d'endroits — dans un journal, au lendemain de l'armistice, expliquant que nous avions perdu la guerre parce que le père du mitron avait voulu que son fils apprît le latin. N'est-ce pas révélateur, cet homme qui, dans un bouleversement si grand et si complexe, ne voit que sa classe, explique tout par sa classe, et ne songe qu'à la préserver? N'est-ce pas un spectacle, cet aristocrate comblé et qui tape sauvagement sur la tête du petit boulanger, pour qu'il ne la lève pas hors de l'eau? « Non, tu n'auras pas plus de valeur! Non, canaille tu es, canaille tu resteras! » Et il est, ou croit être, grand catholique, etc.

J'ai dit et écrit qu'une des clefs du peuple français d'aujourd'hui était son goût du bonheur, et j'ai eu le plaisir de lire, en même temps ou peu après, la même pensée, ou presque, que je crois importante, sous la plume de Benda. De ce goût du bonheur provient la vertu ou le vice, qu'a le peuple français d'aujourd'hui, de « vivre bourgeoisement les plus grandes tragédies » (phrase que j'ai écrite dans *Service* ou dans *l'Équinoxe*).

Le goût du bonheur de la France d'aujourd'hui explique sa non-préparation à la guerre. Il explique peut-être l'échec de la révolution de 36. Il explique l'attentisme, qui n'est, huit fois sur dix, que de l'inertie euphorique. Il explique les prévisions optimistes sur le sort de Paris et de la France, qui ne sont que des moyens de se rassurer, c'est-à-dire de continuer à être heureux. Il risque de faire échouer la révolution qui succédera à la « nationale » : gare à elle si, la paix faite, le retour de la prospérité la gagne de vitesse!

Mon esprit est réfractaire au politique et au social. Non pas du tout qu'il s'en désintéresse, après l'avoir jugé sans importance. Loin de là : il le juge au contraire important, du moins le social (quant au politique, il juge que la forme du régime importe peu, puisque l'expérience prouve que, sous toutes les formes de gouvernement, les besoins vitaux de la nation ont toujours pu être satisfaits : les nécessités créent finalement la loi). Mais mon esprit — cela est physiologique — ne parvient pas, même s'il les a comprises (ce qui n'est pas toujours le cas), à retenir avec précision et clarté les données politiques et sociales. Je me suis fait expliquer plusieurs fois en quoi consistaient au juste tel et tel régimes politiques. On me l'expliquait le matin. Le soir, la tête sur le billot, j'aurais été incapable de le redire : je mêlais tout. A la lettre, selon l'expression consacrée, entré par une oreille, et sorti par l'autre. Il y a là une infirmité intellectuelle que j'ai toujours déplorée, tout en ne la déplorant pas extrêmement, car enfin, on n'exige pas d'un musicien, d'un sculpteur, d'un peintre, d'un savant même, qu'il ait des idées politiques; pourquoi donc l'exiger d'un littérateur? Nous avons d'autres façons de servir et la patrie et la société. « Pour nous autres artistes, *pas de cocarde* », dit Auber à un jeune musicien venu le voir pendant la Commune.

Ç'a été mon erreur, que d'écrire des livres où j'effleurais ces questions *(Service*, *Équinoxe*, *Solstice)*. Mais mon cœur s'émouvait pour la chose sociale comme pour la chose nationale. Et il emportait mon esprit mal informé. Et puis, si je ne les avais pas écrits, n'aurait-on pu parler de tour d'ivoire? J'ai préféré risquer de dire des sottises, à une abstention qui eût pu être prise pour de l'indifférence.

Chpilevski, matelot soviétique, dans son livre *Copains*, raconte que, sur son bateau, un jour de semaine, on célèbre inopinément la messe. Ensuite, on leur apprend que la guerre (de 14) vient d'éclater. N'est-il pas intéressant que le premier acte de la guerre, celui par quoi elle s'annonce, soit une messe? Du même pas que les hommes, la religion *rejoint :* il y a gros à gagner.

P. 90. Ils font prisonnier un bataillon de femmes kérenskystes : « Mais aucun de nos matelots ne voulait les accompagner à Moscou. Aucun ne voulait se mêler aux femmes. »

P. 90. « Il y avait dans la ville un cloître de nonnes. Pendant le jour, elles priaient. Le soir, elles mettaient de beaux vêtements, sortaient par la porte de derrière, et, installées sur des troïkas, elles filaient à la ville où elles remplissaient cafés et cabarets. » De cette *alternance* je demanderai, très sérieusement : pourquoi pas? L'autre point de vue, qui exige une religion toute pure, est également bon.

Les membres de la Légion d'honneur devront prêter serment à partir du 15 octobre. — « Une loi astreint les membres de la Légion d'honneur à prêter serment à partir du 15 octobre.

« En conséquence, tous ceux d'entre eux qui se trouvent en possession des droits attachés à la qualité de membre de la Légion d'honneur, à titre français, devront faire connaître dans les plus courts délais leurs nom, prénoms, date et lieu de naissance, leur grade actuel dans la Légion d'honneur, la date du décret ou de l'arrêté ministériel qui le leur a conféré et leur adresse (pour Paris, préciser l'arrondissement).

« Ces renseignements seront adressés en franchise à M. le Grand Chancelier de la Légion d'honneur, 1, rue de Solférino, à Paris (7e).

« Dès réception des renseignements, une formule de serment sera adressée à chaque membre de l'Ordre, qui devra la signer et la renvoyer, aussitôt, à la Grande Chancellerie. » *(Les journaux.)*

Je commente par la phrase d'Épictète : « Refuse le serment, si cela se peut, en toute circonstance. Sinon, dans la mesure du possible. »

Les personnes avec qui nous couchons sont, de toutes les personnes avec qui nous avons affaire, celles qui nous causent le moins de tourments. Le plombier, le domestique, le secrétaire, le monsieur qui vient faire les parquets, la dame qui reprise le linge, sont la source de plus de tracas, de contretemps, de discussions, de lapins, de temps perdu, etc., que les êtres par lesquels nous avons un plaisir qui, s'il n'y avait que lui, suffirait à justifier la vie.

Je vois souvent, au jardin des Tuileries, des chevaux de bois qu'une machine, vissée dans leurs tripes, propulse en avant, puis en arrière. Une enseigne les nomme « Chevaux hygiéniques ». Comme je ne puis croire que ces canassons aient rien d'hygiénique pour les enfants qui les montent (sauf peut-être l'effet salutaire de déconstiper ces chers petits), je me suis dit que c'était sans doute sur l'hygiène du spectateur qu'ils devaient influer favorablement. En d'autres termes, qu'il était urgent de philosophailler là-dessus, sans se laisser arrêter par ce qu'il y a d'un peu vulgaire à penser à propos de tout.

J'ai alors songé que ces chevaux étaient un symbole de l'humanité, qui éternellement fait un pas en avant, puis un pas en arrière; qui gagne ici puis reperd là; qui se tend et se détend, comme la Méditerranée sur la plage. Pas de progrès. Un formidable « sur place ». Tout, toujours remis en question.

Un seul exemple. Un Français à qui on aurait dit, il y a deux ans, que bientôt *Phèdre* et *Tartuffe* seraient « déconseillés » en France pour immoralité, aurait haussé les épaules : « Non, il y a des choses qui sont acquises et sur lesquelles on ne reviendra jamais. Quoi qu'il arrive, un certain obscurantisme, en France, est définitivement du passé. »

Il n'en est rien. Un bond en avant, un bond en arrière, comme les chevaux des Tuileries. Et « hygiénique » comme eux, du moins pour l'esprit, à qui cela permet de n'espérer pas trop, non plus que de trop regretter.

Lorsqu'on se représente un romancier qui expérimente sur le vivant, on le voit toujours comme une sorte de monstre qui regarde, impassible, fait souffrir pour le plaisir, etc. Et cela peut être. Mais il se peut aussi que l'observation s'accouple à un intérêt humain pour le sujet, à une sympathie pour lui, voire à une amitié vraie. L'attitude intéressée de l'artiste et l'attitude désintéressée de l'homme se mêlent alors inextricablement, tantôt l'une l'emportant, tantôt l'autre; jusqu'au jour où la première l'emporte tout de bon, puisque l'œuvre d'art demeure, quand la sympathie, toujours fragile, a grandes chances de s'être dissipée.

Je ne pardonne guère la maladresse.

Dans les ivoires d'Arslan-Tash (Haute-Syrie, IXe siècle av. l'ère), les vaches qui mettent la langue à l'anus de leurs fils. Quand même, ce monde païen! Et comme Jésus-Christ était nécessaire!

...et si humble que nous puissions nous sentir devant ce que nous avons nous-même créé.

31 octobre. — O nom porté dans mon cœur quand le visage de ce nom n'était pas encore dans ma mémoire!

Grâce ou nature? L'aile ou la cuisse? comme on vous demande dans les restaurants. Les deux, je ne devrais pas avoir à vous le dire. Grâce et nature alternées, mais sur un rythme assez rapide pour qu'on n'ait pas le loisir de renier injustement celui de ces états qu'on vient de quitter, dans l'autre, comme on a tendance à le faire quand le rythme d'alternance est lent. Voleter de l'un à l'autre comme l'oiseau entre terre et ciel. Étant toujours d'un monde et de l'autre en même temps, je peux toujours dire à peu près sincèrement : « Pour qui me prenez-vous? »

Si les gens mesuraient dans toute son ampleur le bien que l'on se gagne à être indifférent à sa mort, ils s'efforceraient d'atteindre à cette indifférence par n'importe quelle gymnastique d'esprit, préférant mourir plus tôt, en ne cherchant pas à sauver leur vie, à vivre plus longtemps, dans la crainte.

Non! non! je ne veux pas attendre un jour de plus! Il y a vingt ans qu'elle vit : j'ai vingt ans de retard à rattraper.

Vichy, ou l'art d'accommoder les vestes (la défaite enrobée de sirop).

Une jeune femme me disait : « J'aime tellement la liberté, que la seule pensée que les hommes pensent à moi et disposent de moi en imagination, m'est insupportable. » Je lui répondis : « Comme littérateur, je connais bien cela. »

Dans une société qui a perdu l'habitude de la politesse, un acte de politesse est pris pour une avance, ou une flatterie, ou un engagement, ou un repentir. Il faut bien peser avant d'être poli. On y risque fort.

Si on amoncelait tout l'argent que j'ai donné aux uns et aux autres, sans raison que mon bon plaisir, on en ferait une montagne d'où les Titans pourraient débarquer dans le ciel.

Ces moments de faiblesse morale qui répondent toujours au même point névralgique de l'âme, comme ces dépressions physiques qui répondent toujours au même point vulnérable du corps (la petite éruption qui vient à tel centimètre carré en bordure de ma lèvre, à chaque *breakdown* physique).

9 novembre (attaque anglo-américaine sur l'Algérie). — Les grands événements ne me donnent pas de réactions nouvelles. Toujours les mêmes réactions qui repassent, comme les silhouettes dans les tirs forains, qui disparaissent derrière la toile de fond, puis repassent à la queue leu leu, toujours pareilles.

9 novembre. — Dans les heures graves, nous sommes humiliés par le sang-froid dont font preuve les êtres qui nous entourent. Jusqu'au moment où nous réalisons qu'ils sont seulement inconscients. Prennent-ils conscience, à l'instant, quelle pagaye!

Le mouton qui, au restaurant, montre les dents, parce qu'il est à côté d'une soi-disant jolie femme.

Deux critères m'importent, pour classer les êtres : 1° les intelligents et ceux qui ne le sont pas; 2° ceux qui sont capables de noblesse et ceux qui ne le sont pas.

Nous distinguons très bien, parmi les gens qui nous entourent, ceux qui sont capables de noblesse (ce sont surtout des femmes). Tel et tel sont intelligents, honnêtes, sympathiques, etc.; mais on peut les avoir fréquentés dix ans sans avoir jamais vu en eux quoi que ce fût qui pût être appelé un mouvement de noblesse.

Les autres, quand ce ne serait qu'un seul mouvement de

noblesse, en ces dix années, les sauve de tout le reste : car un second reste toujours possible. On leur dirait volontiers : « Sois noble, et fais ce que tu veux », s'il n'était pas plus convenable de leur dire : « Sois capable de noblesse, et fais ce que tu veux. »

(Il serait curieux de rechercher pourquoi presque tous les mouvements de noblesse se ramènent, en définitive, au refus d'un avantage, à un sacrifice du soi.)

Calino, pour un pet en travers, se croit une péritonite, et vole chez le médecin, qui se moque doucement de lui. Là-dessus Calino, sentant une douleur au pouce, la traite de névralgie ou rhumatisme, la méprise, s'y obstine, laisse passer huit jours, assez pour que le mal blanc, qu'on eût fait avorter au début avec une piqûre, s'installe et s'envenime. Toute ma vie, mes rapports avec Purgon ont eu cet aspect de sinusoïde.

Cette fille de juin 1936, aiglonne dressée, en qui la haine sociale remplaçait la fierté.

Les Orientaux, dit-on, se réunissent quelquefois pour être silencieux ensemble. Quatre-vingt-dix pour cent des paroles prononcées sont inutiles, et si le genre humain devenait muet, il se porterait mieux. Aussi bien le silence se paye-t-il, comme la solitude se paye. (Mais c'est encore ce qui est délicieux qui se paye le moins cher.)

Un tel disait des choses sages, et s'en vantait. Un sage lui dit : « Si tu étais vraiment sage, ce que tu viens de penser et de dire, tu l'aurais pensé et ne l'aurais pas dit. »

L... me dit : « Quand on n'a que des convictions fausses, il faut toujours faire un effort de mémoire pour se rappeler quelles sont ses convictions. »

Quelle chose extraordinaire qu'une vie quand on se retourne et l'embrasse ! Comme cela est beau !

Moi qui ai vécu [...], et plein des passions horribles de la terre.

De temps en temps, je reçois une lettre avec, sur l'enveloppe, la mention « État français ». Avant de l'avoir ouverte, et même d'avoir lu la suscription, je sais à quoi m'en tenir. La suscription porte mon prénom avec un *i*, mon nom avec un *d*, une adresse où je n'habite plus depuis quatre ans (symbole de tout ce qui est en retard dans l' « État français »). Je balaie la lettre du regard (c'est presque toujours un rédigé ridicule, avec des fautes de français, et même, quand il s'agit d'un organisme de « jeunes », des fautes d'orthographe) et — toc ! — la laisse tomber délicatement au panier. Je fais répondre n'importe quoi en quatre lignes, sur une carte postale, par mon domestique, qui signe « secrétaire ». Bien heureux est qui rien n'y a.

Essayer de faire le mieux possible ce que l'on fait. Mais il n'y a nul rapport entre cela et se tirer la couverture, se mettre en avant.

Nos émotions sont dans nos mots comme des oiseaux empaillés.

La Perse, avec son abondante littérature, ses traités religieux, moraux, ses poèmes épiques, ses imagiers, et puis sa vie voluptueuse, raffinée. Et toujours la guerre civile. Et toujours conquise et occupée. Toujours l'occupant est présent dans ses miniatures : les Arabes, les Mongols.

Il y aura des fusillés seulement parce qu'ils auront été polis. Mais qu'y faire ? La politesse est une espèce de maladie.

Il faudrait connaître les raisons vraies des gens. Un haut fonctionnaire me disait : « Savez-vous pourquoi j'ai accepté d'être administrateur de... ? Par désespoir. » (Sens : par désespoir *français*.)

P..., faisant une vacherie, avec admiration : « Oh ! ce que je suis mauvaise ! »

21 novembre. — A l'État l'orgueil est permis, recommandé : impérialisme. A l'individu, non. L'État vole, fraude, persécute, tue, et cela est trouvé bon. Quoi qu'il fasse, l'État a toujours raison : *right or wrong, my country*. Eh bien, si nous traitions l'État comme on traite l'individu ? Mais je vois alors ce qui risquerait d'arriver. A l'exemple des stoïciens : « Ne

savais-tu pas que ton enfant était mortel? », nous dirions : « Ne savais-je pas que ma patrie était mortelle? »

Si, moi, je peux tout perdre, et cependant n'en être pas affecté, grâce à la philosophie, il faut admettre que la philosophie me permette de n'être pas affecté, si ma patrie perd tout.

L'excès de punition infligé à la France nous interdit d'attaquer désormais nos compatriotes.

Le destin tragique de la France. Un des plus grands destins tragiques, de sorte que ce peuple, qui fait si piteuse figure depuis tant d'années, reprend une espèce de grandeur dans le comble de son abaissement.

Voici l'heure des grandes œuvres.

« Cela me rappelle que votre affaire est toujours restée pendante. » Comment! Mon affaire est toujours restée pendante!

Femme au restaurant : « Une matelote, j'aime pas ça, mais j'ai envie d'en manger. » N'est-ce pas le roi Ferrante, qui tue Inès sans envie et sans raison?

Le pouvoir sédatif du travail. Après ces semaines d'agitation [1], ce samedi 12 [décembre], de travail mélancolique et tranquille.

On a beau aller loin dans la dignité, on vous attaque encore. Un journaliste me reproche d'avoir été présent à la répétition générale! Comme si mon absence, me trouvant à Paris, n'aurait pas été un camouflet inouï à l'administrateur, à qui je dois tout, aux acteurs, à tous ceux qui se sont donné du mal, etc.

Quelqu'un m'a fait remarquer — et cela est très saisissant — que le chef des anges rebelles se nomme : celui qui porte la lumière, donc *celui qui fait de la lumière*. Le péché entre les péchés est la lucidité.

1. Répétitions et première de *la Reine morte*.

Lucidité = rébellion. Dans le conte d'Andersen, tous disent que le roi, qui est nu, est habillé. Seul l'enfant dit que le roi est nu. « Et c'est cela la révolution », explique Tolstoï.

A condition qu'il ne soit pas irrémédiablement ignoble, rien ne sera plus sûr que de miser, avec un être, sur la « possibilité de noblesse » que j'évoquais plus haut. La meilleure preuve en est le succès, dans beaucoup de cas, de cette démarche profonde : aller se mettre sans réserve entre les mains de son ennemi.

La croix (chrétienne) cachée, la croix honteuse sur l'insigne de la légion française antibolchevique, tel qu'il est représenté dans les affiches de cette ligue. Si bien dissimulée qu'elle n'est visible que pour les avertis. Faite pour être désavouée. Là et pas là. Inouï.

En morale, il n'y a que les intentions qui comptent. En art, que les résultats.

CARNET XLIII

PARIS : du 1er janvier 1943 au 22 février.
GRASSE : du 23 février au 13 avril.
PARIS : du 14 avril au 31 décembre 1943.

Abandon pour abandon, ou les demi-attachements. — Nous sommes saisi de voir comme certains moments douloureux de nous-même ont peu d'écho chez nos amis (et amies) les plus dignes de ce nom. Quoi ! n'ont-ils donc rien pressenti ? compris ? En sera-t-il ainsi au moment que nous commencerons de mourir : ne le verront-ils pas ? Mais à notre tour, quand nous distinguons clairement chez nos amis (et amies) une période douloureuse, nous ne faisons rien pour eux : leurs périls, leurs crises de maladie, d'angoisse, de difficultés inextricables, de pénurie d'argent, nous les contemplons sans un geste ; un peu de mots est toute notre aide. Pourtant ce sont des gens que nous aimons bien. Mais la réaction de Pascal nous arrête : « Il ne nous suffit pas de nos affaires, nous nous chargeons des affaires de nos amis, etc. » Et puis, sans être beaucoup, nous trouvons qu'ils sont beaucoup.

Abandonnés des autres, et les abandonnant. Nous n'intéressons pas, nous ne nous intéressons pas. Quelquefois, néanmoins, d'un côté ou de l'autre, l'amitié, ou la charité, ou quelque chose enfin, je ne sais dire quoi, a un sursaut, et agit. Pas souvent.

Mes souliers jetés sur le parquet et immobiles, tête à cul, noirs et jaunes, comme des taureaux immobiles, tête à cul, noirs et roux, dans un *corral*.

Les cigarettes *Gauloises* sont tellement mauvaises qu'elles ont honte pour nous que nous les fumions, et s'éteignent d'elles-mêmes.

Au milieu de ce peuple de sous-nourris, la vitalité d'un chat, qui joue avec un bouchon, m'émerveille.

A voir cette manie que j'ai, de plus en plus — manie que m'a donnée E..., — de mordre l'être que je désire, je comprends que le chat qui me mord ne me veut pas de mal. La preuve : très souvent, il mord, puis cesse de mordre pour lécher. Et comme cela est *moi*, que ces deux actes « opposés » soient pour lui indifférents et une même chose !

Il y a aussi le grand mouvement tournant des médiocres, qui est de faire passer la modestie pour orgueil.

...puis on voit que vivre parmi des loups (je veux dire : parmi des roquets hargneux) est aussi plein d'agréments.

Allez donc faire abandonner à l'homme de la rue une idée qu'il juge difficile à comprendre et qu'il croit avoir comprise.

Que ce que tu penses douloureusement et contre toi-même, ne soit pas même par cela assuré d'être juste !

Ce grand ressort méconnu de tant de conduites humaines : le désœuvrement.

Ce grand ressort méconnu de tant de conduites humaines : la timidité.

18 janvier. — C'est le malheur de la France, de n'avoir trouvé, dans son abaissement inouï, que des voix imbéciles ou fausses, quand il s'agissait de lui parler de la grandeur de l'âme, et, depuis deux ans, d'avoir vu ainsi ridiculisée cette vertu, qu'on prétendait lui faire aimer, et qui pourtant mérite de l'être.

« Je ne peux quand même pas sauver quelqu'un du poteau simplement parce qu'il m'a invité à déjeuner », me disait X... Les repas offerts payent-ils, comme le veut l'opinion ? J'en doute. Y a-t-il beaucoup de gens à rendre un service, seulement parce qu'on les a invités à déjeuner, ou à tenir pour un ami celui qui l'a fait ? Combien de maîtresses de maison doivent s'écrier, en nos jours maigres, sur le ton de Cyrus :

« Hélas! mes petits fours! Hélas! mes sandwiches! » Comme ils lui seraient bons aujourd'hui!

Le rouge de ses lèvres écaillé aux endroits où je les ai mordues.

Ceux qui n'ont sur terre que le temps de travailler pour ne pas mourir de faim.

Il paraît que, à moins d'être des lâches, nous devrions nous exposer pour des convictions que nous n'avons pas.

La connerie cinématographique (logis qui sont des palais, Chryslers, palaces, vamps, etc.), en donnant pour courantes au peuple de telles conditions de vie, est un des bons auxiliaires de la révolution.

Quelle profondeur de finesse, sans doute, dans cette règle des moines bouddhistes, qu'il leur fût interdit de faire personnellement la charité. Pour qu'ils ne connussent pas la satisfaction de donner?

— La destruction de la classe bourgeoise est indifférente à un artiste digne de ce nom, car tout artiste de cette espèce trouvera quelque jour son écho dans le peuple aussi bien que dans la bourgeoisie. S'il en est incapable, c'est qu'il n'est pas humain, et alors, qu'il disparaisse lui aussi.

— Comment pouvez-vous dire cela, vous qui, par certains côtés, menez une vie bourgeoise?

— Il faut distinguer entre ceux qui ont des biens et y tiennent, et ceux qui en ont mais n'y tiennent pas, et pourraient en être dépossédés sans en souffrir. Un artiste digne de ce nom fait partie de la seconde catégorie. Comme biens, il n'a besoin que de ses instruments de travail, et seulement des plus directs, car, tableaux ou sculptures ou livres nécessaires à son inspiration, il peut les trouver dans les musées et les bibliothèques publiques. Tous les autres biens ne sont pour lui qu'une charge et un amoindrissement de valeur. Que d'heures, perdues à l'entretien de ces biens et à l'inquiétude qu'ils causent, pourront être données à l'art, le jour où l'artiste ne possédera plus que la chambre et les objets de l'ouvrier!

Tout accusé devant des juges, je le respecte, car dans cet état, fût-il un misérable ou seulement un pauvre type, il est aussi le Héros; le Héros, parce qu'il lutte en ce moment contre un monstre : le monstre social.

— Pour qui êtes-vous, pour les Bleus ou pour les Verts?
— Pour les deux.
Mlle Dandillot, « qui n'était pas assez intelligente pour avoir toutes les convictions politiques à la fois ». *(Pitié pour les femmes.)*

« Vive celui dont la bouche souffle le chaud et le froid! Les âmes des justes [etc.] doivent aimer l'hiver autant que l'été, la sécheresse que l'abondance, les ténèbres que la lumière : il faut de tout pour faire un homme. Il y a en moi toutes les saisons, tour à tour. Tour à tour! Toujours tour à tour! » (*Pitié*, p. 216.)

25 janvier. — Perdre un papier qu'on avait dans sa poche, sans s'en rendre compte. Revenant sur le même trottoir par lequel on est venu, les yeux baissés, voir ce papier, et apprendre du même coup — et par quel hasard! — qu'on l'a perdu et qu'on l'a retrouvé.

Les contresens sur une œuvre sont le pain des professeurs, le pain des auteurs, le pain des partisans... Noël! Noël!

Une personne que cela nous assommait de recevoir, que nous n'avons accepté de recevoir qu'à notre corps défendant, si, tandis que nous l'attendons à l'heure dite, elle ne vient pas, elle nous impatiente, et nous prions pour qu'elle vienne, comme nous avions prié pour qu'elle ne demandât pas de venir.

Toute l'échelle de l'humilité et des abnégations, possible sans surnaturel. Mais seulement si on a connu l'autre ordre : toute l'échelle des méfaits, etc. (ceci n'est pas de la littérature). Non pour équilibrer du point de vue surnaturel; pour équilibrer du point de vue humain.

Il n'est rien que j'aie écrit, dont, à un moment de mon existence, je ne me sois senti pressé d'écrire le contraire.

Comment un homme qui a une passion quelconque — son travail, son art, son ambition, son amour, sa collection, la débauche — a-t-il le temps de s'intéresser aux actualités politiques, jamais le temps d'accomplir totalement sa passion elle-même? Entre tous, comment un homme qui est plongé dans une réalisation artistique — écrivain, peintre, comédien, danseur d'Opéra, — quand on sait combien les réalisations de cet ordre sont choses prenantes, a-t-il le temps et la liberté d'esprit de s'intéresser à quoi que ce soit d'autre? (28 janvier).

Rien n'est peut-être plus immoral, dans tout l'effrayant *ce qui est*, qu'une constatation comme celle-ci : humainement, reconnaître ses torts est toujours une faute.

« Shakespeare profita des loisirs forcés que lui faisait la peste à Londres pour enrichir son œuvre. » Je trouve cette phrase charmante dans un ouvrage contemporain. Pénétrons-nous-en.

La journée où nous avons découvert que tel auteur, mal connu de nous, est bel et bien un génie comme on le prétend, cette journée est une grande journée. Mais la journée où nous avons découvert que tel auteur, universellement tenu pour un génie, n'en est pas un, cette journée-là est une grande journée elle aussi.

S'en tenir à son sens propre, sans se laisser influencer; tantôt avec la foule, tantôt contre elle, ne branlant si peu que ce soit sur ce qu'on a mûrement jugé : je crois que c'est la chose la plus rare en ce monde, et la plus admirable.

Les historiens se moquent des terreurs de l'empereur Claude. Puis, à la fin du paragraphe, on lit que Claude a été assassiné. Ses terreurs étaient donc justifiées.

N..., qui mourait, voyait que ses amis et ses proches ne s'en attristaient pas trop, même ceux qui l'aimaient le plus. Il se dit : « Pourquoi m'en ferais-je, puisque personne ne s'en fait? » Il est indéniable qu'il mourut plus sereinement, parce que personne ne prenait sa mort au tragique.

L. — « Le vent qui entrait dans ma blouse me caressait curieusement. »

L. — « Si j'étais homme, je m'aimerais. »

Matou bien nourri, la tête haut dressée, entrant à petits pas dans un salon. Par sa beauté, il a l'air d'un taureau.

Œuvres de charité. — La bourgeoisie donne des vitamines aux corps qui la fusilleront dans trois ans.

A quoi sert de n'avoir pas peur pour soi, s'il faut avoir peur pour ceux qu'on aime ?

Michelet, regardant ses mains soignées d'homme de lettres : « Si je travaillais avec le peuple, je ne travaillerais pas pour lui. »

Un vrai chevalier. — Je ne mens aux mères en présence de leurs filles, d'un mensonge connu pour tel de celles-ci, qu'à la dernière extrémité.

Nous ne ferions rien en ce monde si nous n'étions guidés par des idées fausses. — Mais voilà, si nous ne faisions rien ?

Des moments où l'on se dit que ce serait suffisant pour une vie, que quelqu'un ait dit de vous : « C'était un chic type. »

Il paraît que, dans les milieux populaires du Nord, on appelle « protestants » ceux qui protestent contre la religion.

Les Français sont tellement légers, que je vous conseille de choisir, pour lui demander de vous rendre un service, celui-là même qui vous a fait un tort la semaine dernière : il est probable qu'il vous le rendra. Il sait à peine qu'il vous a fait un tort, et n'y attache nulle importance.

« Cicéron, selon moi, est un des plus grands esprits qui aient jamais été : l'âme toujours belle, lorsqu'elle n'était pas faible. » (Montesquieu.) Bravo !

Gœthe, *Tasso.* — « Un talent se forme dans le silence. Un caractère, dans le torrent du monde. »

« La présence est une puissante déesse. »

Tous les mêmes. Le léchage de cul de Schiller à son duc, de Gœthe au sien, des dramaturges de Versailles, de Virgile, etc.

Rien de plus froid et de plus insipide que ce *Tasso.* Ce tissu de lieux communs, dans le style le plus mou, coulant comme une guimauve insipide. — On a l'impression qu'il n'a fait que romancer une méchante petite intrigue de cour de Weimar.

Iphigénie. — Même lorsque Eschyle ou Euripide nous ennuient, ils sont « d'époque », et nous leur donnons l'émotion ou le respect que nous donnons à une véritable antique. Mais quand les Racine ou les Gœthe font de l'antique !...

Il faut bien se garder, si on écrit sur le peuple, d'en faire une matière à pittoresque et à réussites littéraires. Écrire avec ce comble de dénuement, que mérite le sien.

Après la guerre, une partie de notre bourgeoisie, ou petite bourgeoisie, replongée dans l'état de prolétariat par les bombardements, les confiscations de biens, etc., ne sera-t-elle pas plus prête à comprendre mieux la condition du prolétariat ? — Eh bien, j'en doute.

Les mêmes soucis sordides (nourriture, etc.) qui nous écœureraient si nous les avions en vue de nous-même (au point qu'alors nous préférerions nous priver, à les avoir) nous deviennent un bien quand c'est pour d'autres êtres que nous les concevons.

Ceux qui baisaient une fois par semaine à vingt-cinq ans baisent une fois par jour à cinquante.

Il y eut un temps, paraît-il, où on sauvait sa tête avec un mot d'esprit. J'imagine mieux le temps où un mot d'esprit la fait perdre.

Napoléon, qu'« il faut être le plus fort sur un point donné ».

De même, dans la vie créatrice, il ne s'agit que de savoir juste ce qui est nécessaire, sur un point donné. Votre objet est l'œuvre à faire; le reste peut être ignoré.

Entre le masque tragique et le masque comique, le masque aigre de Mentor, le masque de l'immortelle cuistrerie.

Il paraît qu'une pièce de théâtre doit être faite comme ceci, comme cela, et non autrement. Je trouve si étrange qu'avec l'art dramatique il faille rentrer dans le monde des devoirs, alors qu'ici plus que nulle part ailleurs la seule règle est : « Crée, et crée comme tu veux. »

« Celui qui me violerait me rendrait un grand service. » Elle est fille d'esprit, et je le lui ai compté.

Marivaux. Comme Beaumarchais, gentils vaudevilles. Du dialogue, une très jolie langue, bien entendu. Un mécanisme conçu avec habileté. Mais combien superficiel ! On soufflerait dessus, il n'en resterait rien. C'est vraiment — pour ne prendre cet exemple que dans les « classiques » — le type des ouvrages à cause desquels on est sévère pour le théâtre.

Même remarque pour Beaumarchais. Avec celle-ci de surcroît. On nous dit qu'il a préparé la Révolution, etc. Cela consiste à avoir pris les idées qui étaient dans l'air. Cela peut avoir un petit intérêt pour l'histoire psychologique d'une nation. Mais, hors cela...

Les historiens nous racontent la cérémonie du sacre. Ce qu'ils ne nous disent pas, c'est que le duc avait perdu tout contrôle de soi, était devenu comme fou, et répondit à tort et à travers sur les questions les plus brûlantes, parce qu'on avait donné au prince le pas sur lui; que le connétable, qui ne vint pas, dont on fit une grande affaire, la chargeant de sens politique, ne vint pas parce que sa bonne amie était particulièrement amoureuse ce jour-là, et qu'au dernier moment (non sans avoir balancé) il envoya tout promener, et resta au lit; que l'abbé maître de chapelle conduisit la maîtrise de catastrophe en catastrophe, parce qu'un des petits chanteurs, pour lequel il avait une grâce de préférence, n'était pas venu, on ne sait pourquoi; et que le vidame de Saint-Cucupha s'attarda longtemps après la cérémonie, d'où l'on déduisit qu'il faisait sa cour, d'où on le prit au sérieux, et d'où on le promut, mais c'était pour partir en même temps que la seconde fille d'honneur, et lui faire une charge ou deux durant le trajet.

Vieillissants, ils devraient avoir plus de franc-parler. Mais ils n'ont même pas le courage de la tombe.

Elle baise l'oreiller. « J'embrasse l'endroit où tu vas être. »

Coriolan [de Shakespeare] n'ajoute rien au texte antique, et l'affaiblit plutôt, comme il arrive sans exception quand les dramaturges de Londres et de Versailles se sont mêlés d'arranger l'Antiquité à leur mode. *Jules César* est un découpage adroit, rien de plus. *Antoine et Cléopâtre* a des beautés de style, et est assez mal ficelé pour imposer. *Hamlet* et *Lear* sont assez étranges pour prêter aux rêveries, aux hypothèses et aux commentaires, dont on fait les grandes œuvres.

Tout mon œuvre, derrière moi, est comme une terre dont le vaisseau s'éloigne, et qu'on distingue de moins en moins bien.

Sage, il souhaite de durer. Héros, il souhaite de mourir.

Style. — « Le bon langage et le bon style relèvent et redressent même les choses déchues et gâtées, comme la mauvaise phrase gâte et fait perdre les bonnes. » Cette grande vérité peu morale est énoncée par saint Jean de la Croix.

Présente je vous fuis, absente je vous trouve.
Dans le fond des forêts votre image me suit.

Voilà le Racine racinien et merveilleux. Pourquoi n'est-il pas plus fréquent ?

Ce que je n'aime pas eût-il le volume du Gaurisankar, et ce que j'aime la grosseur d'un bengali, c'est ce que j'aime qui, sur le plateau, ferait pencher la balance.

Comme les êtres qu'on aime sont ennuyeux ! Car, quand on ne les aime pas, il n'est pas trop difficile de les envoyer par-dessus bord.

Notamment, comme nos enfants sont ennuyeux avec leurs histoires d'amour! Qu'un grand garçon se détache de ses parents, je répéterai encore et mille fois que c'est cela qu'il faut. Qu'il ne leur raconte pas sa vie privée, ses histoires de femmes, autant de temps gagné pour eux. Car — après le cœur de poupoule, — le cœur de fifille et le cœur du petit gars, ah! c'est trop!

Le porteur de bagages de Grasse, à qui je disais que la corde entourant la caisse risquait d'être volée : « Oh, oui! Par ici, ils sont pratiques. »

Il est dit, dans l'ancien Japon, que des étrangers qui se mettent à l'abri de la pluie sous un même arbre, ou tirent de l'eau du même puits, seront amis dans une autre vie.

La contrainte pour ne pas me mettre en colère a duré un instant — le temps d'échanger cinq répliques au téléphone, qu'il fallait prononcer d'un ton calme, — mais elle a été telle que, lorsque j'ai raccroché, j'ai eu une sorte d'éblouissement. Et, dans le temps de ces cinq répliques, une névralgie s'était installée autour de mes yeux, qui ne me quitta plus de la journée.

Je suis à l'opposé précisément de cette phrase d'A. France : « C'est une espèce de monomanie que d'écrire tout seul, je veux dire pour soi, et sans espoir d'agir sur les âmes. »

Si on écrit dans un hebdomadaire, pourtant assez littéraire, un mot contre le scoutisme, on reçoit cinq ou six lettres vous donnant des explications, ou vous conviant à des « débats ». Mais qu'on cite, dans ce même journal, tel Persan : « Sois donc, tour à tour, le mal et le médicament », silence total. Un enfantillage intéresse. Une phrase d'une importance essentielle et vitale passe inaperçue.

La morale éducative des pères pourrait être résumée en ce seul précepte : « Fais tout ce que tu veux, mais 1° ne fais rien contre moi, 2° ne te fais pas pincer, 3° ne me coûte pas trop d'argent. »

Le spectacle extraordinaire du prolétaire « arrivé » qui

jugule le prolétaire pas débrouillard. Un garçon de restaurant mettant à la porte un pauvre qui s'est hasardé dans le restaurant pour y demander l'aumône, c'est inoubliable.

Toute expression de l'humilité, ou, plus exactement, d'une lucide vision de soi dans le sens de ses lacunes, est accueillie par la risée. Le mot de Louis XVI : « Nous nous sommes trompé encore une fois », qui me touche, je l'ai vu traité par un chroniqueur de mot digne d'Ubu. Dans *Fils de personne*, quand le héros dit : « Je comprends ce que j'aime et ne comprends pas ce que je n'aime pas », bien que l'acteur le dise avec gravité, le mot provoque toujours des rires dans la salle.

De Sénèque à Tolstoï, en passant par les gros d'Église, tous ceux qui, au sein des richesses, ont loué l'esprit de pauvreté ont été moqués ou attaqués. Mais tel à qui les richesses sont venues quasiment sans qu'il le veuille, et comme à lui apportées par des génies, si ces richesses lui étaient enlevées d'un coup, il le recevrait non seulement avec indifférence, mais avec une secrète satisfaction. Et c'est cela l'esprit de pauvreté, qui lui donne le droit d'en parler.

« Vous dites du mal de la noblesse..., des femmes..., de tel auteur..., que vous ont-ils donc fait? » Cette basse tournure d'esprit. Il leur est impossible d'imaginer qu'il y a des jugements objectifs.

Du même ordre : « Comment pouvez-vous soutenir telle cause, vous qui n'avez pas besoin d'argent? »

Et il n'y a rien à répondre à ces gens, car les raisons qu'on leur donnerait seraient de la même qualité qui précisément leur échappe dans l'objet de leur méprise.

Les hommes jugent plus sévèrement les femmes qu'elles ne les jugent, eux.

J'ai pensé, dit et écrit : « Pas de pitié pour les dupes. » Sous-entendu : quand les dupes sont éclairées, c'est-à-dire en situation de n'être pas dupes. Mais quand elles ne sont pas éclairées? Par exemple, si le prolétariat est dupe?

Or, il se trouve que, depuis trois ans, la bourgeoisie française est dupe, dupe avec une sottise qui, le jour où elle l'expiera, la rendra indigne de toute pitié. Et que c'est le prolétariat (non éclairé) qui, dans ce qu'il croit, veut et fait, ne se trompe pas.

Bombardement des villes de l'Ouest. — Dans l'extrême épreuve de la France, une espèce de douceur, qui vient du sentiment de solidarité. — Mais quoi ! n'allions-nous pas aimer l'épreuve des autres, pour le perfectionnement qu'elle apporte à notre chère âme ?

Voici fini aussi ce sentiment, si obsédant dans l'autre guerre, et un peu aussi en 40, que c'était une affaire entre hommes.

Je n'admire pas très fort ceux qui sont si âpres à vouloir gagner du temps, car je sais à quoi ils emploient ce temps qu'ils ont gagné.

Nous autres chevaliers du moyen âge. — Quand les gentilshommes d'autrefois se sentaient en grand péril, leur premier mouvement, paraît-il, était de payer leurs dettes. Cela n'indique pas que payer ses dettes ait été chez eux geste très habituel.

Le profond esclavage de ces septuagénaires importants, dont les journées se passent à se contraindre pour gagner l'opinion d'un monde qu'ils auront quitté dans quelques jours.

J'admire que tant de gens, alors qu'il y aurait grand intérêt pour eux à s'occuper de sauver leur tête, s'occupent uniquement de gagner de l'argent.

Comme sage, je me félicite de mon insensibilité. Comme homme, je la condamne. Comme écrivain (d'imagination), je m'en inquiète.

Mme X..., qui eût pu faire fuir à l'étranger son amant poursuivi par la police, ne le fit pas, pour le garder.

Scène pour un *Don Juan* de théâtre. — Un des personnages ayant engagé la conversation avec un inconnu (inconnu pour lui, et aussi pour le public), l'interroge sur les femmes. Et l'inconnu de se plaindre : « N'avoir pas su convaincre... Toutes les femmes qui m'ont échappé, qui m'ont rebuté, tous les lapins qu'on m'a posés... Le chœur des occasions perdues... » La conversation continue sur ce ton. Quand ils sont pour se quitter, l'inconnu dit son nom : Don Juan.

Ce qui surnage pour lui de sa vie, ce sont les femmes qu'il n'a pas eues, comme ces auteurs qui, d'un article d'éloges sur eux, ne retiennent que l'unique petite réserve.

L'aspirateur détraqué, la pendule détraquée, la vitre cassée, etc., sont toujours l'œuvre du domestique, jamais du maître de maison. On peut rêver que cette observation va loin.

Je n'ai jamais souri d'un homme qui avait peur de la mort.

Passer dans le christianisme et en sortir, à peu près comme les auteurs classiques, qu'il faut avoir connus et avoir oubliés.

Le mouvement de s'appuyer sur une foi au moment de mourir, comme le taureau de combat qui, lorsqu'il sent la mort proche, s'accule contre la *barrera*.

Le beau mouvement de celui qui, menacé par la mort, et en étant faible, soudain devient fort parce qu'il s'est mis à croire en quelque chose, par volonté et pour se soutenir. Accoté à cette fumée, le voici tout fort. (Cela serait beau à exprimer sur le théâtre. Titre : *le Courage par la foi.*). Ainsi le devoir, l'altruisme, la charité, la foi religieuse n'agissent plus contre l'homme, ne peuvent plus être en cela un objet de scandale, mais rentrent dans l'ordre sage et respectable de ces choses que l'homme fait parce qu'elles le servent ou parce qu'elles lui plaisent.

Ce n'est pas parce qu'ils sont chrétiens qu'ils sont médiocres, c'est parce qu'ils sont médiocres. C'est parce qu'ils sont médiocres en tout, c'est parce qu'ils sont *des* médiocres, qu'ils sont aussi médiocres chrétiens.

Préface pour un livre de photographies de paysages français (août).

Ce qui frappe d'abord quand on tourne les feuilles de *Reflets de France*, c'est la variété extrême des paysages. La France apparaît toujours différente d'elle-même. Et cependant nul ne conteste son unité (malheur à qui la contesterait!), alors que l'être humain qui offrirait simultanément de telles oppositions déconcerterait, serait accusé d'incohérence, à moins que, pour s'en tirer, on ne le considérât jamais que sous un seul de ses aspects, comme si l'on ne mettait sous le mot « France », par exemple, que la seule région des Vosges ou celle de la Côte d'Azur.

Pourquoi ne pas accorder aux individus le même traitement qu'on accorde aux nations, et ne pas nommer richesse et harmonie lorsqu'il s'agit d'eux — et non confusion et disparité — ce qu'on nomme richesse et harmonie lorsqu'il s'agit d'un pays?

La seconde idée que m'inspire le présent recueil d'images est celle-ci. Notre Fortune nous fait vivre à un moment où l'Europe est peut-être en train de changer de civilisation. Et il est sage d'aimer ou s'efforcer d'aimer la nécessité, et de lui venir en aide, plutôt que de lui résister avec des soupirs. Or, la nation multiforme dont témoignent ces photographies doit porter en elle, si l'intérieur répond à l'extérieur, assez de ressources pour s'adapter à quelque civilisation qui se prépare, venue de la mer ou du continent. Aurait-elle moins de possibles, cette France, dans son caractère national, qu'elle en a dans sa nature physique? Pour tirer parti d'eux — accentuer tel de ses traits, en atténuer tel autre, en réserver tel autre, en infléchir tel autre, — pour se mouler enfin sur la forme de l'avenir, il ne lui faudrait alors que de la souplesse, mais, si les choses n'ont pas changé, il paraîtrait qu'elle n'en manque pas, puisque Richelieu voyait dans la souplesse une de nos vertus cardinales : « Nos ennemis, ne pouvant prendre une juste mesure de variétés si fréquentes [celles mêmes que je vois figurées par le présent album], n'ont pas le loisir de les mettre à profit. » *(Testament politique.)*

On pouvait donner à ces images, en manière de préface, quelques couplets faciles et fleuris. Entre des réflexions peut-être fausses, et une éloquence sûrement vide, j'ai choisi les réflexions. Vanité pour vanité, il leur resterait d'être plus discrètes.

Pour Malatesta.

« Je ne pardonnerai jamais à Pie II d'être l'homme qui m'a fait prendre en haine les hommes. »

« De mauvaise foi? Plût au Ciel que je l'eusse été davantage! Ce serait la consolation de ma vieillesse. »

« Il y a un véritable amusement à provoquer la lâcheté des hommes. Depuis que je suis en disgrâce, il m'arrive de demander tel service à un ami d'autrefois, pour le seul amusement de le voir se récuser. »

« La promesse de l'avenir était assise au fond de ses yeux, comme un roi sur son trône au fond d'une salle. »

A la fin de sa vie, Sigismond implore constamment ses puissants voisins. Non pas Urbin, car c'est l'ennemi implacable, mais Lionel et Sforza, en qui il a mis son dernier espoir. Quand on construit le *tempio*, à chaque instant on est arrêté par le manque d'argent, et, quand on commande des médailles, la matière manque pour les fondre.

« Ah! comme on ne tremble pas pour moi! Quand je fuyais la colère de Sienne — abandonnant aux Siennois tout mon bagage et ma correspondance, — ceux qui m'avaient secouru une autre année rechignaient à le faire une seconde fois, parce que mon sort ne les intéressait plus : leur dévouement entre temps s'était usé. J'avais un quart d'heure pour examiner avec eux les moyens urgents de sauver ma tête, et ils me parlaient interminablement et futilement de leurs propres affaires, sans que je pusse placer un mot, ou même choisissaient ce moment-là pour me faire des reproches sur ma conduite ou mon caractère; quand, à la fin de l'entretien, j'osais enfin parler de ma situation, j'étais obligé sans cesse de les ramener sur le sujet, tant ils cherchaient à s'en évader, et même il y en a un que j'ai vu bâiller, tandis que j'insistais sur une question qui était pour moi de vie ou de mort. Il était *mon ami*, et il bâillait! »

Il doit y avoir une pointe de jalousie d'Isotta à l'égard du pape.

Isotta : « D'acier contre les autres, toute douceur pour moi, vous avez été sur ma cuisse comme une épée parfumée. »

« Pourquoi ne laisserais-je pas ma vie s'en aller, dès l'instant qu'elle cesse de me paraître grande et divine? »

Le Palermitain nous raconte que la lecture d'un chapitre de Quinte-Curce guérit d'une indisposition le roi Alphonse de Naples.

Vannella. Elle est bête comme un derrière. (O bêtise de bénédiction!)

A Isotta : « Toi qui sais tout ton pouvoir sur moi, et qui n'en abuses pas! »

Après avoir signé un contrat avec le roi de Naples et reçu le prix des services qu'on attend de lui, Malatesta se sert de la somme qu'il vient de recevoir pour organiser une expédition contre celui qui la lui a donnée.

Il est fiancé à la fille de Carmagnola, condottiere des Vénitiens. Mais le Carmagnola est mis à mort par les Vénitiens, pour le motif (mal prouvé) de trahison. Là-dessus Malatesta refuse d'épouser la fille (« Mon honneur ! »), — mais garde la dot.

Midinets et midinettes sont tentés de trouver que cela a « du style », sous prétexte qu'il est en pourpoint et brocarts. J'y vois surtout une vulgarité caractérisée.

Dans le geste de la prière, les deux mains sont opposées, mais les doigts opposés s'entremêlent, pour montrer que toutes choses s'entremêlent, et notamment celles qui s'opposent ou qui sont censées s'opposer.

Celui qui contient beaucoup d'humanité retrouve en soi les germes ou les épanouissements de tous les sentiments. Il se porte sans cesse, avec aisance, par l'imagination, dans les personnes des autres, et voit que, de leur point de vue, il est logique qu'ils fassent ce qu'ils font, même quand ils le font contre lui. Ainsi, dans toute discussion, il soutient contre chaque partie la partie adverse. Bien plus, il est porté à se mettre dans la peau de ses propres adversaires, et à défendre leur point de vue contre lui-même : ceci, bien entendu, à son détriment, car les individus, toujours aveuglément passionnés en leur faveur, n'ont pas la moindre notion de ce qu'est l'objectivité. Cette manière d'être, ou bien plutôt ce pli profond de la nature, a de grands inconvénients pour l'action, car il supprime presque complètement toute passion contre les individus, et on sait qu'il est difficile de concevoir l'action sans passion contre les individus. Pour la vie privée, ce pli de nature a l'avantage de vous faire voir plus clair dans les rouages des êtres, et le désavantage qu'a toute singularité, celui de vous isoler d'eux, c'est-à-dire de vous rendre suspect pour eux.

Après trente ans de mariage, Mme X... continue d'être obligée de partager le même lit que son époux, bien qu'ils ne s'accordent pas. Avoir l'audace, au milieu de la nuit, de demander à faire lit à part, est pour elle un événement. Heureuse de se sentir soustraite à toute présence, défendue par l'espace des chambres vides autour d'elle. « Seulement, malgré tout, le sommeil n'est pas venu, ou si peu. Pourtant mon pauvre esprit est plus clair que d'habitude, parce qu'à minuit je me suis sentie libre! — et de quelle liberté! »

Seule une illusion nous fait croire que tel, tel, tel et tel être ne sont pas remplaçables. Quarante-neuf êtres sur cinquante sont remplaçables — et volontiers j'ajouterais : remplaçables *en mieux* — lorsqu'on se donne le mal de leur chercher un remplaçant. Cette vérité, si nous en sommes pénétrés, modifiera sensiblement notre conduite générale.

Rares sont les mots qui valent mieux que le silence. Comparés à lui, les mots les plus doux, les plus douces musiques sont discordants comme les cris des sourds-muets.

Anthime, sérieusement malade, se fit acheter chez l'antiquaire le lit Directoire qu'il guignait depuis des mois, s'y coucha, et en quinze jours fut guéri.

Si le « goût du scandale » existait, comme on le dit (je ne parle pas du goût de voir et de dire ce qui est), il témoignerait, chez qui l'aurait, de la même ineptie intime, du même caractère « pauvre type » que chez le rapin qui porte des pantalons bouffants ou chez l'étudiant qui porte un béret surchargé d'insignes, pour se faire remarquer.

Une Anglaise inconnue, qui m'écrit sur Krishna, me cite de lui (du *Ramajana?*) : *Love, that word must be disinfected.* Voilà, avec sept ans de retard, l'épigraphe qu'il fallait donner à la série des *Jeunes Filles*.

Comme tous ces personnages d'Homère et des tragiques grecs se plaignent et supplient à grande voix! On n'est pas plus démonstratif. L'impassibilité sera un idéal tout nouveau. Épictète et Sénèque tout nouveaux. Les Japonais, plus tard, mêmement.

« C'est une chance inespérée pour nous, de nous être trouvés là juste quand on allait changer de civilisation. » (Légende à mettre dans la bouche d'un cadavre, dans un dessin de journal illustré.)

La création littéraire? Parfait, et sans restrictions. Mais le *jeu* littéraire ne devrait-il pas avoir une fin? Il serait à souhaiter que les littérateurs, après vingt-cinq ans de carrière, renoncent à occuper la scène, et cela non seulement au profit de leurs cadets, mais au profit d'eux-mêmes, qui y gagneraient une vieillesse plus digne, ainsi que le temps de se cultiver un peu. Ce qui ne les empêcherait pas de continuer à écrire et même à publier, mais à publier modestement et comme pour eux-mêmes.

Est-ce mon amour pour Port-Royal? Je vois toujours dans les couvents quelque chose de clandestin qui me fait marcher l'imagination. Par exemple : l'entrée de l'ancien couvent des Carmélites, 284, rue Saint-Jacques (existe-t-il encore?). Le petit bâtiment d'un ancien couvent rue de Sèvres (presque en face Laënnec), etc.

Il est toujours bon d'avoir un enfant dans la place, qui vous dise innocemment ce que les autres ne vous diront pas.

Je crois que j'ai noté ici, autrefois, ou ailleurs, que j'étais comme la mer, qui en surface est pleine de tempêtes, et dans tout son reste immobile. Aujourd'hui, j'écris :

Je vis dans l'attente des vagues qui me soulèvent : art, tendresse, sensualité, générosité. Le reste du temps c'est le calme plat, la surface étale de la mer. Mais dessous, le plus profond abîme.

La première notation était sereine, la seconde est tragique. « Écrivain d'humeur », n'est-ce pas? Si nous disions : homme.

En Europe, le sage est obligé de se déguiser en homme religieux, s'il veut être accepté.

Les gens qui ont une conviction absolue me rebutent toujours, même si leur conviction est dans le sens de ce que je crois ou de ce que j'aime.

Le jour où il dut mettre des lunettes, M. X... pensa que le temps était venu qu'il se réfugiât en Dieu.

Peut-être les peintres archaïques, grecs et autres, savaient-ils parfaitement dessiner, et ne faisaient-ils de la déformation, comme les déformateurs d'aujourd'hui, que par charlatanisme et pour avoir des commandes. Peut-être leur art, lui aussi, a-t-il mauvaise conscience.

A ajouter aux disparates de la p. 33 d'*Aux Fontaines*. L'épouvantable Simon de Montfort, traversant une rivière grossie par l'orage, mais ses piétons n'ayant pu passer, repasse avec quelques cavaliers et reste avec les pauvres gens, en grand péril d'être attaqué par l'ennemi (Pierre de Vaulx-Cernay).

Il y avait déjà, au XIIe siècle, des gens que dégoûtait l'idolâtrie (non l'amour) de la femme. Simon de Montfort, ayant lu une lettre où le roi d'Aragon disait à l'épouse d'un noble toulousain que c'était pour l'amour d'elle qu'il venait chasser les Français de sa terre, « et d'autres douceurs encore », dit : « Je crains peu un roi qui vient traverser les desseins de Dieu pour l'amour d'une femme. »

La nuit avant qu'il trépasse, saint Louis soupire et dit à voix basse : « O Jérusalem ! ô Jérusalem ! » Napoléon prononce les mots : « Tête... corps d'armée... » Gœthe et Tolstoï tracent des mots, « avec la ponctuation », l'un en l'air, l'autre sur son édredon : tous meurent sur l'essentiel d'eux-mêmes. Ne voudrions-nous pas, nous dédoublant, nous suspendre à l'heure suprême au-dessus de notre bouche, pour savoir le dernier mot qu'elle prononcera, c'est-à-dire pour savoir pour quoi nous avons vécu ?

A vrai dire, quant à moi, ne le sais-je pas déjà ?

J'aime quand les vieillards littéraires, ayant donné leur fleur et leur fruit, entrent dans le silence, plutôt que se détériorer en cherchant soit à répéter ce qu'ils ont dit déjà et mieux, soit — pis encore — à « se renouveler » avec artifice. Quoi de plus naturel et de plus respectable, quand on s'est exprimé pendant vingt-cinq ou trente-cinq ans, que de n'avoir plus rien à dire qui vaille d'être dit, et quoi de plus respectable encore que d'en convenir ?

Michelet, sur Gerson, *Histoire de France*. — « Dans chaque

siècle, c'est le plus grand homme qui a mission d'exprimer les contradictions, apparentes ou réelles, de notre nature. Pendant ce temps-là, les médiocres, les esprits bornés qui ne voient qu'un côté des choses, s'y établissent fièrement, s'enferment dans un coin, et là triomphent de dire... »

Comme une bonne grosse plaisanterie, je demande à X..., en parlant de son frère : « Il ne couche pas avec ta mère, qui est encore si bien? » Avec élan, il répond : « Oh, non! ça, c'est fini. »

J'ai une otite moyenne? Fi donc! Parlez-moi d'une otite supérieure.

Comme on se retrouve! — L'action ne peut être faite qu'en commun avec des idiots. Et, justement, les jeux de l'action sont, en eux-mêmes, idiots.

« Je suis un réaliste », m'écrit-il, dans un pneumatique pour lequel je dois payer une surtaxe, parce qu'il n'est pas assez affranchi pour son poids.

Je ne me lasserai pas de le répéter : ne jamais perdre de vue que tout est confusion. Le mal naît du bien (le « démon du bien »), et le bien naît du mal. Exemple que le bien naisse du mal : il est rare qu'un homme ne cherche pas, une fois au moins dans sa vie, à racheter le grand nombre de ses forfaits par une bonne action. On s'émerveille de ces jolies fleurs : elles poussent du fumier.

Il faut toujours tenir compte, dans le calcul des possibilités, de la possibilité de ce « retour de la grande âme [1] ». S'efforcer de prévoir où et quand il se fera.

Il est dangereux de s'habituer trop à prendre conseil. On finit par ne pouvoir plus se diriger seul.

L'ermite croit qu'il a trouvé Dieu, parce qu'il a trouvé la solitude.

---

1. « Et ceci fut le moment du retour de sa grande âme. » *(Dialogue de Sylla et d'Eucrate.)*

Questions. — Une jeune fille, sans crier gare, envoie à un auteur, qu'elle ne connaît nullement, un manuscrit d'elle. L'auteur fait répondre par son secrétaire qu'il ne lit aucun manuscrit d'inconnu, dont on ne lui ait demandé d'abord s'il était disposé à le lire, et que la jeune fille peut faire reprendre le manuscrit chez son concierge. La jeune fille publie que l'auteur, par un tel procédé, se montre un mufle. A-t-elle raison?

Les diables devenus ermites entendent toujours des voix.

Mon côté « pas fixé » aime ces rêves où une chose est en même temps une autre chose; un lieu un autre lieu. Tout est confusion.

Chaque divinité gréco-romaine avait toujours des rôles et des attributs très différents, afin de pouvoir, si elle n'était pas honorée et implorée dans une certaine ligne, l'être dans une autre.

Les divinités gréco-romaines étaient personnes de ressource.

Moraliste, j'émets des lois générales.

Mais toute loi générale est fausse.

Gide, de passage à Alger, dit à un libraire : « Ne dites pas que je suis là. » Le lendemain, il y avait une pancarte dans la devanture : « Le grand écrivain André Gide est actuellement à Alger. » Gide incontinent quitta la ville.

La grossièreté et la vulgarité des gens leur font croire qu'un homme célèbre réagit comme ils réagiraient, eux, s'ils étaient célèbres. Dites-leur : « Ne me nommez pas », pas un instant ils ne mettent en doute que c'est là une pose, que vous brûlez d'envie d'être nommé; et ils le publient. Joint qu'ils y mettent leur vanité de connaître quelqu'un de célèbre, leur incontinence verbale, leur désœuvrement et leur inconscience. On finira par se cacher de ses actes les plus anodins, on finira par donner un nom supposé en commandant une chemise, simplement pour qu'on ne parle pas de vous.

Si vous vous plaignez de cette situation (et supposé qu'on ne croie pas de nouveau que c'est là une pose), on ricanera : « Ce sont les petites obligations de la gloire. » Alors que la gloire — ou la célébrité, ou seulement la notoriété — n'a *aucune obligation.*

Tours solitaires et qui brûlent, citadelles du désespoir français.

On peut concevoir qu'il y a trois parts dans l'homme : l'apollonien, qui crée, qui fait les œuvres; le dionysien, la part des passions, de l'âme, des entrailles; l'ulysséen, qui régit la conduite, la navigation sociale.

Certaines idées apparaissent à la conscience le temps qu'une carpe, par son saut, apparaît à la vue. Si on ne les harponne pas durant cet instant-là, elles se perdent à nouveau dans le non-être.

A Gênes, sous les Guelfes, pour récompenser un noble, on l'élevait à la dignité de plébéien.

Souffrir du malheur du monde, et en même temps être heureux : une de ces absurdes équations que j'ai constamment poursuivies.

Malentendus. — Un journal *d'action* (politique) publie en placard — avec d'autres citations manifestement publiées dans une intention d'*éloge* et d'*exemple* — cette citation de moi : « A peine nous sommes-nous prêtés un tant soit peu à l'action, ou seulement l'avons-nous flairée d'un peu près, que nous nous écrions : « Heureux celui qui a trouvé quelque motif à *n'agir pas,* — un motif, n'importe lequel, et voire même un prétexte! »

NOTES NON DATÉES

mais appartenant à la période 1930-1944.

L'Empire d'Alexandre. — La mort imminente de N... me met brutalement face à face avec ce qui arrive à l'œuvre d'un écrivain quand il meurt. Tout était tenu bien en main, tout était en ordre. En un instant tout se désagrège, tout va à vau-l'eau. L'inculture, l'incapacité, la négligence, la malhonnêteté des héritiers trahissent l'être de l'ouvrage ensemble et sa diffusion. Mais, alors, quelle folie que cette minutie dans l'administration par un artiste de son œuvre, et que le temps qu'il y passe, quand une seconde suffit pour déclencher le grand ravage et qu'il sait qu'elle viendra inévitablement! (Je parle ici de l'artiste qui, comme N..., n'a pas voulu se donner le mal ou n'a pas eu l'habileté de bien organiser son posthumat.)

L'acte de créer est, pour l'artiste, une sédation physiologique de même nature que le coït. Le *nulla dies sine linea* est un précepte d'équilibre organique obtenu par l'exonération quotidienne.

J'ai été « sauvé » en me mettant, en 1930, à écrire *la Rose de sable,* — sauvé de la crise des « voyageurs traqués » qui venait en partie de ce que, pendant les années 1927, 1928, 1929, je n'avais pas travaillé sérieusement.

Mais, quand la vitalité diminue, cette sédation vient aussi de ce que l'artiste oublie, dans l'acte de créer, les multiples échecs que lui inflige la vie vécue : le moment de son travail est le seul où il ne souffre pas. C'est le « Je travaille par désespoir » de Baudelaire. C'est le « Tant que je pourrai travailler... » que me dit Matisse septuagénaire et sortant d'une grave opération. C'est la fuite dans le travail.

Il me semble que, pour un artiste vieux, il s'agit de savoir ce qui mourra d'abord : ou sa vitalité, ou sa faculté créatrice. Si c'est sa faculté créatrice, il lui reste à consacrer ses dernières années à jouir de la vie, autant que faire se peut. Si c'est sa vitalité, et s'il n'est plus soutenu que par la création, le jour où celle-ci se tarira, il sera vraiment mort, mort de tous côtés; il sera un mort vivant.

C'est un des lieux communs de la sottise parlée et écrite, que l'auteur ne doit pas expliquer son œuvre. L'auteur a bien raison d'expliquer son œuvre, parce que le public et la critique ne la comprendront pas si on ne la leur explique pas, ou ne la comprendront qu'à moitié. Et moi-même, dans ma stupidité infinie — mais que du moins j'avoue, — je ne comprends pas ou je comprends mal une œuvre (et surtout une œuvre de théâtre avalée rapidement au spectacle, et non lue), si plusieurs personnes ne me l'ont pas éclairée, par des éclairages divers, et de préférence l'auteur parmi elles. (1943.)

Il y a à Paris une vraie élite, qu'on ne voit pas, et une fausse élite, qui se montre. Chacun des membres de cette fausse élite est peut-être capable dans sa spécialité. Mais, en dehors d'elle, il est inintelligent. On n'a pas idée des conversations que peuvent avoir entre eux un (...) illustre et un (...) éminent, si chacun d'eux parle d'autre chose que de sa spécialité. Les réunions de bonne compagnie sont faites précisément pour que les spécialistes y échangent des propos d'ordre général : le résultat est incroyable.

Ces éminents, qui n'ont pas d'intelligence, n'ont pas davantage de cœur. L'humanité populaire, qui les entoure immensément, leur est aussi inconnue et indifférente que les habitants de la planète Mars.

Les éminents n'ont ni intelligence ni cœur. Mais ils sont socialement puissants, d'aventure redoutables. Si j'ajoute qu'il n'est pas tout à fait sûr que ces éminents soient tous, dans leur spécialité, aussi capables que je l'ai supposé au début, on arrive à une « élite » qui en fait est composée, pour une bonne part, de *pauvres types*.

La dissemblance entre moi et mes semblables est qu'ils vivent, eux, uniquement pour la vanité et pour faire de l'argent, et que je vis, moi, uniquement pour la sensualité et pour faire des créations littéraires.

Le calembour et la gaillardise font apparaître les limites

d'une intelligence et les limites d'une vertu. La fausse intelligence, l'intelligence-pimbêche, s'offusque d'un calembour, comme la fausse vertu, la vertu-pimbêche, s'offusque d'une gaillardise. (1936.)

L... fume dans son bureau, mais ne veut pas que son secrétaire y fume. Sa propre fumée ne l'incommode pas, mais oui, celle d'un subalterne.

Importance de la vie sociale à Paris. — Les gens qui nous éreintent dans les hebdomadaires ne le feraient pas s'ils nous avaient rencontré une fois seulement dans un salon.

Comme cette société de Paris est peu humaine! Dans une œuvre, c'est la partie la plus humaine qui lui échappe. Nous pouvons publier à cent mille exemplaires (avec toute l'impudeur de l'artiste) nos aveux les plus pathétiques et nos cris les plus désolés, bien assurés que cela ne touchera personne. Nos amis eux-mêmes lisent cela comme ils liraient un placard de publicité pour un insecticide.

Le mot de Pascal : « Les gens manquent de cœur. »

Certains de nos amis jugent toujours « excellents » — et nous le disent — les articles où l'on nous insulte et nous méconnaît le plus.

C'est que nous avons deux espèces d'amis : nos amis qui nous aiment et nos amis qui nous détestent.

Pas de pitié pour les optimistes d'hier, à l'heure où le pire s'est déclaré. (1940.)

F... fanfaronne parce que sa mère a peur. Les lâches créent les courageux.

Car, enfin, dans la circonstance, F. est courageux. (1940.)

Chacun a son courage et sa peur particuliers.

Les cases de l'intelligence.

Aucun chauffeur de taxi ni aucun agent ne sait que, dans un répertoire des rues de Paris, il faut chercher une rue en suivant l'ordre alphabétique non seulement pour la première, mais pour la seconde et pour la troisième lettres du nom de la rue. Ou, s'il le sait, il ne sait pas le faire. Il se noie. Je dois lui prendre des mains le livret.

Mais, moi, je serais incapable de connaître impromptu où se trouve n'importe quelle rue de Paris, et de m'y rendre par le plus court chemin, comme le chauffeur. Et je me noierais si je devais régler la circulation à certains carrefours, comme l'agent.

On dit « civisme » par honte de dire « patriotisme », comme on dit « fréquenter » par honte de dire « coucher avec ».

On s'émerveille de l'insouciance de certains dans les périodes dangereuses; on s'accuse; on s'efforce de se modeler sur eux. Mais c'est oublier quelquefois qu'ils ont leurs raisons d'être insouciants, et nous les nôtres d'être soucieux. Ne soyons pas si modestes que de les prendre pour modèles, quand leur destinée n'est pas la nôtre. Nous serions comme Marius qui, à soixante-dix ans, prenait pour modèles, dans leurs exercices gymnastiques, les jeunes gens de vingt, et s'y épuisa.

Nous sommes entourés de gens imbéciles dans leurs jugements sur tout, cornichons en tout, incapables en tout, mais qui mènent fort bien leurs affaires, font fortune, se tirent des plus mauvais pas : imbéciles universellement, hormis sur leurs intérêts.

Rien de plus constant en moi, pendant la dernière guerre et pendant celle-ci, que l'indignation devant l'insouciance des uns, pendant que les autres pâtissent effroyablement. Mais cette insouciance est sans doute une loi de la vie. L'humanité périrait effondrée et inhibée, si nous laissions envahir notre imagination par les grands drames collectifs qui se passent en quelque point du globe, sinon à côté de nous. Une constatation sans générosité, mais constatation d'évidence, telle que : « Eux aussi (les souffrants), ils seraient indifférents (ou presque) si c'était nous qui souffrions et eux qui étaient à l'abri », n'est peut-être qu'un réflexe de défense, un réflexe du vouloir-vivre, contre quoi il n'y a rien à dire, si fort qu'il nous heurte.

Cette réputation ou ce surcroît de réputation qu'un artiste obtient par ses manèges, et qui s'évanouira quand ils cesseront du fait de sa mort, doit lui paraître si dérisoire, s'il a la tête froide, que j'aime qu'il ait pour conduite de ne pas détenir de puissance sociale. Ainsi, morts socialement durant notre vie, nous ne recevons alors de réputation que désintéressée, et rien ne changera quand nous mourrons tout de bon.

Les gens éteints nous éteignent, puis nous accusent d'être éteints.

Après un violent choc émotionnel, ce ne sont pas seulement les nerfs du plaisir qui sont atteints et momentanément inertes; ce sont, si j'ose dire, les nerfs de la tendresse. Car serrer un être contre soi, l'y maintenir longtemps serré, le baiser beaucoup, demande de cette force nerveuse qui a été mise hors de combat; et il n'est pas jusqu'au simple désir de ces contacts qui ne soit blessé et diminué. Un être qui vient de subir un dur choc nerveux peut avoir dans ses bras ce qu'il aime le plus au monde, et ne le baiser que « par acquit de conscience », et ne ressentir de cette molle étreinte que de l'ennui. Il me semble que cela n'a pas été dit.

Tout Paris proclame la nullité et la bassesse de X... : il n'y a qu'une voix. Mais, d'une marche irrésistible, il conquiert toutes les places, tous les honneurs, toutes les consécrations. Il s'élève au sommet, méprisé par tous, accepté par tous.

Y... n'est ni bas ni médiocre : il est aveugle; sa particularité, c'est de se tromper toujours. Mais bourde sur bourde le hissent au sommet.

Que j'écrive assis ou étendu, dans un intérieur ou en plein air, je n'écris pas d'un style différent.

Le monde impute à notre caractère les bizarreries et les défaillances qui sont le fait de notre santé. Nous l'acceptons, pour ne pas fatiguer les gens des nouvelles de notre santé.

L'inondation a tout ravagé. Sur un désert d'eau s'étendant à l'infini flottent des cadavres de bêtes et d'êtres humains. Trois malheureux sont réfugiés sur le toit d'une maison. Deux d'entre eux, transis, hagards, écoutent ou n'écoutent pas le troisième : celui-ci, auteur dramatique, leur lit le manuscrit de sa prochaine pièce.

Voilà une idée pour un dessinateur d'images amusantes dans les journaux. Cela est *facile*, et peut-être même ai-je déjà vu quelque chose de semblable dans un journal. Cela est facile, mais cela est *vrai*, et il ne faut pas repousser ce qui est facile, quand cela est vrai.

Aux « actualités » du cinéma, je voyais marcher une machine, et je songeais que c'est la crainte qu'ont les hommes les uns des autres qui joue le rôle d'huile dans la machine sociale, et fait que cette machine tourne rond.

L'amour, la haine et la peur hébètent l'intelligence. Elle est sous eux comme une araignée que lentement paralyse la piqûre d'un insecte venimeux.

« Il est très répandu », me dit-on d'un jeune littérateur, pour m'allécher à le recevoir. Et incontinent, à cause de ce mot, je me dérobe à le recevoir. Mais c'est à Paris le mot-clef : à vingt-cinq ans ou à soixante-quinze, malheur à qui n'est pas « très répandu » !

Dans un poème du Suisse Carl Spittler, un dieu et une déesse jouent aux cartes sur la terre, pendant que leurs âmes, sur l'Olympe, s'entretiennent de sujets sublimes. Je joue aux cartes sur la terre, pendant que ma vie véritable se passe dans un ailleurs où je me désintéresse profondément de ce jeu, et le renie à l'occasion.

La réalité, voilà l'ennemi. — Un professeur nous parle d'une fillette, « excellente élève, qui, étudiant les châteaux-forts, n'était pas allée voir le célèbre château-fort de C..., de peur que ses idées ne fussent brouillées ». Que ce trait va loin !

Les gens vous livrent par méchanceté, par colère, par légèreté ou par lâcheté. Quand ils ne sont ni méchants, ni légers, ni coléreux, ils sont lâches, et parlent sous la menace. Quand ils ne sont ni méchants, ni lâches, ni coléreux, ils sont légers par vanité, et parlent pour montrer qu'ils savent. Quand ils ne sont ni méchants, ni lâches, ni légers, ils ont des colères où tout sort. Et ainsi de suite : ici ou là, toujours une fissure en eux, par quoi votre secret s'échappe. On ne peut se confier à *personne*. Et tel se confie sans cesse, qui le sait, si grand est notre besoin de nous raconter.

Vive l'eau trouble, et les sociétés faisandées! — Bon. Mais, à un certain degré de corruption, les occasions de profiter de cette corruption sont si abondantes, que nous ne pouvons les « honorer » toutes : l'offre est supérieure à la demande; notre désir est débordé. Vexé de toucher mes limites, je m'indigne et réclame un peu de vertu.

Comme les poutres du bateau nous maintiennent à la surface de la mer, le secret que gardent sur nous des êtres nous maintient à la surface d'un autre abîme. Nous vivons à la merci de silences.

S'il y a les lécheurs, il y a les antilécheurs. Ce qu'ils adorent vient-il au pouvoir, les voici qui le boudent, pour se sentir libres.

Retz écrit qu'il faut se bien contraindre à ne pas plaisanter dans les grandes affaires. Mais parfois il y faut plaisanter à bon escient. Par exemple, on peut poser un ultimatum en plaisantant, si on veut que l'adversaire n'en tienne pas compte, et s'enferre, ou si on veut se garder libre de n'en pas tenir compte soi-même : un ultimatum à deux faces comme le masque ancien, la face grave et la face comique, et dont on puisse présenter celle qu'on voudra, selon l'opportunité.

Tout homme sérieux, arrivant sur son déclin, se dit avant tout qu'il a trop agi, même s'il n'a fait que lever le petit doigt.

Il faut, quelquefois, donner plus qu'on ne doit, sur un sujet qui peu vous importe, pour y acquérir le droit de donner moins, sur un sujet qui vous importera.

J'aime ma peur.

Le « démon du bien ». — Faire le bien ne donne pas la paix et la joie de la conscience, mais un sentiment amer et désespéré, tout à fait *sui generis*, et que jamais ne nous donnèrent nos mauvaises actions. On pressent alors que c'est la nature qui proteste, que la nature est le mal, et que les mouvements de générosité sont de la même espèce que les vices.

Le « démon du bien ». — Nos actes de générosité sont presque toujours des fautes, et jusqu'à être à l'origine de la plupart de nos malheurs : combien de vies déviées du tout, passant de l'ascension à la décadence, pour un seul acte de générosité ! Comme, en outre, ces actes ne servent presque jamais efficacement ceux pour qui nous les avons faits, on se demanderait ce qui les justifie, s'il y avait à justifier les passions.

Deux états sont à redouter en tout être, fût-il le plus bénin : son désespoir et sa colère.

« J'ai ce que j'ai donné. » (Sénèque.)
J'ai ce que j'ai dédaigné.

C'est quand on n'a pas prévenu quelqu'un qu'on lui dit : « Vous étiez prévenu. »

Quand un homme dit, en plaisantant : « Moi qui suis vendu », ou il l'est, ou il accepterait de l'être.

Qui a pitié des autres a pitié de soi.

Celui qui ne porte pas de masque, au milieu d'hommes qui presque tous en portent un (tous, dans la classe bourgeoise), c'est lui qui semble en porter un, et qu'on zyeute : c'est lui qui est « voyant ». Et, pour n'avoir pas de masque, c'est lui qui reçoit les coups en pleine figure.

Saint Jean de la Croix dit que, pour voler à Dieu, l'oiseau est retenu par un fil autant que par une grosse ficelle. De même, un seul être suffit pour vous enlever toute votre solitude. Que l'île déserte se peuple par miracle, ou qu'il n'y ait que Vendredi, la solitude de Robinson est corrompue pareillement.

L'art de détacher de soi un être est infiniment plus difficile que l'art de se faire aimer.

Une brique m'a dit : « Je fus le Roi des Rois. » Et après ? O Roi, t'es-tu bien délecté ? Celui qui a beaucoup joui a en partie vaincu la mort (et l'écrivain qui a raconté ses jouissances, soit par des mémoires, soit en les faisant passer dans une œuvre d'imagination, a vaincu la mort tout à fait).

De même que les *melametis* du soufisme cachent leur sainteté sous des dehors de cynisme, quiconque possède une civilisation intérieure opposée à celle du grand nombre cherche à voiler sa différence sous les paroles les plus banales et le comportement le plus éteint. Comme elle perce un peu, malgré tout, les sots déclarent qu'il « veut se rendre original ». Alors que sa contrainte est constante, pour dissimuler qu'il l'est.

La multiplicité et la facilité des êtres beaux dans les pays méditerranéens ne sont-elles pas une des causes de la tristesse que toujours je ressentis dans ces pays ? Autour de la Méditerranée nous ne pouvons pas « suivre », et le grand nombre d'êtres que nous voudrions et pourrions posséder, mais ne possédons pas, parce que la nature a ses limites, ne fût-ce que celle de la satiété, nous remplit d'amertume. Rien de semblable dans les pays où la beauté est rare : nous y pouvons « suivre » ; ils sont à la mesure de l'homme. Paris, par exemple, ne donne nullement la sensation de malheur que donnent Rome, Barcelone ou même Marseille.

Port-Royal. — Je leur reproche un peu de n'avoir pas feint d'être temporels, comme les *melametis*, afin d'être méprisés.

La liberté existe toujours. Il suffit d'en payer le prix.

Dans la chambre mortuaire de Charles-Quint on trouve le *Mépris du monde*, de Louis de Grenade ; les *Exercices spirituels*, de Fray Garcia de Cisneros, etc. Roger Ascham, cependant, s'étonne que, même pendant sa retraite, l'Empereur n'ait jamais bu moins qu'un litre de vin du Rhin à chaque repas. C'est confondre mépris des biens de la terre avec mépris du train de ce monde. Tel ne voit personne, et ne trempe pas le petit doigt dans les affaires, qui vit de la vie la plus pleine et je n'entends pas vie intérieure : j'entends de la vie extérieure la plus avide, la plus active et la plus comblée.

Quand nous avons dit non à plusieurs requêtes, pour des objets différents, d'une personne avec qui nous sommes en bons termes, à une nouvelle requête nous sommes bien obligés de dire oui. Nous acquiesçons cette fois-ci parce que nous avons refusé les fois précédentes. Si bien qu'en fin de compte nos oui et nos non sont distribués au petit bonheur.

Les hommes disent qu'ils veulent la vérité, et ils ne veulent que des explications. Ils disent qu'ils cherchent un sens à la vie, et ils ne cherchent qu'un but, c'est-à-dire une façon de tuer le temps.

Un homme qui ne se fait pas valoir décourage ceux qui lui veulent du bien. Ce n'est pas à moi à vanter l'excellence de X..., s'il ne le fait pas lui-même.

Je me sens plus à l'aise lorsqu'on m'insulte que lorsqu'on me loue.

Dans une conversation délicate, qu'elle soit sentimentale ou d'affaires, il est bon de faire le pressé dès le début. C'est se donner licence de déguerpir brusquement, si la conversation tourne au dangereux. Si elle est rassurante, et si je la prolonge, on me sait gré de faire bonne mesure d'une présence dont j'avais annoncé la brièveté.

La sagesse, et nos passions, nous soutiennent dans les épreuves. Nos passions surtout.

Avouez trop haut, personne n'y croit plus : « Il se vante ! » Recette des plus sûres.

Un auteur qui dépasse un certain âge court le risque d'insister. Alors qu'il y a des choses, et parmi les plus importantes, qu'il faudrait n'avoir dites qu'une fois.

Réhabilitation du caméléon. J'admire dans un homme le pouvoir de s'accorder immédiatement, quelquefois à l'improviste, avec ce qui lui est offert. De répondre à l'honneur par l'honneur, à la fraude par la fraude, à la violence par la violence, et jusqu'à cet étrange pouvoir de répondre à l'amour par l'amour, comme la corde qui se met à vibrer, dit-on, quand une autre corde vibre.

On m'accuse d'avoir souvent mis les pieds dans le plat. On exagère. Je n'y ai mis que l'orteil.

Il n'y a rien dans un homme de plus solide que ses passions, c'est-à-dire de plus propre à ce qu'on s'appuie dessus, et à ce qu'il s'y appuie lui-même. Otez-lui ses petitesses et laissez-lui ses vices.

Plus une vie est heureuse, plus il est horrible de la quitter : c'est le paiement. Il y a toutefois une contrepartie (bien faible) : quand une vie est très heureuse, par moments on a presque hâte d'être au jour où elle cessera; on est un peu gêné d'abuser des miracles.

« Avec de l'or on achète jusqu'aux démons » (proverbe persan). Pas du tout! Il y a encore la façon de l'offrir.

A quoi bon insulter les morts, puisqu'ils n'en souffrent pas?

Une poignée d'amis nous prend déjà beaucoup de temps.

Homme, prends garde à ce qui est.

Si la charité est comme une bourre entre les frottements de personnes inhérents à toute vie communautaire, il sera prudent d'imbiber encore cette bourre de l'huile de l'éloge mutuel.

Avec maint homme intelligent, cultivé et sensible (des milieux littéraires) on passerait volontiers, en tête à tête, un dîner et une soirée agréables. Mais les convenances européennes (mari et femme collés ensemble continuellement, comme mouche sur de la m...) exigent qu'il vous impose sa stupide compagne, qui introduit entre chaque propos une énormité, et empêcherait à elle seule toute conversation digne de ce nom, si votre hôte n'avait voulu en outre que les frais qu'il a faits pour vous traiter servissent à d'autres « politesses », et n'avait invité d'autres personnes, dont la vulgarité et la médiocrité achèvent de changer cette soirée, qui à deux eût été charmante, en un supplice auquel on est tenu de se prêter jusqu'au bout, sous peine de discourtoisie, et où on est l'obligé, encore, devant payer ce supplice de quelque édition de luxe, ou des inévitables fleurs, devenues elles-mêmes, à faire ce métier, aussi vulgaires que les gens qui vous ont empoisonné et fait perdre ces quatre heures d'une vie brève.

Auguste, jusqu'à son dernier souffle, s'occupe de l'opinion : « Ai-je bien joué la comédie de la vie? » Il me semble que je dirai seulement : « Voici finie la comédie. »

L'esprit s'use à comprendre.

Une mouche prise dans un bloc de glace, c'est l'homme pris dans le bloc des préjugés et des conventions.

Si pauvre type que soit tel prêtre, il a toujours la supériorité, sur la plupart des autres hommes, de n'être pas marié.

L'horreur peut provenir moins de l'épreuve elle-même, que de connaître qu'on n'a pas la force d'âme de la supporter. Ce n'est pas un objet extérieur qui m'épouvante, c'est moi.

Entendu au square des Invalides (et noté sur-le-champ, tel qu'entendu). La mère à son petit garçon : « Joue donc! Joue au ballon, — mais sans courir. Veux-tu jouer! Tu vas voir, si tu ne joues pas, je vais te gifler. »

Il est plus nécessaire d'aimer pour comprendre, que de comprendre pour aimer.

Dans ce fouillis qu'est ou que risque d'être une vie de littérateur, il n'y a de noble, strictement, que l'acte de la création.

Quel est ce mystère? Un homme fait tout ce qu'il désire, et ne fait que ce qu'il désire, et n'arrive pas à être heureux totalement.

Ne répondre que par de belles œuvres.

Un inconnu passe chez moi, demande à me voir, sans explications, n'est pas reçu et s'en va en laissant sa carte avec cette phrase : « Voudrait demander à M. de M... un conseil littéraire. » Je ne l'ai pas reçu parce que je « ne le connais pas ». Mais que le hasard me le fasse rencontrer chez des relations, sans même savoir son nom je cause avec lui pendant une demi-heure. Serait-il une femme, et ma voisine au « grand dîner », ce serait pendant une heure, sans davantage savoir son nom.

Quand je me suis fait plaisir en achetant une belle antique, j'ai le sentiment d'avoir commis une bonne action.

Le mot « fier », louange chez les peuples nobles (Espagnols, anciens Romains, anciens Arabes), est la pire insulte chez les peuples dégénérés.

Notre grande erreur est de croire que le médecin, l'avocat et le prêtre ne sont pas des hommes comme les autres.

Santé des Anciens.

Il y a parallélisme entre le suicide et la pédérastie chez les anciens Romains, comparés à ce qu'ils sont de nos jours.

De nos jours, le suicide est tenu pour fait de neurasthénie, voire de lâcheté, et il crée une sensation d'horreur. Chez les Romains, il est accompli par les hommes les plus posés et les plus dignes : un moment vient où la somme des dégoûts que l'on éprouve ou que l'on attend est par trop supérieure à la somme des agréments; on se tue, et cela est appelé la « sortie raisonnable » (j'insiste sur le mot « raisonnable », tout opposé à notre conception moderne, où suicide équivaut plus ou moins à détraquement). On ne nous dit pas que Brutus ou Menenius se suicident dans une crise de dépression nerveuse; on nous dit qu'ils sont vaincus et on nous fait comprendre qu'un ordre s'instaure qu'ils ne veulent pas souffrir; cette raison paraît très suffisante pour justifier qu'ils se donnent la mort.

De nos jours, la pédérastie est tenue pour vice ou, comme le suicide, névrose. Faut-il rappeler qu'Auguste, Jules César,

Horace, Virgile, Antoine, Brutus, Cicéron, Tibère, Hadrien, Trajan, Pompée, Catulle, Tibulle, Martial, Properce, Apulée, Agrippa, Mécène ont été accusés, avec des précisions, d'être *aussi* pédérastes? Ce sont des grands hommes, et ils ont maîtresses, épouses et enfants. Ils sont *aussi* pédérastes, parce qu'ils ne conçoivent pas, et que personne ne conçoit autour d'eux, qu'il soit contraire à la raison de l'être. Toujours la raison. (Variante : Ils sont *aussi* pédérastes et cela n'a aucune importance; ils sont pédérastes sans y penser, ce qui est la seule façon supportable de l'être.)

Rome nous rappelle que suicide et pédérastie sont faits communs chez des hommes parfaitement équilibrés, et l'honneur de leur pays.

Les torts que nous subissons des puissants nous sont utiles, en nous montrant ce que cela peut être quand ce sont des obscurs qui ont affaire à eux. Nous apprenons des grands la compassion pour les petits.

Il y a, dans cette passion de coller le nez sur les événements du jour, une faiblesse et une vulgarité de l'esprit qu'on regrette qui ne soient pas davantage méprisées.

La seule leçon des maîtres, c'est d'être soi-même.

« Sainte Thérèse avoue qu'elle avait une prédilection pour les hosties grandes. » (Unamuño, *Sentimiento*.) — Cela donne la nausée.

Nous devons avoir les mêmes soucis, les mêmes désirs et les mêmes arrivismes que les autres, sous peine d'être haï ou méprisé d'eux.

J'aime ces portraits de la Renaissance où le personnage principal désigne d'une main sa poitrine, comme pour indiquer que c'est bien lui qui est important, et nul autre.

La femme vous dit qu'elle n'a pas joui, et on lui fait la tête; elle n'avait qu'à simuler. Cette autre vous dit qu'elle habite rue aux Ours, et cela suffit pour qu'on ne poursuive pas; elle n'avait qu'à ne pas le dire. L'homme vous dit qu'il sort de prison, et on le laisse tomber; il n'avait qu'à prétendre qu'il était sur la Côte d'Azur. Chacun se perd par sa franchise; hélas, osons le dire, chacun se perd en ayant confiance. C'est ce qu'on n'apprend pas aux enfants.

Les gens qui sonnent deux coups pour se faire ouvrir, n'étant ni le concierge, ni le facteur, ni le télégraphiste, sont jugés.

Veinards ceux qui ont quelque infirmité physique, qu'ils peuvent rendre responsable des défaillances de leur âme.

X... passe trente-cinq ans de sa vie, de vingt-cinq à soixante ans, à faire tout ce qu'il faut, sans jamais en détourner l'œil, pour obtenir une présidence tout honorifique, avec la cravate de je ne sais quel ordre. X... dit peut-être que je suis « un éternel adolescent ». Moi, je dis qu'il est un homme puéril.

Faute de n'avoir pas été mis devant certaines circonstances, un homme peut ignorer toute sa vie qu'il a bon cœur.

Les hommes ont un métier, Dieu merci. Songer à ce qu'ils seraient s'ils n'étaient qu'époux.

Jour de l'An. — Les gens qui n'ont pas d'argent nous envoient des cadeaux qui leur ont coûté cher. Les gens qui ont beaucoup d'argent nous envoient des cartes de vœux.

Les Espagnols, aux Indes, sont retardés dans leur avance ou dans leur fuite par l'or qu'ils ont capturé et qu'ils traînent avec eux; il arrive que les plus chargés, restant en arrière, soient massacrés par les Indiens. De même, c'est par notre or intérieur — par ce que nous avons de plus pur dans l'âme et dans le caractère — que nous sommes retardés et que parfois nous mourons.

Il y a chez l'homme un besoin de noblesse (du moins chez un grand nombre d'hommes). Ce besoin est un piège que nous tend notre nature. Car il ne se satisfait que dans l'erreur, la tromperie, l'inutilité. Il manque cependant beaucoup à ceux qui ne l'ont pas. Et c'est le déroutant mystère : ne l'avoir pas est une faiblesse; l'avoir est une duperie et une insanité.

Il n'y a rien de plus répandu que le courage physique.

Sur cette page s'est posé un inoffensif petit insecte du soir. Mon premier mouvement est de l'écraser. Puis cela change : je le pousse un peu; il bouge et de nouveau s'arrête. Alors, je décide de le laisser en vie. C'est une décision ferme, et sa fermeté est étrange. Quand j'ai à tourner la page, je souffle sur lui et il s'envole. Je reste très étonné de moi-même, me demandant pourquoi j'ai agi ainsi.

Pour survivre littérairement, à Paris, il n'est pas nécessaire d'avoir une œuvre. Mais il faut avoir fréquenté des littérateurs de chapelle, avoir correspondu avec eux, avoir gardé leurs lettres, et copie des siennes, avoir vendu ses manuscrits, ses exemplaires rares, tout cela plus ou moins truqué, plutôt plus que moins. Ce tripatouillage, à condition qu'on ne se soit pas trompé de chapelles, suffit, beaucoup mieux qu'une œuvre, à assurer la survie. Le sordide remplace le talent.

Je songe à je ne sais quel baladin de lettres, du XIXe siècle, qui écrivait avec des encres de couleurs différentes, de la poudre d'or, etc. On s'arrache ses lettres; elles valent plus cher que celles de Verlaine, qui avait une écriture *naturelle*, — « naturel », ce qui est le plus décrié en France.

Zola. — Un homme de quelque trente-cinq ans me disait l'autre jour que Zola non seulement n'était plus lisible, pour qui connaît le problème social tel qu'il se présente aujourd'hui, mais n'avait pas même été « fidèle à l'objet » en son temps.
Je venais de relire *la Débâcle* et *Germinal*, et me posai à mon tour la question : Zola fut-il « fidèle » ?
On a soutenu abondamment que non. « Qui dit psychologue dit traître à la vérité. » Le mot est d'un personnage (écrivain) de Zola, et il était tentant de l'attribuer à l'auteur de *Germinal*. On avait beau jeu à accabler Zola, quand il se découvrait de la sorte, et des générations ont répété après Faguet : « Voici un romancier qui a pour premier soin de ne pas étudier l'homme. Jamais, non, jamais ni un homme ni une femme ne nous apparaît dans un roman de Zola tel qu'il nous fasse dire : « C'est cela, je le connais. »
Zola, qui a exprimé le regret de n'avoir pas produit davan-

tage, de n'avoir pas entassé « une montagne d'œuvres », a exprimé aussi une inquiétude touchant le sort fait par la postérité aux auteurs féconds : il disait, justement selon moi, que les auteurs d'œuvres peu nombreuses se défendent mieux. Ceux qui, plus tard, voudront trouver le meilleur Zola, pourront le chercher à coup sûr dans *Germinal* et dans *la Débâcle*, les deux plus puissants volumes du cycle des *Rougon-Macquart*. Leurs personnages sont-ils vrais (vrais au sens où l'entend Faguet) ? Dans la mesure où un bourgeois de 1939 peut imaginer ce qui se passait dans la tête d'un mineur de 1860, ils ne choquent pas; nulle part, ou presque (j'excepte le « mystérieux » Souvarine, qui sent le poncif), ils ne nous donnent cette crispation qui nous saisit devant les « paysans » ou les « prolétaires » de tel romancier français contemporain, aussi conventionnels et littéraires, dans leur psychologie et dans leur langage, que les bergers des pastorales du XVIIIe siècle, ou les ouvriers de George Sand.

C'est qu'il y a cette grande honnêteté de Zola; sa langue si simple (sa rhétorique est ailleurs); les traits souvent puissants et profonds de son réalisme (au hasard de la mémoire, rappelons les chevaux de la mine, les deux enfants « qui ne ne se prennent au cou que lorsqu'ils dorment », le torse nu de l'homme qui semble maigrir quand on le nettoie), qui compensent la faiblesse de maint détail inventé (dans le discours d'Étienne, et dans ces grands mouvements de foule que les plus sévères concèdent à Zola, alors que là, plus qu'ailleurs, il décolle de la réalité). Les personnages de *Germinal* et de *la Débâcle* ne sont pas traités avec une psychologie subtile, mais, comme leur matière n'est pas subtile, ce qui est sans doute impuissance du romancier s'adapte ici au sujet. Et les grosses bêtises énoncées, dont Zola ne fut pas avare, parce qu'elles sont la rançon d'une certaine force (Hugo, et Balzac, et Tolstoï ont dit les leurs), sont si bien appropriées aux personnages, qu'elles contribuent à la vraisemblance du récit.

Zola grandit toujours quand il se relâche de ce qu'il y a de trop volontaire dans son art : « En art, il ne faut pas conclure », disait Flaubert. Écrivant d'après un plan, se possédant et dominant son sujet comme personne, il composait ses meilleures pages quand il était gêné dans l'exécution de son plan et la mise en œuvre de sa doctrine, et surtout quand, cessant de dominer son sujet, il était plutôt dominé par lui. C'est ce qui lui est arrivé dans *Germinal* et dans *la Débâcle*.

D'ordinaire, il pousse comme un bœuf, qui suivrait avec une sûreté imperturbable l'étroit faisceau de lumière projeté par la lanterne du char qu'il tire. Ici, emporté par sa création, il fait craquer le moule qui le rendait si gauche dans d'autres de ses œuvres. Quelques gaucheries subsistent, mais le grand courant emporte tout. « La force, qui n'est jamais ridicule... » (Napoléon.) A la fin de sa vie, il oubliera tout système littéraire pour se vouer à l'idéalisme : le procès-verbal s'achève en prophétie. Un moment vient où, las d'être insultés, Byron va à Missolonghi, Barrès étrangle son ironie, d'Annunzio chante la marine italienne; et Chateaubriand n'avait attendu que son second ouvrage pour exalter la religion qu'il moquait dans son premier.

C'est que, depuis le XIXe siècle, tout le jugement critique, non pas seulement de la masse, mais des critiques professionnels, se réduit en fin de compte à un jugement de moralité : quiconque a tâté de la gloire à un moment, et la veut plus étendue, cherche donc à gagner, par les beaux sentiments, au-delà de ce que le talent lui a obtenu : on devient bon pour plaire. C'est une autre trahison des clercs, à laquelle Zola n'a pas échappé. Toutefois, diffamé de son vivant bien davantage qu'il ne le méritait, on ne lui en tiendra pas rigueur. Byron, d'Annunzio, Barrès, quand ils deviennent « bons », ne nous convainquent qu'à demi. Mais Hugo, Tolstoï, Zola ont dès le début de leur carrière témoigné d'un certain goût pour l'honnêteté qui authentifie leur altruisme final. J'hésite à trouver vraisemblable qu'Hugo, par exemple, ait feint les grands sentiments; il est tellement plus simple (surtout pour un lyrique, de qui tout l'art est fait d'expansion) d'être sincère que de se contrefaire! De même que *Germinal* se clôt sur la classique « lueur d'espoir », le cycle pessimiste des *Rougon* se clôt sur un hymne, une glorification de la vie. Mme Tolstoï a dit un mot qui va loin, lorsque, prétendant que son mari n'était pas sincère, elle ajoutait : « Tous ceux qui nous entourent le savent bien, mais cela leur est égal. » *Germinal* nous assure que pareil jugement ne pourrait être prononcé sur Zola. (1939).

Je me demande ce qui est le plus caractéristique de ma vie, et je pense que c'est l'équilibre.

Cet équilibre est assuré surtout par le tempérament de mes deux forces essentielles : le goût du plaisir sexuel et le goût de la création littéraire.

Le jour où, l'âge venu, ces deux forces me manqueront, que me restera-t-il?

Rien. Il me restera de mourir.

Mon horreur des apparences et mon horreur du frelaté sont ce qui me sépare le plus de beaucoup de mes confrères, qui ont une vie plus « brillante » que la mienne. Ce qu'ils acceptent et ce qu'ils aiment me les rendent aussi étrangers que les habitants d'une autre planète. L'air dont ils ont besoin est un air dont je mourrais. Je ne sais si ce trait de ma nature est connu de ceux qui écrivent sur moi, mais ils ne le citent jamais, à grand tort.

Émile Clermont écrit dans son journal pendant sa dernière permission : « Je repars pour une mort presque certaine, et on voudrait que je fusse gai. » Combien cette plainte discrète me touche plus que les coups de clairon! Il repart, et il est tué.

En 1916, un officier supérieur, cinquante-cinq ans, en permission à son foyer : femme et trois enfants. Il confie à son frère : « Quand je parle de la possibilité de ma mort, les visages se ferment et on détourne la conversation. Je n'ai pas le droit de dire que je souffre et qu'on souffre au front : disant cela, je sens que je gêne. Sur tout ce qui me tient à cœur je dois me taire. Ma femme me dit : « Ta permission « est une permission de détente. Détends-toi. » Et si je ne peux pas me détendre? Si tout ce que j'ai vu et vais revoir est trop atroce, si je ne peux pas en sortir? Mais ils sont incapables de refréner leur légèreté. » Il avoue qu'il a été sur le point d'abréger sa permission.

C'est une famille très unie, chrétienne, etc.

L'officier est tué peu après cette permission.

On s'épargnerait bien de tristes étonnements, si l'on se mettait dans la tête une fois pour toutes qu'autrui n'est pas soi, même quand il vous aime.

J'ai découpé dans un journal anglais le poème suivant, que je pourrais et voudrais avoir écrit :

AGAINST THE WALL
par Aline Kilmer.

If I live till my fighting days are done
I must fasten my armor on my eldest son.

I would give him better, but this is my best :
I can get along without it — I'll be glad to have a rest.

And I'll sit mending armor with my back against the wall,
Because I have a second son if this one should fall.

So I'll make it very shiny, and I'll whistle very loud,
And I'll slap him on the shoulder and I'll say, very proud :

« *This is the lance I used to bear!* »
(But I mustn't tell what happened when I bore it.)
« *This is the helmet I used to wear!* »
(But I won't say what befell me when I wore it.)

For you couldn't tell a youngster — it wouldn't be right —
That you wished you had died in your very first fight.

And I mustn't say that victory is never worth the cost,
That defeat may be bitter, but it's better to have lost.

And I mustn't say that glory is as barren as a stone —
I'd better not say anything, but leave the lad alone.

So he'll fight very bravely and probably he'll fall.
And I'll sit mending armor with my back against the wall.

Si je vis au-delà du temps de mes combats,
Je devrai attacher mon armure sur mon fils aîné.

Je voudrais lui donner mieux, mais je n'ai pas mieux.
Je peux me passer d'elle : je serai content de me reposer.

Et je resterai assis, à raccommoder une autre armure, mon dos contre la muraille,
Parce que j'ai un second fils, si l'aîné doit tomber.

Je la rendrai très brillante, et je sifflerai très fort,
Et je taperai sur l'épaule de mon fils, et je lui dirai, à voix très [haute :

« Voici la lance que je portais ! »
(Mais je ne dois pas dire ce qui arriva quand je la portais.)

« Voici le casque que je portais ! »
(Mais je ne dirai pas ce qui m'advint quand je le portais.)

Car vous ne pouvez pas dire à un jeune homme — ce ne serait pas
[bien —
Que vous voudriez être mort dans votre premier combat.

Et je ne dois pas dire que la victoire ne vaut jamais ce qu'elle coûte,
Que la défaite peut être amère, mais qu'il est mieux d'avoir perdu.

Et je ne dois pas dire que la gloire est stérile comme une pierre.
Il vaut mieux se taire, et laisser le garçon en paix.

Il se battra donc très courageusement, et sans doute tombera-t-il.
Et je resterai à raccommoder l'armure, mon dos contre la muraille.

Amiel, sur les *Pensées* de Joubert : « Cette pensée hachée, fragmentaire, par gouttes de lumière, sans haleine, vous fatigue. » C'est sans doute, exactement, ce qu'on peut dire de toutes les maximes, et je l'ai dit ici quelque part. Les « maximes » ont mauvaise presse. On proclame que c'est de la « fausse pensée », qu'il n'en est aucune qui ne puisse être retournée, etc. et j'ajouterais bien moi-même : « Quand on n'est plus bon à rien, on peut encore faire des maximes », ou : « La pensée essoufflée fait des maximes », etc. Mais que ces mêmes maximes si décriées soient placées à l'intérieur d'un texte, dans un long développement, on les tiendra pour des réflexions profondes. Ce sont l'isolement et la brièveté qui leur donnent un éclat excessif, et de là suspect. Nue, une ampoule électrique aveugle ; on la préfère enrobée de verre dépoli, voire ornementé.

Du bon usage des lectures. — Mme V..., abandonnée par sa femme de ménage, se consolait en pensant que Napoléon, à Sainte-Hélène, ayant été malade trois jours, sa chambre n'avait pas été faite de ces trois jours (on trouve cela dans le *Mémorial*).

Un nerveux qui a des embêtements ne peut plus arriver à faire ses mouvements de culture physique.

Il arrive qu'un délicat ne se rallie pas à la vérité seulement parce qu'elle est du parti du vainqueur. Il craint de paraître habile.

Tel chien, qui passe pour particulièrement intelligent, d'une race qui passe pour particulièrement intelligente — un berger allemand, — on parle toujours de ses traits d'intelligence, jamais de ses traits d'idiotie, nombreux pourtant.

Il y a quelque chose d'affreux dans Napoléon à Sainte-Hélène, c'est son désœuvrement. Il s'habille et sort de sa chambre à 5 heures, et se couche à 10 : il n'a que quatre à cinq heures de vie publique par jour. Il dit : « Nous n'avons de trop ici que du temps. » Exactement, pour l'ancien maître du monde, toute la vie à Sainte-Hélène se passe à tuer le temps.

Ecce homo. — Napoléon, à Sainte-Hélène, en proie aux pensées démesurées qu'on devine, mais, quand il joue aux cartes, il pelote sous la table Mme de Montholon.

Une société de littérateurs, où on simule la pensée, on simule le génie, et on simule l'amour.

Il y a des littérateurs qui ne « pensent » que la plume à la main. Mettez-les dans la conversation sur tel sujet sur lequel ils ont écrit avec brio, ils restent cois, s'ils ne se souviennent de ce qu'ils ont écrit, pour le répéter, ou bien ils émettent une opinion contraire à celle qu'ils ont émise par écrit. Car sur ce sujet ils ne pensent rien, ce qui s'appelle rien; s'ils ont pensé quelque chose, cela a duré le temps d'en faire une phrase, comme il y a des amours qui durent le temps d'en faire un roman.

J'imagine un homme à qui son médecin annonce qu'il ne vivra pas plus de six mois (il s'agit d'une maladie sans douleur). Après une semaine de désespoir, mettre ses affaires en ordre l'occupe pendant trois semaines. Ensuite il se demande ce qu'il va faire. Il constate qu'il accepte des dîners chez des indifférents. Il est grand lecteur, mais que lire ou que relire, quand on n'a plus que cinq mois à vivre? Choix ardu! Et faut-il visiter des musées? Faire un voyage? On dira : « Il n'y a qu'à faire ce qui lui plaît le plus. » Cela semble facile, mais qu'est-ce qui lui plaît le plus? Au pied du mur, cela n'est pas facile. Rien ne paraît assez important pour être élu dans une circonstance si solennelle, et au détriment de tant de choses. De sorte qu'enfin il se décide au petit bonheur, et fait n'importe quoi. Mais bientôt la conscience que son mince reste de vie, qui devrait être un chef-d'œuvre de conduite, quelque chose de tellement riche et plein, est gouverné par le hasard, l'absurdité et le désœuvrement, cette conscience lui devient peu à peu odieuse. Il se tue pour lui échapper plus tôt.

V... s'arrêta sur le bord d'une solution de désespoir, parce que le plombier qui devait venir chez lui pour une gouttière, et qui ne venait pas depuis quinze jours, était venu enfin, quand on n'y comptait plus. Ce petit événement agréable et inopiné lui rappela que « le pire n'est pas toujours certain ». Il renonça donc à l'irréparable.

On peut très bien dire que quelqu'un est ennuyeux, à condition de savoir qu'on est soi-même ennuyeux pour quelqu'un.

« L'énergie du désespoir... »

C'est un lieu commun.

Mais il *est vrai*.

Il est tellement important de dire quelque chose qui exprime *ce qui est réellement*, qu'il faut respecter les lieux communs, car huit ou neuf fois sur dix ils expriment la réalité.

Il est très bien d'être original, mais à condition d'être original en disant vrai.

Un auteur ensemble original et vrai : Nietzsche.

Une pensée ensemble originale et vraie : celle-ci, par exemple, de Montesquieu : « Ceux qui ont peu de vanité sont plus près de l'orgueil que les autres. »

Combien j'aime Amiel et me sens d'accord avec lui, presque sur tout (mis à part son christianisme et sa chasteté) ! Ce qu'il pense des femmes, de la démocratie, du « communalisme », de l'enfance, de l'opinion, de la sociabilité, de Pascal (« Pascal ne se doute même pas de ce qu'il fallait examiner »), de Chateaubriand (pas un mot à reprendre dans son éreintement), etc., tout cela si juste. Et ce qui suit : « L'importance que j'ai attachée à mon *Essai* est une attitude de convention, pour me créer un intérêt (...) Dans ma pensée de derrière la tête, tout cela m'est indifférent. Il faut bien se jouer à quelque chose et, lorsqu'on joue, le faire correctement, par point d'honneur. (...) Je lui jette (au public) ce qui m'amuse, comme on lance une paille sur un ruisseau. Mais que la paille s'engouffre ou surnage, qu'elle échoue ou arrive, cela n'est qu'une distraction et une curiosité pour moi. Mon imagination seule est engagée, non mon cœur. » Je pourrais avoir écrit cela.

L'instinct de conservation fait faire des prodiges à des organismes que personne, ni eux-mêmes, n'en croyait capables. Ainsi chez moi de la passion sensuelle. Elle seule peut me tirer de cet état de *non-être* qui est le mien pendant de longues périodes. Elle me rend le courage, l'énergie, la promptitude, l'habileté, l'esprit d'entreprise, toutes vertus que je n'ai guère naturellement. Je ressuscite : quel spectacle! Du fond de l'abîme (aboulie, irrésolution, désespoir), je jaillis et, cambré, les narines frémissantes, je m'écrie, changeant d'un mot une parole qui est, je crois, de sainte Thérèse : « Je peux tout en ce qui fait ma force. » Que n'aurais-je pas fait en ce monde si j'avais consacré la moitié seulement de l'énergie que je consacre à mes passions, à ce qui n'est pas elles! Mais pour ce qui n'est pas elles il ne me reste rien.

Combien de fois cette phrase ne m'a-t-elle pas été dite : « N'oubliez pas qui vous êtes. » Je l'oublie sans cesse.

C..., à qui je propose quelque argent pour un service qu'il me rend, refuse. C'est la seconde fois que je lui vois faire ce geste de la tête, geste de hauteur, si surprenant chez un garçon de son âge, et de moyens modestes, et qui se hérisserait au mot de « hauteur », ou ne le comprendrait pas; disons-le, geste si peu commun en France. *Largesse :* c'est une des vertus qui étaient requises du chevalier.

Chaque fois que je vois un être faire quelque chose de *chic*, ou de *propre*, cela me fait du bien. Cela me revigore, m'exalte même, me donne une sensation analogue à celle que vous donne une belle œuvre d'art; le monde m'est rendu, avec ou sans crête de feu au-dessus de lui. Mon climat est l'honnêteté. Y entrer est si peu fréquent que, le jour où il m'est donné de le faire, je marque ce jour d'une pierre blanche.

Pouvoir croire en l'homme. Non en ses talents, en son courage, etc. : d'eux on ne doute pas. Mais en son absence de mesquinerie, mérite beaucoup plus rare. Ce serait une raison de vivre.

Je rêve à une société dans laquelle tout le monde agirait bien. Quel autre homme on y serait soi-même! Comme la vie vaudrait d'être vécue!

Tolstoï, *Journal*, années 1895-1899. « Gœthe? Shakespeare? Tout ce qui est signé de leurs noms est censé être bien, et on se bat les flancs pour trouver de la beauté dans des choses bêtes, ratées, faussant ainsi le goût général. Tous ces grands talents, les Gœthe, les Shakespeare, les Beethoven, les Michel-Ange, créaient, à côté d'œuvres belles, des choses non seulement médiocres, mais tout simplement affreuses, etc. »

« Il y a beaucoup de réputations usurpées, de gloires accidentelles : Dante [1], Shakespeare... »

Il est nécessaire que quelqu'un redise avec force, après Tolstoï, que les « génies » ont écrit, à côté de beaux ouvrages, des ouvrages manqués, insipides, pleins de sottises, illisibles, et qu'il ajoute même que *la majorité des « chefs-d'œuvre de l'esprit humain » sont des œuvres surfaites*. C'est là une vérité si importante qu'il ne faut pas qu'un écrivain meure sans l'avoir dite.

Et quelles qu'en soient pour lui les conséquences, qui risquent d'être graves. Allez donc, en France, dire la vérité sur Molière! Et, dans leurs pays respectifs, sur Shakespeare, sur Cervantes, sur Gœthe! Votre sécurité — je dis : la sécurité de votre vie privée — pourra en être compromise. (Une mienne amie, professeur dans un lycée, ayant fait en classe des réserves sur le très discutable Marivaux, fut appelée par la directrice, et priée sèchement de rentrer dans la ligne. Gageons que sa carrière a pu s'en ressentir.)

Le manque de sens critique et le manque de sens propre, le peu de goût pour la vérité, la lâcheté (peur de ne pas dire comme tout le monde), le snobisme, la déformation professorale : tout cela compose ces idolâtries intolérantes.

Les admirations de commande ont pour pendant les injustices de commande. Alors qu'une seule chose importe, qui en même temps se trouve être une chose héroïque : voir *ce qui est*.

---

1. S'il est une réputation qui ne me semble pas usurpée, c'est celle de Dante. Mais peu importent ici les exemples.

Je préfère la justice à l'amour.

La sensualité alliée à la tendresse ne fait pas chez moi de l'amour. C'est une de mes grandes forces, d'échapper à l'amour en connaissant, mêlées, la sensualité et la tendresse.

Incapable de tout dans l'ordre pratique, dans la pensée digne de ce nom, dans la création artistique, etc., il créa un système philosophique, et par là se rendit immortel.

Il y a une douleur dans l'énergie, même lorsqu'elle a atteint son but, si elle n'a pas été naturelle. Elle a payé le succès trop cher.

Dans ses difficultés, se souvenir toujours que Cortès, à soixante ans, et abreuvé de dégoûts, demande au roi la permission de conquérir un nouveau monde. Se le répéter à chaque heure de la journée.

Les plus belles œuvres de souffrance (les tragédies, etc.) sont écrites dans la joie, — la joie d'écrire : l'artiste est celui qui souffre en ne souffrant pas.

Le jour où un écrivain qui souffre ne note plus ce que lui inspire sa souffrance, il est bien perdu.

Je dis « bien perdu », et tout de suite je me reprends. Il faut y regarder à deux fois avant de dire qu'un artiste — un vrai artiste, un pur-sang — est « bien perdu ». Car il est trop instable pour ne pas risquer toujours d'avoir des rebondissements. Un artiste qui se marie peut, après huit jours de mariage, comprendre enfin qu'il est dans une catastrophe. Un artiste qui se tue eût peut-être repris goût à la vie s'il eût différé son geste de vingt-quatre heures. L'artiste ne doit jamais s'engager dans un état qui soit ou irréparable ou trop difficile à modifier.

(Soyons précis : c'est la demi-souffrance dont un écrivain transcrit les impressions. La grande et terrible souffrance, celle dont on se dit : « Est-ce moi, est-ce vraiment moi qui suis le lieu de ce drame? Ce drame me paraît tellement effrayant que je doute que ce soit moi qui le contienne et le supporte », cette souffrance-là, il ne cherche qu'à sortir d'elle, qu'à l'oublier, si peu d'instants que ce soit; ce n'est pas pour l'étaler en la transcrivant.)

« J'ai souvent remarqué que, pour que des enfants aient beaucoup d'esprit, il faut une mère un peu folle, et qui ait de l'esprit, et un père pesant, ou le contraire. » (Montesquieu.) Supposé que j'aie « beaucoup d'esprit », je suis un exemple de cette loi : ma mère avec de l'esprit, et un peu de folie; mon père pesant.

On blesse l'amour-propre; on ne le tue pas.

Si on veut faire une surveillance à 6 heures 1/2 du matin, il faut emmener un chien qu'on ait l'air de faire pisser.

C'est l'heure (7 heures) du grand attendrissement populaire sur les animaux : chiens qu'on fait pisser, chats errants et pigeons que nourrissent les commères, etc.

Une certaine somme d' « embêtements » nous vigore dans le plaisir, nous le fait sentir et accomplir avec plus d'intensité. Une somme un peu plus grande nous y hébète. Plus grande encore, nous y annihile.

M. de Guiscart était trop heureux pour avoir besoin de ces façons-là (tabac, alcool, etc.) d'échapper à soi-même, qui ne s'expliquent que chez les mécontents.

Est-il besoin de rappeler que la première faculté que demande l'art de décrire est l'attention? A la base non seulement d'un Proust (assertion qui n'étonnera personne), mais d'écrivains aussi différents qu'un Tolstoï, un d'Annunzio, un Malraux, je vois l'attention.

Un homme lancé dans les grandes intrigues de l'ambition a deux façons de se soutenir : l'une par le lait, un bon sommeil, les exercices physiques, un déduit bien adapté à sa mesure, etc.; l'autre par la lecture de Saint-Simon, où il se trouve des semblables, mais romanesques, qui l'aident à former une idée de soi qui ne lui fasse pas honte, et où, voyant des hommes plus grands que lui avaler des crapauds à bouche-que-veux-tu, il les avale lui-même avec moins d'amertume. (2 mai 1932).

Que les choses extraordinaires sont toujours dans la vie. On s'étonnait que je fusse resté avec Maria V..., bien que j'aie su qu'elle voulait me tuer. Il paraît que B..., tué hier par sa femme, elle avait déjà tiré sur lui il y a un an. Et il continuait de vivre avec elle (à cause du gosse) (1939).

On écrit : « Rembrandt me féconde » (Londres, 1938). Puis, cinq ans plus tard, on voit une autre exposition de Rembrandt, et on reste de glace. Faut-il conserver, laisser imprimer ou réimprimer sa première note ? Elle est *vraie*, mais elle est *relative*. Le moins qu'on puisse faire est de la dater. Mais, même ainsi, elle perd beaucoup de son importance; en vérité, cesse quasiment d'être importante.

Cette remarque s'applique à beaucoup de choses qu'on écrit : on n'y croit plus au moment où on les donne à l'impression; on y croit moins encore quand on les laisse réimprimer après dix ans. Cependant on les laisse imprimer ou réimprimer, comme si de rien n'était. Elles sont signées de vous, et elles ne sont pas de vous.

Je m'étonne qu'on ne dénonce pas plus souvent, et avec force, cette grande fraude de la chose écrite.

Malheur à ceux qui ont un grand talent, sans s'être donné la surface sociale qui y corresponde. Ils attirent l'envie et n'ont pas les moyens d'y parer.

Dans le jardin public, il y a les gosses. Puis, partout alentour, des grotesques : les adultes.

Le garçon de café qui commande, vers le comptoir : « Un spécial, sans faux col ! Un spaghetti, saignant ! » est content, parce qu'il commande.

« C'est une bouffonnerie », dit-elle — très sincèrement — de la radiesthésie. Puis, *la minute suivante*, elle fait appeler le radiesthésiste.

Le héros authentique qui, avec le temps, devient pusillanime. Et non pas (ce qui serait très naturel) dans un autre ordre que celui où il fut héroïque : par exemple, un héros de guerre qui deviendrait pusillanime dans les épreuves civiles;

mais dans le même ordre où naguère il fut héroïque : le héros de guerre qui a peur la nuit, et que la vue d'un revolver désordonne. On est usé par l'héroïsme comme on est usé par la lâcheté.

La langue d'un écrivain véritable faisant trop corps avec le génie national, et les traducteurs en outre étant ce qu'ils sont (un écrivain véritable ne peut être traduit que par un écrivain véritable), je dirai que mes ouvrages ne sont pas faits pour les étrangers, et que, si j'allais au bout de ce que je pense, je refuserais qu'ils fussent traduits.

La mesquinerie bouffonne dans la vanité, chez tel homme de lettres, est perçue par tout le monde, qui en rit. Mais, en définitive, elle est respectée et triomphe : on en passe par ce qu'elle veut.

Nombre de mesquins ne sont pas à proprement parler des sots. Ils ne sont sots que dans le moment où ils sont mesquins (même observation pour les naïfs).

Je vois chez F... (68 ans) ce spectacle de l'homme à bout de souffle qui ne peut plus faire face aux difficultés, les maîtriser; qui ne peut plus subsister — qui ne peut plus *vivre* — qu'en s'acharnant à les oublier, en laissant tout aller à vau-l'eau. Spectacle sinistre.

Encore une journée de bonheur, ô mon Dieu! encore une journée de bonheur! Il y a la cavalcade effrénée à la recherche du plaisir. Puis il y a le plaisir. Puis il y a, étendu sur le lit, la remémoration du plaisir. Ainsi s'écoule une vie délicieuse.

... Délicieuse s'il n'y avait pas l'œuvre littéraire. Je ne parle pas de sa création, qui est assez agréable. Je parle de tout ce qui l'entoure : la vie professionnelle dans ce qu'elle a d'indispensable, dont le foisonnement grandit chaque année (traités, traductions, répétitions, contentieux, etc.). Situation résumée de façon parfaite dans cette formule : *l'œuvre contre le bonheur*.

On ne sait pas assez à quel point les êtres, de l'un et l'autre sexe, sont gentils, et dignes d'être aimés, quand ils sont vraiment jeunes, mettons : jusqu'à dix-sept ans inclus. Il y a une immense quantité d'intérêt, de respect, de sympathie et d'amour qui se perd, parce que l'humanité ne réalise pas bien que c'est à cet âge-là qu'elle atteint son chef-d'œuvre. Cela est vrai aussi pour les bêtes, chez qui la grande jeunesse est pareillement le miracle.

INDEX

TABLE

ACHEVÉ D'IMPRIMER
PAR L'IMPRIMERIE FLOCH
MAYENNE

(3686)

LE 23 MAI 1957

N° d'éd. : 5.806. Dép. lég. : 1er trim. 1957

Imprimé en France